改訂版

これからの地方自治の教科書

［著］大森彌
大杉覚

第一法規

はじめに

　今、コンピュータと通信の飛躍的発達による高度情報化、未曾有の少子高齢化、人口減少の進行、押し寄せる国際化の波など、内外に起こっている諸変化は私たちのくらしに大きな影響を与えています。とまどったり、困難を感じたりしている方もおられるのではないでしょうか。

　こうした時代の変化は、1,700あまりある全国の自治体にも、さまざまな課題を生み出し、新たな対応を迫っています。その自治体の取組み方によって地域でのくらしにも影響が出てきます。もちろん自治体の力には限りがありますが、自治体がしっかりした取組みをできるかどうかに対して私たちは無関心ではいられません。

地方自治を学ぶということ

　ところで、一般に地方自治について書かれている本では、「地方自治は民主主義の学校である」といったことばが引用され、住民がどのような権利や義務を持っているかを、自治体の仕組みや運用よりも先に説明しているものが多いようです。このテキストでは、これとは反対の順序で説明していきます。私たちは、市役所や町村役場あるいは都道府県庁について、一面的あるいは断片的な知識を持ち合わせているかもしれません。しかし、これらがどのような考え方と仕組みのもとに、何のために置かれているかを、まず全体として頭のなかに入れておいた方が実際の自治体の運営への参加もより効果のあるものになると思われます。

　地方自治は、住民の手による住民のための政治・行政の営みです。地方自治の主人公は私たち住民なのです。とはいっても、ふつう私たちが地方自治に関わる機会は選挙のときだけのように思えますし、自治体の運営の当面の責任は主として私たちが選んだ首長や議員そのほかの職員が負っているのも確かです。しかし、その人たちの行為はやはり私たちの望んだと

ころにそって行われなければならないのです。そのためには、私たち住民自身が、地方自治に関心を持ち、それを守り、より良きものに発展させていく活動を行う必要があります。日々のくらしの視点に立って、身近な自治体の仕組みと運用を知り、自治体に働きかけていくことによって地方自治を充実させ真に私たちのものにしていこうではありませんか。

　私たちが、必要に迫られ、あるいは積極的関心から地域で活動を行うとき、間接にしろ直接にしろ自治体の政治・行政と関係を持たざるをえない場面が多くあります。問い合わせや陳情、苦情や折衝を通して役所に働きかける場合も、逆に役所がお願いや通知・注意や指導を通して働きかける場合もあります。いずれにせよ、私たちが役所との関係で適切な判断や行動をとることができるためには、役所自体についていろいろ知っていることが有利な条件となります。地方自治についても「知は力なり」といえるのではないでしょうか。

　私たちは、ともすれば、国際社会とか全国で起こり、テレビや新聞などで大きく報道されたり、ネット上で多数のフォローがされたりする出来事に眼を奪われがちになります。もちろんそうした出来事に関心を持ち、その意味を的確に捉えることは必要です。それと同時に、そうした出来事が日常のくらしにどのような影響を及ぼすのかを見抜き、地に足をつけて行動をしていくことも必要です。そのためにも、地域や地方自治についての学習は不可欠といってよいと思います。時代と社会は変化します。それに適応した学習と実践のメイン・テーマの一つ、それが地方自治なのです。

本書ができるまで

　本書の成り立ちについて触れておきましょう。本書は、日本放送協会（NHK）学園の通信教育用のテキスト、大森彌・大杉覚著『地方自治』の骨格を踏襲しつつ、加除・修正し、NHK学園の了承のもとに、広く一般に供するために編集し公刊するものです。

　大森彌が、NHK学園高等学校専攻科の社会福祉コース　コミュニティ・

ボランティア専攻の教科書として『地方自治』を初版発行したのは1988（昭和63）年4月でした。これを、それまでの大森彌単著から、大杉覚との共著にしたのが2訂発行した2004（平成16）年4月でした。それは、地方分権改革が現実に実行されるなど、地方自治をめぐる状況が大きく変化したことに対応しようとしたものでした。その後、コミュニティ・ボランティア専攻の科目再編によって、「地方自治」という教科がなくなりました。それにともない、通信教育用テキストとしての『地方自治』の使命もいったん終わったといえます。

　しかしながら、地方自治を学び考えるうえでのテキストとしての『地方自治』の賞味期限は切れたわけではないのではないかという思いも残りました。そこで、このたび、大杉が、大学での講義や自治体職員研修における教科書として使用し続けたいという強い希望もあり、2訂をさらに改訂、装丁も新たに出版することになりました。改訂作業はほぼ大杉が行いましたが、旧著の骨格は維持するということで、引き続き共著のかたちにしました。地方自治の現場は変化のなかにあります。今後も必要に応じて改訂していくつもりです。

本書のねらいと使い方

　本書は、まず、地方自治の初学者で、地域と自治体に関心を持つ人々に向けた内容になっています。学生向けの教科書は多々あるのですが、本書は、学説や理論の紹介という意味での「地方自治理論」の体系書ではなく、地方自治を、いわば根っこから論じるテキストにしたいと考えました。地方自治の現場は実際にどうなっているのか、どういう問題が起こっているのかを、できるだけ平易に解説しようと心がけました。住民の皆さんの学習用に使っていただければと考えてのことです。「私たち」とか「私たち住民」ということばを多用し、住民を起点とした発想や表現が目につくのもこのことを意識してのことです。各章巻末の「学びのガイダンス」を手がかりに理解を深めていただければと思います。

　ただし、読者対象には一般住民だけではなく、自治体職員も想定しています。自治体職員も公務員である以前に、まず住民でもあるからです。これから自治体職員として地域に向き合っていく新任職員の方々はもちろん、既に経験を積まれた方々にも振り返りの機会として、ぜひ手に取っていただきたいと思います。一定経験を積まれた職員の方からすれば、当たり前のことばかり書かれていると思われるかもしれません。そこで、元のNHK学園のテキストにはなかったコラムを多数追加し、論争点を含んだいわばステップアップのためのリーディングス（読み物）としました。大学でのゼミナールや自主的な研究会などの討議テーマとしても活用していただければと思い、コラムには参考文献を掲げました。

　どのように本書を活用されるかは最終的には読者の手に委ねられるのは当然ですが、一人でも多くの方に地方自治を身近なものと感じていただければ幸いです。

お礼のことば

　テキスト出版に謝辞を添えないのが慣行かもしれませんが、「本書ができるまで」のような事情から、NHK学園をはじめ、本書が成り立つにあたっては多くの方々のご協力・ご支援がありましたことに感謝申し上げます。また、本書出版の担当をされた第一法規の石川智美さんには筆者からの多くの要望を叶えていただけたこと、また、出版をお引き受けいただく段階で、同じく第一法規の木村文男さん、小倉朋子さんからも有益なご助言をいただけましたこと、厚くお礼申し上げます。

2019年8月

著　者

改訂版発行にあたって

　本書初版が多くの読者に恵まれましたことを感謝いたします。そのおかげで、思いのほか早く改訂版を送り出すこととなりました。初版時からの時点修正のほか、読者の方々から頂いたご指摘など、気になっていた点を修正する機会を早々に得たのは幸いです。

　そして、現時点で教科書に反映させるのは早すぎるかもしれませんが、やはり私たちの生活に深刻な影響を依然として与え続けている新型コロナウイルス感染症のパンデミックについて触れないわけにはいきませんでした。第1章と第4章には関連する新たな項目を設けました。

　このコロナ禍は人類の歴史に深く刻み込まれる事態に間違いないとすれば、今回の改訂作業でできたことはあくまで微修正に過ぎないのかもしれません。現実（これから訪れる事態を含めて）の重みに耐えうるのかと自問しなかったわけではありません。改訂作業中も感染拡大が続いており、コロナ禍を乗り越えた先が相変わらずみえない状況にあるという言い訳もできなくはありません。ただ、地方自治を根っこから論じるという本書の当初からのスタンスは、意外にも地方自治にとっての「新しい日常」にも通用する面があるのではないかという自負が一方ではあります。

　はたしてどうなのか、これまで同様、読者の判断に委ねたいと思います。そして、コロナ禍を乗り越えた先の展望を、ともに考えていければ嬉しく思います。

2021年10月

著　　者

目 次

第4章　変化に対応する自治体行政

第5章　住民参加と地方自治

第 1 章

くらしに身近な自治体の活動

私たちは、住所を定めて暮らす限り、必ずどこかの市区町村の住民です。住民であることによって、自治体からいろいろなサービスを受けられます。一方で、税金を払うなどの負担をしなければなりません。

第1章では、住民の日常のくらしがどのように自治体の活動と結びついているかをみていきます。

第1節　戸籍と住民

　日本国民としての各個人が、どのような親族上の身分関係を持っているかを公に証明する公文書を「戸籍」といいます。戸籍は、私たちが住む市区町村（基礎的自治体と呼びます。⇒第3章第2節）に届け出ることによって作成・変更されます。それには、出生、認知、養子縁組、養子離縁、婚姻、離婚、親権及び未成年者の後見、死亡、失踪、入籍、転籍などの届けがあります。

　届け出の手続きは、自治体の市民（住民）課や出張所の窓口で行います。ですから、この戸籍に関わる仕事が市区町村の権限で行われる仕事であるのは当然のように思われるでしょう。

1　戸籍は国の事務から自治体の事務へ

　実は、戸籍に関する仕事が市区町村の事務と位置づけられたのは戸籍の制度の長い歴史のなかでいうと、比較的最近のことです。それまでは、国の仕事であるものを市区町村長に委任して行わせる、いわゆる国の機関委任事務の一つでした。委任された市区町村長は、この仕事の実施については、法務大臣（実際には法務省の法務局または地方法務局）の包括的な指揮監督を受けていました。

　現行の制度では法定受託事務に分類され、市区町村長は国からの一定の関与を受けるのですが、機関委任事務に位置づけられていたときのように、国の下部機関として行動する必要はなくなったのです。これは地方分権改革によってもたらされた成果です（⇒第3章第1節）。

　ところで、戸籍には、住民基本台帳法に基づく戸籍の付票がつけられることになっています。付票には、戸籍の表示、氏名、住所を定めた年月日が記載されており、戸籍と住民票とが一緒になっています。

　戸籍という制度は、かつては広く東アジアの国々でも使われていたのですが、現在では実質的には日本にしかありません。諸外国では、出産なら出産簿、結婚なら結婚簿と、それぞれ別のファイルに、日付順、届け出順につづって、教会や役所が保管し、本人の求めに応じ、このファイルによって証明を発行します。

　日本では戸籍は、国が国民の身分変動に関する個人情報を把握するための最も基本的な手段であることから、全国画一的な基準と様式を定めて行う国の事務とされてきたのです。ただし、実際には人的にも物的にも国はこの事務を直接実施できません。そこで、国は市区町村長に戸籍に関する事務を委任して行わせる機関委任事務の仕組みを適用してきたのです。このやり方が効果的だと考えられていたのは、ほとんどすべての日本人は、必ず、最も身近ないずれかの市区町村の住民であるからです。

　戸籍事務は、役所の仕事のなかでも私たちのくらしに最も身近なものといえるのですが、それが市区町村長に委任され実施されてきた機関委任事務という国の事務であったことや、比較的近年、自治体の事務に変わったことは、一般にはあまり意識されていないかもしれません。このように、国の行政の仕組みと自治体がどのように関係しているのかを理解することは、日本の地方自治を学習するうえでの重要な出発点といえます。

2　住民票の意味

　ところで、戸籍と住民票が一緒になっていると述べましたが、住民票は住民の日常のくらしに、よりいっそう関係しています。

　住民票は、住民基本台帳法に基づき、市区町村長が個々の人について住民としての地位に関する記録を記載した帳票のことです。個人を単位とする住民票を世帯ごとに編成したものが住民基本台帳です。

　役所の1階出入口付近の目につきやすい場所に、「○○年○○月○○日の○○市の人口、男○○人、女○○人」という表示が出ていることがあります。この数字は、住民基本台帳に基づき集計されたものです。いわば最

新の住民人口の実態です。

　ある市区町村から転出して別の市区町村に転入するときには、必ず役所の市民（住民）課の窓口にその旨の届け出を出さなければならないことになっています。同一の市区町村内で住所を変わったときや、世帯主が変わったとき、世帯が合併・分離したときにも届け出が必要です。また、転出届を出して転入届を出さないと住所不定になってしまいます。

　住民票は、住民の届け出によってつくられます。住民票には、氏名・住所・生年月日・性別等の基本事項のほかに、選挙人名簿の登録、国民健康保険の被保険者資格、地方税の課税、学齢簿など、市区町村が仕事を行ううえでの基礎となる個人情報が記載されています。

3　「住民になること」の意味

　住民票の作成によって、ある人がどこの住民であるかが確定されますが、ある市区町村の区域内に住所を有する人は、その市区町村及びこれを包括する都道府県の住民となるのです。

　例えば、東京の世田谷区の住民は同時に東京都民になります。つまり、世田谷区に住民届を出せば、東京都に住民届を出す必要はありません。そして、世田谷区民になると同時に東京都民になるということは、世田谷区と東京都が提供する各種のサービスを等しく受ける権利を持つと同時に、地方税などの負担を分担する義務を負うことを意味します。したがって、基本的には、住民票によって確定される住民こそが地方自治を担う人々ということです。

　住民であることの大切さは、例えば、日本国憲法（以下「憲法」という）第93条第2項をみればすぐにわかります。そこには、「地方公共団体の長、その議会の議員及び法律の定めるその他の吏員は、その地方公共団体の住民が、直接これを選挙する」とあります。知事・市区町村長及び議員を選ぶ権利は憲法によって住民の権利であることが保障されています。これは、地方自治における主人公が住民であることを定めたものと解釈できま

す。ちょうど、国会議員を国民が選挙することが国政の出発点であるように、地方自治は地方公共団体の長と議員とを直接住民が選ぶことを基礎としているのです（⇒第 5 章第 3 節）。

　しかし、上記のような憲法の規定の仕方と比べますと、地方自治に関する基本法ともいうべき地方自治法は、必ずしも正面から地方自治の主人公が住民であることをうたってはいません。地方自治法を冒頭から順にみますと、目的、地方公共団体の種類や扱う仕事、名称、役所の所在地、区域などを定めたあと、やっと第10条で、「こうした地方公共団体に住んでいるものは住民である」といった消極的な規定の仕方をしています。

　しかし、憲法第93条の趣旨に照らせば住民登録によってある自治体の住民になるということは、単に住所を定めるということだけではなく、自治の営みを積極的に担っていくことだと考えるべきではないでしょうか。そして現実に、どのようにしたら住民主体の地方自治を発展させていくことができるかということを、いろいろな角度から検討する必要があるのではないでしょうか。

　さて、私たちはある自治体の住民であることをごく自然に受け入れています。しかしながら、災害などの非常時に直面しますと、住民であることの意味を深く考えさせられます。特に東日本大震災で地震、津波の被害のみならず、原子力発電所事故の被害にあった地域では、被災者の多数が住民登録先の自治体から別の自治体に離散して長期の避難生活を余儀なくされるようになりました。住民としての権利と義務、地方自治の主体として住民のあり方をどう考えるのか、多くの課題をはらんでいます。災害大国日本では常に意識して考えなければいけない問題だといえます（⇒第 1 章第 6 節）。

4　住民の多様性（ダイバーシティ）と包摂（インクルージョン）

　国際化がいわれて久しいですが、地域社会に外国籍の居住者がいることは大都市部ならずとも、ごく普通になってきました。期間を限られた滞在

者であることもあれば、永住を志向する人もいるでしょう。同じ国籍や人種の人たちが集まり、「○○タウン」などといった独自のコミュニティを形成することもあれば、なかには地域に溶け込み、他の住民と交流を深め、重要な地域の担い手になっていることも少なくありません。しかし、その一方で、疎外感を感じながら暮らしている外国人がいるのもまた確かです。

日本の場合には、日本国籍を持たないと国・地方を含めて参政権を付与されませんので、選挙人名簿に登録されることはありませんが、外国人も住民であるという点では一般の日本人と何ら変わりません。かつての外国人登録法は廃止され（2012（平成24）年）、現在では日本人と同じく住民基本台帳に記録されています。

住民として外国人を受け入れることは、地域でともに暮らす人々のみならず、自治体の姿勢が問われます。習慣が異なったり日本語が不自由であったりする外国人に対しても適切なサービスを提供することができるかは、平時においてはもちろん、災害時には生命の危険に関わる大事でもあります。改正出入国管理法（2018（平成30）年）により外国人労働者の新たな在留資格「特定技能」が創設されるなど、外国人労働者の受入れが拡大する方向にあることを踏まえておく必要があります。

さらに、国籍・人種あるいは性別といった比較的みた目にもわかりやすい違いばかりでなく、家庭環境や社会的・経済的な状況の違いなどを含めれば、住民一人ひとりが異なる存在であることは明らかです。こうした一人ひとりの違いを個性として尊重し、真摯に受けとめようという多様性（ダイバーシティ）を重視する考え方が今日では浸透してきました。特に貧困、障害などにより社会的に弱い立場に置かれがちな人々を含めて、排除されたり、孤立に陥ったりすることがないよう社会全体で受け入れていく包摂（インクルージョン）という考え方をいかに具体化していくかが問われています。こうした社会のありようを共生社会と呼ぶことができます（⇒第6章第5節）。「住民」ということばが、単なる法令上の住民登録制度

に関わる概念にとどまらない、実質的な意味を持ち、こうした住民を基礎に多様性や包摂を志向する共生社会が地域に成り立つかどうかは、自治体の活動とも密接な関わりがあるといえます（⇒第 6 章第 5 節コラム）。

column
LGBT と自治体による
パートナーシップの証明

　国籍・人種と並んで、多様性（ダイバーシティ）という点で最近注目されているのが、LGBT（Lesbian、Gay、Bisexual、Transgender）と呼ばれる性的少数者を社会でどのように認知し、受け入れていくかについてです。男女にとどまらない性に関する違いを一人ひとりの個性として受けとめ、偏見や差別をなくし、人権を尊重する社会を実現するという視点から、多様な性の共同参画を施策として打ち出す自治体も広がりをみせています。

　先駆け的な取組みとして、例えば渋谷区（東京都）では、「渋谷区男女平等及び多様性を尊重する社会を推進する条例」（2015（平成27）年）に基づいて、戸籍上の性別が同じ二者間の社会生活における関係を「パートナーシップ」と定義し、一定の条件を満たす場合にパートナーの関係にあることを証明するパートナーシップ証明書を交付しています。ほぼ同じ時期に、世田谷区では要綱に基づき、同性カップルが自由な意思によるパートナーシップの宣誓を区長に対して行い、その宣誓書を受け取ることで、同性カップルの気持ちを区が受けとめる取組みを導入しました。また、世田谷区では、性的

マイノリティと外国人への差別を禁じる「世田谷区多様性を認め合い男女共同参画と多文化共生を推進する条例」（2018（平成30）年）を制定しています。

　その後も、同性パートナーに関する取組みを導入・検討する自治体が続いています。自治体によって仕組みやその内容は異なりますが、公的に同性パートナーであることが認められることで、従来では認められてこなかった公営住宅への入居申し込みや病院での家族同様の扱いが認められるなど、行政サービス面での対応が改められるようになりました。民間企業でも、こうした施策の動向を受け、あるいは独自の取組みとして、ローンや保険など契約上のパートナーとして同性パートナーを認める動きもあります。

　さらに、明石市（兵庫県）を皮切りに、パートナーシップ制度に加えて、一緒に暮らす子どもについても家族関係にあることを証明するファミリーシップ制度を設ける自治体も続いています。法律上、同性婚を認めないのを違憲とする判決（例えば、札幌地裁判決（2021年3月17日））が出される一方で、同性パートナーをめぐっては様々な議論があります。国レベルでの制度化が進まないなか、自治体主導で関連する施策が拡充されています。

第 2 節　相談サービス

　図表1-1は、多摩市（東京都）の市役所の組織図（2021（令和3）年4月

図表1-1 多摩市組織機構図（2021（令和3）年4月1日）

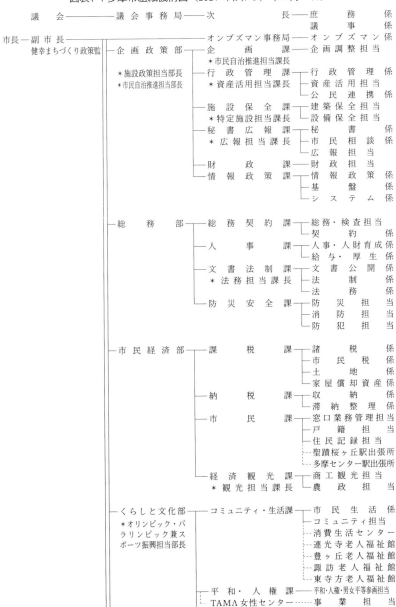

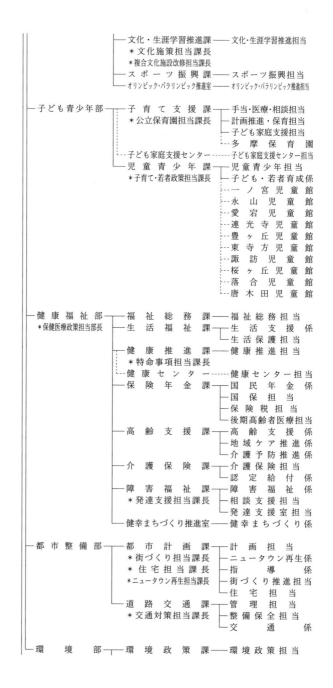

文化・生涯学習推進課 ── 文化・生涯学習推進担当
＊文化施策担当課長
＊複合文化施設改修担当課長
スポーツ振興課 ── スポーツ振興担当
オリンピック・パラリンピック推進室 ── オリンピック・パラリンピック推進担当

子ども青少年部 ── 子育て支援課 ── 手当・医療・相談担当
＊公立保育園担当課長 ── 計画推進・保育担当
子ども家庭支援担当
多摩保育園
子ども家庭支援センター ── 子ども家庭支援センター担当
児童青少年課 ── 児童青少年担当
＊子育て・若者政策担当課長 ── 子ども・若者育成係
一ノ宮児童館
永山児童館
愛宕児童館
連光寺児童館
豊ヶ丘児童館
東寺方児童館
諏訪児童館
桜ヶ丘児童館
落合児童館
唐木田児童館

健康福祉部 ── 福祉総務課 ── 福祉総務担当
＊保健医療政策担当部長 ── 生活福祉課 ── 生活支援係
生活保護担当
健康推進課 ── 健康推進担当
＊特命事項担当課長
健康センター ── 健康センター担当
保険年金課 ── 国民年金係
国保担当
保険税担当
後期高齢者医療担当
高齢支援課 ── 高齢支援係
地域ケア推進係
介護予防推進係
介護保険課 ── 介護保険担当
認定給付係
障害福祉課 ── 障害福祉係
＊発達支援担当課長 ── 相談支援担当
発達支援室担当
健幸まちづくり推進室 ── 健幸まちづくり係

都市整備部 ── 都市計画課 ── 計画担当
＊街づくり担当課長 ── ニュータウン再生係
＊住宅担当課長 ── 指導係
＊ニュータウン再生担当課長 ── 街づくり推進担当
住宅担当
道路交通課 ── 管理担当
＊交通対策担当課長 ── 整備保全担当
交通係

環境部 ── 環境政策課 ── 環境政策担当

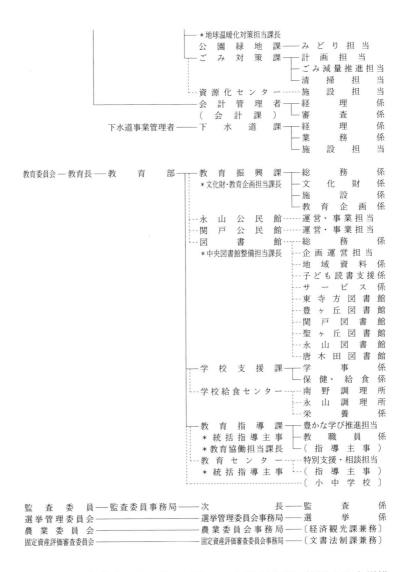

```
                                    ┌─＊地球温暖化対策担当課長
                                    │  公 園 緑 地 課──みどり担当
                                    └─ご み 対 策 課┬─計 画 担 当
                                                     ├─ごみ減量推進担当
                                                     └─清 掃 担 当
                          ──資 源 化 セ ン タ ー──施 設 担 当
                          ──会 計 管 理 者┬─経 理 係
                            （ 会 計 課 ）└─審 査 係
        下水道事業管理者──下 水 道 課┬─経 理 係
                                        ├─業 務 係
                                        └─施 設 担 当

教育委員会─教育長─教 育 部┬─教 育 振 興 課┬─総 務 係
                            │ ＊文化財・教育企画担当課長├─文 化 財 係
                            │                          ├─施 設 係
                            │                          └─教 育 企 画 係
                            ├─永 山 公 民 館┄┄運営・事業担当
                            ├─関 戸 公 民 館┄┄運営・事業担当
                            ├─図 書 館┄┄┬─総 務 係
                            │ ＊中央図書館整備担当課長├─企 画 運 営 担 当
                            │              ├─地 域 資 料 係
                            │              ├─子 ど も 読 書 支 援 係
                            │              ├─サ ー ビ ス 係
                            │              ├─東 寺 方 図 書 館
                            │              ├─豊 ヶ 丘 図 書 館
                            │              ├─関 戸 図 書 館
                            │              ├─聖 ヶ 丘 図 書 館
                            │              ├─永 山 図 書 館
                            │              └─唐 木 田 図 書 館
                            ├─学 校 支 援 課┬─学 事 係
                            │              └─保 健・給 食 係
                            ├─学 校 給 食 セ ン タ ー┄┄┬─南 野 調 理 所
                            │                          ├─永 山 調 理 所
                            │                          └─栄 養 係
                            └─教 育 指 導 課┬─豊 か な 学 び 推 進 担 当
                              ＊統 括 指 導 主 事├─教 職 員 係
                              ＊教育協働担当課長│（ 指 導 主 事 ）
                              ──教 育 セ ン タ ー┄┄特 別 支 援・相 談 担 当
                              ＊統 括 指 導 主 事（ 指 導 主 事 ）
                                                〔 小 中 学 校 〕

監 査 委 員──監査委員事務局──次 長──監 査 係
選挙管理委員会──────────選挙管理委員会事務局──選 挙 係
農 業 委 員 会───────────農 業 委 員 会 事 務 局──〔経済観光課兼務〕
固定資産評価審査委員会──────固定資産評価審査委員会事務局──〔文書法制課兼務〕
```

１日現在）です。多摩市は人口約15万人の、大都市近郊に位置する中規模の都市です。市区町村によって地域性や規模がそれぞれ異なるので当然それぞれの役所でその組織体制は異なります。むしろ、異なっているところにそれぞれの自治体らしさがあるといえます。また、同じ自治体でも、住

民サービスの向上や行政の効率化、あるいは新たな施策の展開のために、随時組織の見直しやときには大幅な組織機構改革を行うこともあります。ともあれ、この組織図を手掛かりに、身近な自治体の仕事が住民のくらしにどれほど密接に関係しているのかを考えてみましょう。

1　自治体の相談サービスの特色

　多摩市には、わからないこと、困ったことがあれば、市民が気軽に相談できるサービス行政の窓口が置かれています。この窓口を担当する市民相談係は、市の政策を総合的に企画する企画政策部の秘書広報課に置かれていることから、市民の相談事を敏感にキャッチして市政に反映させようという姿勢がうかがえます。実際の相談事の内容によっては市民相談係から他の部署へと紹介されるわけですが、あらかじめ転入などの際に住民に配布され、また、ウェブ上でも電子書籍として掲載されている冊子『多摩市の便利な本』には、「暮らしの相談窓口」が4ページにわたって割かれており、どのような場合にはどの部署に相談したらスムーズに事が運ぶかがわかりやすく示されています。

　図表1-2は、多摩市の市民相談（専門の相談員が対応するものです）の例です。多摩市では実にさまざまな相談に無料で応じていることがわかります。そして、その特色は、行政相談以外の、いわゆる民事関係の相談が多いことです。交通事故、人権や夫婦親子関係、近隣関係などの身の上、相続など、民事問題で悩んでいる住民が、身近に相談相手がいない場合や弁護士などの専門家に依頼する経済的ゆとりがない場合など、最寄りの役所の窓口に対処方法を求めて電話なり来庁して相談しているのです。このように、民事相談が多いのは、多摩市だけではなくどこの自治体でも同じです。

　相談業務は、国の各府省やその出先機関でも行っていますが、そのほとんどは行政相談であり、国では原則として民事相談は行っていません。このことは国が冷たいというよりも、住民に最も身近な市区町村の場合、そ

図表1-2　多摩市の市民相談の例

相談名	内　　容	相談員	日　　時	相談時間
法律	相続、夫婦・親子・離婚、金銭貸借、土地・建物の売買、損害賠償などの民事全般　※1人年度内3回まで	弁護士	毎週月・火・木曜日	30分間
税務	相続税、贈与税、土地家屋の譲渡所得税など税務問題全般	税理士	毎週火曜日（第5週を除く）	30分間
相続・遺言等くらしの書類作成	遺言書・遺産分割協議書、公正証書、許認可申請書類など	行政書士	第2月曜日第4月曜日	30分間
不動産取引	不動産の契約や物件、借地・借家など	宅地建物取引士	第4月曜日	30分間
不動産の相続・贈与等の登記	不動産登記・会社設立登記など登記全般、成年後見制度	司法書士	第2火曜日第4火曜日	30分間
交通事故	人身・車両の衝突事故、示談、賠償など、被害者・加害者を問わず交通事故全般	弁護士	第1木曜日	30分間
年金・社会保険・労務	年金、健康保険・雇用保険・労災保険、労働条件・解雇など	社会保険労務士	第4木曜日	30分間
人権・身の上	夫婦親子関係、近隣関係、人権問題など	人権擁護委員	第1・3木曜日第2・4木曜日	50分間
行政	国や特殊法人などへの要望や苦情	行政相談委員	第3木曜日	50分間

れが民事相談であれ何であれ、困っている住民の相談に応じざるをえないことを物語っています。つまり、自治体の立場としては、民事関係の問題は役所に持ち込まずに住民が自分の責任で解決すべきであり、役所は一切相談に乗りません、とはなかなかいいきれないのです。都道府県の権限となっている警察署にも、少なからぬ件数の民事相談が持ち込まれています。

　民事相談の多い自治体の相談サービス内容は、民間が有料で行っている、あるいは民間でできる活動がなぜ自治体の仕事になっているのかという一般的問題を考えてみる素材になります。私たちが当たり前のように考えている民事相談の事例は、自治体に対する住民の期待や依存と自治体の

責務のあり方を考えるうえで、大切な問題を含んでいます。つまり、住民の生活上の諸問題のうち、行政は「何に、どこまで」関与すべきなのか、あるいは関与すべきでないのかという自治体行政の責任範囲をめぐる問題です（⇒第 4 章第 3 節）。

column

災害復興としての「リーガル・ニーズ」対応

　災害が発生したときに生命・身体を守りきるためには普段からの備えとして災害予防や減災が重要であることはいうまでもありませんが、日常の生活を取り戻すためには速やかで適切な復旧・復興が必要となります（⇒第 1 章第 6 節）。東日本大震災では、その災害規模に応じた未曾有ともいうべき膨大な被災者の「リーガル・ニーズ」（法的な知識・情報を活用した対応・救済の求め）が一つの焦点となりました。これまではややもすれば見過ごされがちであったかもしれませんが、災害復興時での生活再建に必須ともいうべきもう一つの備えとして、被災者が求める法的な知識・情報・活用のニーズ（リーガル・ニーズ）への対応策を常日頃からいかに準備し、いざ災害が起きたときには適切に機能する仕組みを準備しておくことの重要さが痛感されたといえます。

　日常生活でも人々は多くの法的課題を抱えており、自治体の活動の一環として相談サービスを無料提供するなどの取組みで対応しているのですが、大規模災害後ともなるとリーガル・ニーズの出現は規模・緊迫度ともに日常の比ではありま

せん。日本弁護士連合会では東日本大震災時に行った 4 万件以上にのぼる無料法律相談情報を分析し、24 の類型に分類しています。試みにいくつかをピックアップしても、不動産所有権、車・船等の所有権、工作物責任・相隣関係、保険、税金、離婚・親族、遺言・相続など、多岐にわたっています。また、弁護士の岡本正さんの分析によると、地域ごとに、また、時間の経過ごとにリーガル・ニーズは異なり、変化しており、したがって災害後に講ずべき政策メニュー・手法も異なってくると指摘しています。

　こうした膨大かつ多岐にわたるリーガル・ニーズに応じるためにはさまざまな工夫が必要ですが、例えば、弁護士会と災害協定を締結する自治体が増えています。弁護士が無料法律相談や情報提供活動を行う場合、場所の確保、他の専門職との連携を進めるためにも普段からの自治体との連携が効果を発揮します。逆に、連携がスムーズに行われていない場合、実際の出来事ですが、弁護士が無料法律相談を行おうにも避難所の立ち入りを認められず、対応の遅れの原因となったといったような事態も発生しかねません。

　最近では、任期付職員として弁護士など法曹資格者を採用する自治体が増えてきています（こうした職員を「自治体法曹」職員と呼ぶことがあります）。自治体法曹職員は東日本大震災や熊本地震の復興過程でも被災地自治体で活躍してきました。

〔参考文献〕
・岡本正『災害復興法学の体系』勁草書房、2018 年

・同『災害復興法学Ⅰ、Ⅱ』慶應義塾大学出版会、2014、2018年

2　オンブズマン

　多摩市役所の組織図（図表1-1）をみて気がつくことは、オンブズマン事務局が置かれていることです。オンブズマンとは、もともとは行政の違法・不当な活動に対する国民の苦情申し立てを受けて、行政からは独立・中立的な立場で調査・勧告などの必要な措置をとり、国民の権利救済を行うための仕組みです。オンブズマン制度は、スウェーデンで採用されたのがはじまりで、現在では世界各国に広く普及していますが、①国レベルの制度か自治体レベルの制度か、②議会によって設置される議会型オンブズマンか、行政府の長が任命する行政型オンブズマンか、③特定分野の行政を対象とするオンブズマンか行政全般に関するオンブズマンかなどによって、さまざまなタイプに分類されます。また、国からも自治体からも独立した市民グループが担い手となっている市民オンブズマンも活発な活動を展開しています。

　日本では、1990（平成2）年に川崎市が自治体で最初のオンブズマンを設置しました。その後、次第にオンブズマン制度を取り入れる自治体が増え、現在では全国で50あまりの自治体で設置されています。

　多摩市のオンブズマンは、行政型オンブズマンの一種で、介護保険制度の導入にあわせて、2000（平成12）年に発足しました。当初は健康福祉サービス分野に関する苦情を公正・中立的な立場で市民に代わって調査し、是正勧告などの措置を迅速に処理することを目的とした、福祉オンブズマンでした。多摩市のオンブズマンは、市内民間福祉事業者と協定書を結んで、オンブズマンが行う調査への協力、是正勧告の遵守や公表の容認を誓約した全国はじめてのケースでもある点に特色があります。2010（平成22）年には行政全分野を対象とした総合オンブズマンへと移行しました

が、民間福祉事業者との協定は存続しています。

　自治体は実に多くの仕事を複雑な仕組みのもとで行っています。一般の住民がそれらを十分に理解したうえで、行政がもたらしてしまった違法・不当な活動に対して的確に苦情を申し立て、自ら納得のいく解決に到達することは容易なことではありません。それだけに、専門的見地から住民の代理人として住民の立場から活動するオンブズマン制度の意義は大きいといえます。

　しかしその一方で、オンブズマンの権限が限定されるなど役所のなかでの位置づけがあいまいであったり、その役割の意義が浸透していないために十分に活用されなかったりすることがあります。あるいは、他の相談サービスとさしてかわりがない単なる苦情処理にとどまっているのではないかなどの課題が指摘されることもあります。

3　受け身の相談からアウトリーチへ

　くらしに最も身近であるからこそ市区町村に相談などの支援を求めようとするわけですが、そうした相談の窓口にもたどり着けない住民も少なくありません。近年では、DV（家庭内暴力）や学校でのいじめ、不登校、ひきこもり、あるいは子どもの貧困など、家庭や地域コミュニティが抱える、しかし、外部からはみえにくいさまざまな課題が指摘されています。こうした課題に直面する住民のなかには、さまざまな要因が重なり社会的に弱い立場にあることから、自ら声をあげて助けを求めることができない場合があります。こうした住民に対しては、役所の窓口で相談に来るのをただ待ち続ける受け身の相談サービスでは十分ではないといえます。

　例えば、明石市（兵庫県）では、弁護士を自治体職員として採用し、市民向けの法律相談に力を入れています。自治体法曹職員（⇒第1章第2節コラム）の業務は、相談窓口で住民の来訪を待つだけではなく、出張法律相談や訪問相談といったアウトリーチ（課題が発生している現場＝地域社会などに直接出向くこと）を含んでおり、問題の内容に応じて社会福祉士や

臨床心理士、その他専門職員などとともにチームによって総合的に展開しています。明石市の取組みは、民事での困りごとに待ちの姿勢でのぞむだけではなく、積極的に関わる体制を整えることで住民のくらしに寄り添おうとしている点に特色が認められるでしょう。

第 3 節　子ども・子育て施策と学校教育

少子化問題が大きな焦点となっている今日、次代の社会の担い手である子どもたちを健やかに育むことは最大の関心事の一つで、子育て環境を理由に居住地を選択することも珍しいことではありません。家族・世帯のあり方が多様化した現在、注目される子育てに関わる自治体の取組みを通じて地方自治のあり方を考えてみましょう。

1　妊娠・出産

本章第1節で戸籍と住民票について述べましたが、子どもができた場合、役所に妊娠届書を提出すると、「母子健康手帳」が交付されます。母子ともに健やかに出産を迎えるのは、夫婦や身内の方々の共通の願いでしょう。母子健康手帳は、母と子（乳幼児）の健康記録としての意味を持っていますが、保健指導を受けるときにも役立ちますし、保育所、幼稚園、小学校へ入るときの健康診断の参考にもなります。先に取り上げた多摩市の健康推進課で届けを出しますと、母子健康手帳とともに妊婦健康診査受診票をはじめとする出産・育児に必要な書類や情報の入った「母と子の保健バッグ」がわたされます。

多摩市の健康推進課の仕事は、成人保健までを含んでいますが、妊娠・出産・育児に限っても、はじめて妊娠した母親とその配偶者を対象に、妊娠・出産・育児に関する教室である「パパママ学級」、妊婦向けの歯科健

康診査、健康診査、妊産婦や生後120日までの乳幼児のいるすべての家庭に保健師・助産師が訪問して相談・助言・子育てサービスの紹介を行う妊産婦・新生児等訪問指導などのサービスがあります。また、３〜４か月児、６・９か月児、１歳６か月児、３歳児の健康診査も健康推進課が受け持つ仕事です。乳幼児を持つ親に特に深い関わりのある課であることがわかります。

　少子化対策が国を挙げて取り組むべき課題として重視されるなか、自治体もさまざまな試みを展開しています。なかでも妊娠・出産・子育てのしやすい環境づくりは自治体にとって大きな課題です。一つの試みとして、フィンランドで子育て支援で効果をあげている「ネウボラ」を参考に、妊娠・出産から子育てまで切れ目のない家庭支援を行うための「○○版ネウボラ」を導入する自治体が増えています。ネウボラとは「相談の場」を意味するフィンランド語です。日本では同じ役所のなかでも人の成長段階に応じて異なる組織がバラバラにサービスを提供することが多いのですが、これらを総合的で長期的な観点から組み立て直し、子育て政策を充実させる取組みだといえます。多摩市でも2017（平成29）年４月から多摩市版ネウボラともいえる「ゆりかごTAMA」を発足させています。

２　保育所

（１）保育行政のニーズ

　無事出産した後の育児について、保護者が働くなどしており他に保育する人がいない場合、保育所に子どもを預けることができるのは周知のとおりです。保育所には、公立保育所と社会福祉法人や個人などによる私立保育所があります。多摩市の場合、市立保育所への入所手続きは子育て支援課で行っています。

　どこの自治体でも、国（厚生労働省）が定めた基準にしたがって条例で所得水準に応じた保育料の徴収を定めています。保育行政をめぐっては、保育料が適正かどうかが問題とされることがあります。少子化対策の一環

として、自治体のなかには保育料を国が定めた基準以下に定めているところがあり、自治体によってばらつきがあるからです。

　近年では都市部を中心に待機児童問題がより深刻度を増してきました。現在表面化している待機児童数も実際のニーズを反映しているとは限りません。わが子を保育所に入所させられなかったために勤めに出ることを早い段階から諦めていたり、保育所以外のサービスに頼ってしのいでいたりするケースも相当数あって、これら潜在的な待機児童数を含んでいるわけではないためです。そのため、自治体が予算を投じて定員枠を拡充したり、保育所を新たに設置したりしても、これら潜在的なニーズを呼び起こして、すぐさま施設不足に陥ってしまう状況にあります。

　出産後や子育て中も職業を持ち続けたいと考える女性が増えているだけではなく、共働きで一定の家計を確保しなければ子育てもままならない経済情勢にあることや、徐々に浸透しつつあるとはいえ男性の子育てへの参加は途上にあるのが現実です。そのため、かつて以上に保育行政への期待が強まっているといえます。少子化の現状を考えると、自治体のみならず、国を挙げての待機児童解消の取組みが求められており、国は幼児教育・保育料の無償化政策を打ち出すに至りました。

（2）経費負担の公平

　保育費用の無償化策が国によって打ち出されている今日でも、保育行政は"公平な負担"の観点から問題があるという意見が出されることがあります。働きたいのをがまんして保育所に入れず、自分の手で子どもを育てている保護者や家族の場合、その子どもの育児にかかる経費は全部個人負担となり、働いてえられる収入もありません。これに対して、働かざるをえない、働き続けたいという願望を実現するために子どもを保育所に預けている保護者や家族の場合は、保育料を支払ってもなお収入と労力負担の点で、相対的により多くの便益を行政からえているという考え方によるものです。子どもを保育所に入れている家族と自分の手で育てている家族と

の間で、経済的負担に差が生じていることは社会問題として認識され、国の少子化対策や子育て支援策としても対応はされてきましたが、金銭的に換算すれば差があるのは事実です。この差をどのように考えるかは住民に身近な自治体がまず受けとめなければなりません。

　長期にわたる少子化の流れのなかで、兄弟姉妹の数は減り、一人っ子の家庭も珍しくありません。家庭内で子ども同士のふれあいによって、お互いの主張を理解して折り合いをつける社会的訓練が十分できなくなっているともいいます。そこで保育行政には、家庭内でできない子ども同士の社会的訓練という従来とは異なった役割も期待されています。

　また、保護者と子どもからなる世帯構成も少なくありませんし、都市部では近所付き合いも減るなかで、保護者がその親や近所の知り合いから日常的にサポートをえる機会は乏しいのが現状で、子育て中に孤立感を深めがちなことも指摘されています。保育所に入所させられなくても、一時保育などの子育て支援の場としての役割も保育所には期待されているのです。

　もともと民間（この場合には、家庭で子育てをしている母親など保護者）と競合し、しかも一部の住民だけを対象としてサービスを与える行政は、常にその行政にかかる経費の負担のあり方をめぐって問題が生じやすいのです。より一般的には、行政サービスと経費負担の関係をどのように考えるかということは自治体行政の検討課題です。

　多摩市の場合、当初から市内の保育所のほとんどは私立で、公立の保育所は2か所だけですが、最近では、公立の保育所を民間委託したり、民営化をしたりする自治体もあります。また、少子化と女性の社会進出により、一方で定員が埋まらなくなってきた幼稚園と、他方で待機児童を抱えている保育所を一体的に運営する、いわゆる幼保一元化の考え方が打ち出され、認定こども園の仕組みが導入されました。多摩市にも認定こども園は2園あります。

3　学校教育

（1）教育サービスの選択

　子どもが成長して就学時期を迎えると、親は、学校のことが関心事になるでしょう。小学校へ入る前から、家庭教師をつけたり塾へ通わせたりしている家庭もあります。指定された市区町村立の学校ではなく、私立の学校へ入学を希望する場合もあります。普通、親は子どもの知的成長と将来の社会的成功を願っており、そのことが進学熱と結びついて、早い時期から子どもを受験戦争の戦士に仕立てようとする親もいますから、教育に関する関心といってもその内容は複雑です。

　憲法と教育基本法の規定によって、子どもに9年の普通教育を受けさせるのは親の義務ですが、公立の学校における義務教育では授業料なしになっています。しかし、私立の学校に子どもを入れれば授業料を支払わなければなりません。私立の学校へ入る場合、有料を承知のうえでの親の選択ですから、公立が無料で私立が有料であるのは不公平だといった問題は起きにくいかもしれません。

　なお、高等学校の場合は事情が異なります。高等学校は義務教育ではありませんが、現在進学率は100％近くあります。しかし、希望者すべてが公立（ほとんどは都道府県立）の学校に入れるわけではありません。また、義務教育ではありませんので、公立であっても入学すれば、授業料などを支払う必要があります。所得制限はありますが、現在では、公立学校の授業料は無償化され、それと相当額について私立学校の授業料についても補助（就学支援金の支給）されるようになりました。

（2）子どものいない人も負担する教育経費

　学校教育に関する経費は、自治体予算のなかで占める比率が高いものの一つです。仮に、何らかの理由で子どものいない住民の場合、学校教育に関するサービスを受けなくても、学校教育にかかる膨大な経費の一部を納

税のかたちで負担しなければなりません。

　私たちが店で品物を買う場合、自分がほしくない品物は買わなくてもよいわけです。しかし、これと同じ理由で、子どもがおらず学校教育サービスはほしくないから、その分の経費を税金として支払いませんというわけにはいきません。厳密にいえば、この場合はサービスと負担はまったくつり合っていないから、一方的に負担を強要されているといえます。

　自治体は、私たちが店の品物を買うか買わないかを自分で決めるということができるのとは異なって、私たちがあるサービスはほしくないといっても、また現にそのサービスをまったく受けなくても、サービスにかかる経費の一部負担を私たちに押しつけることができる力を持っています。これは一種の強制であり、自治体は、いわば権力としての顔を隠し持っているのです。このことに対して、実際には住民は異議をとなえませんから、これは理論上の問題ともいえます。しかし、自治体の仕事がどのように成り立っているかを理解するうえでは、このような自治体の性質にも注目する必要があります。

　もっとも、異議をとなえていないからといって、誰もが子ども向けの経費を喜んで負担しようというわけではありません。仮に総論としては賛成であっても、各論で反対として噴出することがあります。例えば、待機児童解消のために新たに保育所を設置しようとすると、都市部などでは騒音などを理由に迷惑施設のようにみなして反対運動が起きることがあり、また、小学校なども近隣住民からのクレームの対象となることが少なくありません。こうした現象は、迷惑そのものに対してだけではなく、受益という見返りもないのに負担を強要されることへの潜在的な不満の表れだとみなせるかもしれません。

（3）教育委員会

　最近、学校教育行政をめぐって、いろいろな問題が提起されています。

　役所のなかで、学校教育の仕事を担当しているところが教育委員会であ

ることは、多摩市の組織図をみればすぐわかります。教育委員会の任務は「学校その他の教育機関を管理し、学校の組織編制、教育課程、教科書その他の教材の取扱及び教育職員の身分取扱に関する事務を行い、並びに社会教育その他教育、学術及び文化に関する事務を管理し及びこれを執行する」（地方自治法第180条の8）というものです。その教育委員会は「地方教育行政の組織及び運営に関する法律」に基づき、教育長と4名の教育委員（ただし、条例によって、都道府県や市等は5名以上、町村等は2名以上にすることができる）、事務局によって構成されています。教育長と教育委員は知事または市町村長が議会の同意をえて任命し、教育長は任期3年、教育委員は任期4年（再任は可能）です。

　教育委員会制度は、第2次世界大戦後、日本の教育を改革するため、教育行政の地方分権化を図り、知事や市町村長から独立させるというねらいで設置されました。当初、教育委員は、都道府県7名、市町村5名で、議会選出の1名を除き、住民の直接選挙によって選ばれていました。しかし、この直接公選制が十分根づかないうち、「政党や組合などが影響を及ぼし、教育の政治的中立をそこなう」という理由で、1956（昭和31）年に教育委員は任命制に変えられ員数も減らされました。

　登校拒否、非行、いじめ、学習塾の盛況、学校給食の民間委託化など、現在深刻な課題とされているような複雑な教育問題は、1970年代ごろから注目を浴びはじめていますが、それにともなって教育委員会制度のあり方が問われ、地域住民による教育自治を求める声があがるようになりました。

　そうした要望から中野区（東京都）では、1981（昭和56）年に独自の条例を制定し、「教育委員準公選」を実施しました。これは、区長が住民の郵便投票方式による結果を参考に教育委員候補者を決め、議会の同意をえて任命する方法です。教育行政に住民の声を反映させる方式として高く評価する意見があった一方で、文部省（現在の文部科学省）は準公選は任命制に反する違法なやり方であるから廃止すべきだと主張し、東京都を通じ

て指導しました。中野区はがんばりましたが、後に続く自治体が現れなかったこともあり、1994（平成 6）年 1 月、とうとう、この準公選制度の廃止を決定しました。

（4）学校選択制とコミュニティ・スクール

　2000 年代に入ってからは、学力低下やゆとり教育をめぐる活発な議論がなされる一方、犯罪の低年齢化やいじめ、ひきこもりなど子どもをめぐる問題がいっそう深刻に受けとめられるようになりました。こうした事態を受けて自治体のなかには学校教育のあり方に工夫を重ね、新たな仕組みを模索する動きが目立つようになりました。教育長に民間人を登用して組織に新しい風を送り込んだり、国とは別に独自の予算措置で少人数学級を実現させたりする動きなどです。

　なかでも注目を浴びたのは、品川区（東京都）で 2000（平成 12）年から実施された学校選択制です。これまで居住地にしたがって決められていた公立の小・中学校の通学区域を大くくりの地域にまとめるなど通学区域を弾力化することで、子どもが通う学校を複数のなかから選べるようにしようという仕組みです。この仕組みは瞬く間に多くの自治体で採用されました。

　現に通学する学校にさまざまな理由でなじめなかったり、いじめに悩まされたりしている子どもにとって、学校選択制は朗報といえる仕組みです。また、学校選択制をきっかけとして、それぞれの学校が特色のある教育方針を打ち出し、地域に根ざした個性豊かな教育機会を提供しようという動きを促すことにもなりました。これに対して、きちんとした客観的な情報がないなかで学校を選択させてよいのかという批判や、一部学校のブランド化や逆ブランド化を進めるだけで根本的な解決にはならず、むしろ子どもたちにマイナスの心理的影響を与えはしまいかという批判の声もあります。

　他方で、学校と地域との関係を密に結びつけようという動きもありま

す。2004（平成16）年の「地方教育行政の組織及び運営に関する法律」改正によって、公立学校の学校運営に関する協議機関である学校運営協議会を個別の学校ごとに置くことができる仕組みができました。学校運営協議会が置かれた学校を一般に、コミュニティ・スクールと呼びます。保護者や地域住民が学校運営協議会のメンバーになることで、その声を学校運営に活かしていく仕組みです。こうした「地域とともにある学校づくり」は、小・中学校が地域社会の拠点であることから、地域づくりにも密接に関係する取組みだといえます。特に、子どもが減少し学校の存続が問題となるような農山村部などでは、学校づくりは地域づくりと不可分であり、地域を挙げて学校運営を支えるのはむしろ当然のこととして行われてきています。都市部にあっても、地域と学校とが一体となった「チーム学校」体制が求められています。

　また、2014（平成26）年には「地方教育行政の組織及び運営に関する法律」が改正され、知事や市区町村長が教育の基本的な方針（「総合的な施策の大綱」）を定めることができるようになりました。そのための協議機関として、自治体の長と教育委員会とで構成される総合教育会議が新たに設けられたのは、教育委員直接公選制廃止・任命制導入以来の教育委員会制度の大きな変革だといえます。

（5）学校給食

　学校給食をめぐる問題も大きな論点です。学校給食は、児童・生徒の健康のため学校で食事を提供する教育活動とされています。

　従来、給食は各校で調理する方式がとられていましたが、現在では、このほかに地区のセンター方式や民間委託方式もあり、それらの方式が給食を通した教育活動といえるかどうか、「食」文化を粗末に扱うことにならないかどうかといった問題が提起されてきました。また、どの調理方式をとるにしても、子どもたちが使う食器をどういう素材のものにするのか、また調理に用いる原材料が安全であるかどうかなどを問おうとする保護者

たちの運動も全国に少なくありません。地域の食材を積極的に用いること
なども含めて、「食育」の考え方も重視されてきたのです。

　さらに、はたして昼食を提供する活動自体を公共サービスとして実施し
続ける必要があるのかどうか、児童・生徒の昼食は家庭の責任にすべきで
はないかという問題提起がなされる一方で、仕事などの都合などで弁当を
準備する余裕のない家庭の子どもに配慮すべきだという意見や、「子ども
の貧困」問題がクローズアップされるなかで、食を保障する機会として学
校給食を位置づけるべきだという考え方も主張されています。

　給食費は原則として保護者が負担します。その意味で、応益的な負担だ
といえます。一食あたり200〜300円台が一般的ですが、家庭の経済状況に
よっては負担が重く、滞納する例もあります。なかには支払い能力がある
にもかかわらず確信犯的に支払わない例もあり、社会問題として取り上げ
られることもあります。また、「食育」の観点などから、少々割高であっ
ても有機栽培された農産物や地域産の食材を活用する場合には、給食費の
一部に対して一般会計から拠出する自治体もあります。環境保全型農業を
推進する、いすみ市（千葉県）では、市内全公立小中学校の給食で無農薬
無化学肥料の有機米を使用するように改めたのがよい例でしょう。学校給
食を経費面からみてそのあり方を考えることも重要だといえます。

第4節　日常のくらしを支える公共サービス

　日常生活で一日の活動を、朝水道の蛇口をひねり、というところからは
じめるとすると、既にそこから私たちのくらしは自治体の活動と密接に関
わっているといえます。

　自治体が行っている仕事のなかには、上下水道、ごみの収集・運搬・処
理、道路の建設と管理など私たちの日常生活の円滑な維持に不可欠なもの

が少なくありません。このような仕事が停止したり、滞ったりすると私たちのくらしに大きな支障が出るだけに役所としても神経を使うことになります。

1　上水・下水と地域の生活

（1）上水の確保

　毎日の生活にとって不可欠な飲み水（上水）を考えてみましょう。かつて多くの人々は自分の家にある井戸水を飲み水として使っていました。しかし、井戸水に頼れなくなれば公共水道に依存しなければなりません。公共水道は、市町村やそれらによって設立された企業団・組合などが水道事業管理者となって、特別の会計で水道の建設、修繕、営業を行っています。水道は使用量に応じた有料制になっています。このような有料制になっているのは、水をたくさん使った人も少ししか使わなかった人も同じ負担では不公平だからです。受けた便益に応じて料金を負担する仕組みを受益者負担といっています。

　飲み水は、私たちの日常生活にとって文字どおり「生命の源」です。今や手軽にペットボトルや宅配の水が手に入る時代になりましたが、調理はもちろん、風呂やシャワー、洗濯などでは水道の水に頼らざるをえません。私たちは、水がどのようにして私たちのもとまで運ばれてくるのかを知り、そして日頃どれほど大切に水を使っているかを考え直してみる必要があります。

（2）下水の整備

　河川、井戸水、湖沼、そして海の汚染の主たる原因として下水道と下水道処理場の不備が挙げられることがあります。下水の整備には膨大な経費がかかりますので、地域によって下水道普及率には大きな差があります。下水道を整備するには、標高差を考えながら、下流から上流へと建設工事を進めていかなければなりません。下水の本管が通り、処理場ができて

も、各家庭が応分の負担をして本管につなぐ枝管布設を承諾しなければ
（枝管布設にも受益者負担料がともないます）、家庭雑排水のたれ流しが続け
られてしまうのです。

　先ほど学校の話を出しましたが（⇒第 1 章第 3 節）、日本の小・中学校に
は運動場と体育館とプールが設置され、施設面では世界に冠たるものがあ
るといってよいと思います。しかし、近くに川が流れ、湖沼や海浜がある
ところで、どうして学校にプールが造られ、強いカルキ消毒で眼を赤くし
ながら、児童・生徒たちはそのプールで水泳の練習をしなければならない
のでしょう。河川等を汚したままでプールを造って児童・生徒たちに水泳
を教えようとするのは、地域と教育との関係を考えるうえで問題ではない
でしょうか。学校の立派なプールで泳いで帰る途中に、悪臭を放つ川をみ
なければならず、思わず目をそむけたくなるというのは、本当は地域の姿
として情けないと思います。

column
柳川堀割物語

　柳川市（福岡県）の市立図書館に併設された柳川あめんぼ
センター（水の資料館）の一角に、「柳川の河川浄化事業（掘
割の再生）と広松伝さん」という常設展示コーナーがありま
す。市のホームページによりますと、市民協働事業や環境問
題に関心が高まり、掘割の再生に関するメディアでの報道も
あって、柳川市環境課都市下水路係長を務められた故広松伝
さんの功績を継承すべく開設されたものです。市役所の一職
員の功績を公的な施設で顕彰する展示を行うのは異例といっ

てよいでしょう。なぜこうした異例の対応がなされたのでしょうか。その謎は、日本を代表する世界的なアニメ・クリエーターである宮崎駿・高畑勲による映画『柳川堀割物語』を観ればわかるので是非おすすめしたいのですが、ここでは多少長いのですが次の引用で内容紹介にかえたいと思います。

　　柳川市は、住民が「川」とか「堀」と呼び習わしてきた水路のまちです。しかし、高度成長期を通じて、道路や住宅の用地を生み出すために、堀割を狭めたり、埋め立てたり、商店街の位置では、水路の上に覆蓋を設け、駐車場にするところも出てきました。残っている水路も単なる排水溝や水溜りとなり、雑草が生い茂り、手近なゴミの捨て場と化しました。家庭排水はおろか、事業所の排水さえも処理されず、そのまま堀割に流し込むようになり、汚濁も進みました。1961（昭和36）年から、観光客のための川下りが始まりましたが、かつての水郷の面影を偲ばせるものの、ゴミが浮いている水路を下ってゆくという有様でした。
　　市内のいたるところで、堀割は悪臭を放ち、景観を損ない、大量の蚊を発生させるようになり、人びとにとって堀割はうとましく、耐えがたい存在に変わろうとしていました。そこで、溝渠を埋め立てることが最も現実的な対応策とされました。市では、川下りコースなどを残して堀割を処分し、大部分は埋め立て、一部は近代都市にふさわしくコンクリート三面張りの都市下水路に改変する方針を決めました。幹線だけでも総延長5.5km、工費約20億円を投じて、堀割を都市下水路に変え、残りを埋め立てるという計画案でした。市役

所の主だった課長が集まり、まとめた計画でした。市長の年
頭の挨拶や施政方針の中でも、この計画が高らかに宣言され
ました。1977（昭和52）年のことです。既に1973（昭和48）
年に柳川都市計画新用途地域が決まっていましたから、それ
に基づいた水路埋め立て計画でした。議会や県などの了承も
取り付け、計画はすぐにも実施に移される運びでした。まさ
に水郷のまち柳川の基盤をなす水路網が失われようとしてい
ました。

　この計画の実施は環境課都市下水路係の担当になります。
水道課で水問題に長年携わっていた廣松さんは、その係長へ
の人事異動を命じられたのです。廣松さんは、1938（昭和
13）年柳川に生まれ、柳川で育ち、柳川市立商業高校を卒業
した後、1957（昭和32）年柳川市役所に入所し、水道課に勤
務し、水道畑一筋で歩んでいた職員でした。彼は、これまで
建設してきた水道を維持管理していくことが自分の役所人生
だとして、係長就任を断り続けたといいます。役所の人事
が、いかに適材適所の人事配置を行わないかが分かります。
しかしこのミスマッチこそ、皮肉なことに柳川を救うことに
なるのです。

　廣松さんは、異動内示前から決まっていた埋め立て計画が
そのままでは進行し、確実に柳川から堀割がなくなり、まち
が滅びてしまうと思い、担当者になる決意をします。彼は、
埋め立て計画の実施ではなく、担当課長や関係者に対して埋
め立ての非や浄化再生の必要性を説いてまわり始めます。も
ちろん、役所内は聞く耳を貸しません。そこで、彼は市長に
直訴します。当時の古賀杉夫市長は、自宅に来た係長の話を
邪険にすることなく聞きました。廣松さんは「水は、いった
んなくしてしまえば、もとに還らない。柳川は、つぶれてし

まう。昔の堀割に戻すべきだ」と、計画の再検討を進言しました。大地は水を呼吸しているという基本的な前提に立てば、三面張りや埋立てによって、堀割の水が周囲の土に届かないことは由々しき事態を引き起こすことは明らかでした。市長は「もし昔の掘割に戻せるなら」と、埋め立て計画の6ヶ月間凍結を決断することになります。（中略）

　廣松さんは2年間100回以上の住民との話し合いにより理解と協力を得る努力をしましたが、その根気強さには感嘆します。廣松さんは、水路再生一筋で仕事をやりぬき、1998（平成10）年11月、柳川市役所を退職しました。退職時の職位は課長補佐級でした。いかに素晴らしい仕事を行なっても年功序列の人事は変わらなかったし、むしろ素晴らしい仕事（事起し）を行なったがゆえに、世間的にいえば不遇の処遇でありました。

　　（大森彌『自治体職員再論』ぎょうせい、2015年、118〜121ページ）

　補足しますと、上述のように住民との懇談会の場を通じて市民参加や協働の機運を高め、例えば、女性グループが中性洗剤追放・粉石鹸普及活動などを進めて家庭の雑排水による汚染を抑えようと立ち上がったり、地域での清掃活動に多くの住民が協力するようになったりした様子が映画では活写されています。広松さんの奮起をきっかけに、柳川市民自身が「生命の源」である「川との煩わしいつきあい」を深めることの大切さに気づくことで柳川掘割の再生という「奇跡」を実現させたといってよいでしょう。

　ちなみに、柳川あめんぼセンターの展示コーナーには、当

初方針を推進していた市役所内の職員、議員や住民を説得させるために広松さんが渾身の力でまとめ上げた「河川浄化計画」が展示されています。

図表1-3　柳川あめんぼセンターの広松伝さんコーナー

〔参考文献〕

・大森彌『自治体職員再論』ぎょうせい、2015年

・宮崎駿・高畑勲『柳川堀割物語』ジブリ学術ライブラリー、1987年

2　ごみの収集

　役所のサービスに依存しなければ、私たちの毎日の生活が円滑に運ばないもう一つの例に、ごみがあります。法律用語では一般廃棄物といいます。もし、家庭から出るごみを敷地内で焼くとか埋めることができ、自分の家で処分できるなら、その家庭はごみについて自立した生活をしており、とりたてて役所に頼らなくてもよいわけです。

　しかし、都会風のくらしが都市・農村を問わず全国的に普及した今日では、ごみを自家処理ですますことはもはや無理といってよいでしょう。むしろ、安易な自家焼却はダイオキシンを発生させかねないことなどから、原則として禁止されています。そして、ごみ処理という私たちの日常生活に関わる問題には、地球環境保護というグローバルな問題が直結している面を無視できません。資源の無駄な消費を抑制し、環境に負荷のかかる物質を放出しないためにも、ごみの減量化、資源再利用を組み込んだ仕組みづくりが欠かせません。

　自治体によって、ごみ・資源の出し方はきめ細かいルールで定められています。例えば、多摩市では、ごみ・資源を、燃やせるごみ、燃やせないごみ、小型家電・金属類、有害性ごみ、粗大ごみ、メーカー等による回収・リサイクル、プラスチック、雑誌・雑紙、新聞、ダンボール、缶・ペットボトル、びん、古布、に分けて、出し方、出す日、出す場所を決めています。また、燃やせるごみ、燃やせないごみ、プラスチックについては、有料指定袋の使用が義務づけられています。このように、最近では家庭のごみについて実質的に収集の有料化を図る自治体も増えてきています。ごみ収集は自治体がタダでやってくれて当然という固定観念が打ち破られつつあるのが現状といえるでしょう。

　また、ごみ収集の業務は住民の協力なしには成り立たないということも重要です。ごみ収集の方式としては、大きく分けると、ステーション方式と戸別収集方式があります。

　ごみの減量化を徹底して進めるために、誰が出したごみかすぐわかり、分別などをきちんとできているか、マナー違反に対して対応しやすいということから、近年では、家庭の玄関先にごみや資源を出しておき、それを収集作業員が集める戸別収集方式を導入する自治体も増えています。ただし、この方式ですと、一軒一軒の家庭を収集作業員が回らなければいけないわけですから、収集に時間も手間もかかってしまいます。

　これに対して、ステーション方式は、地域のなかであらかじめ決められた集積所（ステーション）に各家庭からごみや資源物を持ち出し、それを収集する方式です。最も普及している方式です。ステーション方式の場合には、各家庭で、ごみを分別して定められた日に定められた場所（ステーション）に出し、集積所の清掃やカラス対策なども手分けして行うということではじめてごみの収集業務は円滑に行われるのです。ごみの分別はますます細分化され、ごみを出す側の住民は面倒だという思いを持つかもしれません。これは住民の負担といえないこともありませんが、むしろ義務と考えられるべき性質のものではないでしょうか。定められた日以外にごみを出す人、粗大ごみを勝手に置いていく人、車などで運んで別の場所へ捨てに行く人がいますが、こうした人たちは、ごみが実は住民自治のあり方と密接に結びついていることにまったく気づいていないか無関心で、住民としては無責任な人であるといわなければなりません。

3　道路

　道路についてはどうでしょうか。地域で普通に使う道路は、大体は市区町村長の管理責任となっています。市区町村長は、道路を使う人の安全が確保されるように維持管理しなければならないのです。道路に段差ができたり穴があいていたりして、そのために転倒してけがをする被害を受けたような場合、道路管理者の市区町村長は、そのけがや被害の程度に応じて、補償や賠償の責任を負うことになります。そのようなことがないように、市区町村では道路に異常がないかパトロールを行い、必要に応じて補

修をするなど維持管理に務めているのです。

　人手が限られるなか、市区町村によってはかなりの総延長になる道路を
くまなくパトロールし点検するのは並大抵のことではありません。そこ
で、道路が傷んでいるのを発見した場合には、近隣の住民や通行者などが
役所に連絡するぐらいは心がけたいものです。例えば、千葉市では、道路
の損傷に限りませんが、市民協働の一環として、不具合などを見つけた場
合には専用のスマートホン・アプリを使って市に通報する「ちばレポ」と
いう仕組みを導入し、市民の積極的な協力を呼びかけています。類似の仕
組みは多くの地域で活用されるようになってきました。

　自分たちの地域の道路だという想いを持てば、単に便利で安全というこ
とだけではなく、ごみのない清潔で美しい景観づくりの観点から道路を考
えることにもなるでしょう。道路管理者である行政が主導で街路樹を植
え、緑豊かな環境をつくり出すのが一般的かもしれませんが、地域の住民
が協力して行政から借り受けた沿道のスペースで植栽の管理や清掃をボラ
ンタリーに行う活動なども各地でみられます。このような仕組みをアドプ
ト制度といいます。アドプトとは「養子縁組」を意味することばですが、
わが子のように愛情を注いだ維持管理が期待される仕組みだといえるで
しょう。

　日頃、歩行や車両での通行の際には市区町村道か、都道府県道か、国道
かといった道路管理者の区別を特段には意識しないかもしれません。最近
でこそ、国道などでもアドプト制度が活用されることがありますが、身近
な市区町村道だからこそ積極的な関わり合いも容易なのであり、自らの地
域の道路だと意識しやすいでしょう。

歩道橋と道路の哲学

　道路といえば、全国いたるところの街なかで、不要できた
ならしい鉄骨の塊と化した「横断歩道橋」の無惨な姿を思い
出すでしょう。それは、人と道（歩行空間）、人と車、道と
車の関連をつきつめて考えることなく車のみに便利な道路を
優先させた結果できた公共施設といえます。最近では、老朽
化してきたこともあって、さすがに撤去されるものも増えて
きましたが、それでもまだしばしば目にします。

　歩道橋という施設を最初に計画した役人は、歩行者の安全
を考えたという意味では善意であったかもしれません。歩道
橋が普及した高度成長期は、「交通戦争」と呼ばれるほど、
自動車事故による死傷者が増えて、通学途上の児童・生徒が
犠牲になることも少なくなかったこともあったでしょう。し
かしながら、歩行の不自由な人やお年寄りが歩道橋を上り下
りするのに大変難儀せざるをえないことを忘れていたか、無
視していたといわざるをえません。最近では、エレベータな
どが敷設されてバリアフリー化がなされたものも増えてきま
したが、すべてではありません。他の住民もわざわざ歩道橋
を使うのを嫌い、しばしば車道を横断してしまいます。結
局、歩道橋の下ないしその近くに信号をつけ車道に横断歩道
を敷設せざるをえなくなり、歩道橋自体は見捨てられること
が多くなったのです。

　車に乗る便利さと快適さを知った私たちは、横断歩道橋を

どのように考えるのか、歩行空間としての道一般と公共施設としての道路との違いはどこにあるのか、いろいろ考えさせられる事例ではないでしょうか。

第 5 節　年金・医療・介護

　"人生80年時代"といわれて既にひさしく、日本は男女ともに世界でもトップクラスの平均寿命を誇ります。80年を1日24時間に換算し直すと、40歳がちょうど正午になります。人生50年といわれた時代では、40歳は夜の7時過ぎです。余命が長くなり、人生80年ともなれば、いわば長い午後と夜が待っています。それどころか2007年生まれの50％は107歳まで生存するという試算があるほどで、最近では"人生100年時代"といわれることもあります。

　誰でも老いを迎えやがて死に至ります。そして、その老いの期間が長期化する傾向にあるなかで、老後をどう生きるかがすべての人の重要な人生課題になりました。老後に関しては、何といっても生計のこと、病気になったときのこと、独りぼっちで暮らさざるをえなくなったときのことなどが気がかりです。これらのことに関連して、市区町村の行政では一般に次のようなサービスを行っています。

1　年金

　まず生計に関しては、各種の年金の支給が行われています。現在のところ老後の経済生活は年金によって保障される仕組みになっています。

　日本に住所のある20歳以上の人は公的年金に加入しなければなりませ

ん。公的年金の仕組みの一つが国民年金です。国民年金には、保険料を納めて年金を受ける拠出制年金と、年齢などの関係で拠出制年金には加入できない人たちを対象とした「福祉年金（無拠出制年金）」とがあり、後者には現在、老齢福祉年金があります。

　公的年金は賦課方式といって、現役世代が納めた保険料をもとに年金を支給しています。少子高齢化が進むなかで、高齢者が増大し、現役世代が減少していきますと、現役世代の負担が大きくなり、また、若年世代には公的年金にメリットが感じられにくくなる面があります。だからといって、現役世代が保険料の納入をやめてしまっては、老後を保障する根幹となる仕組みそのものが成り立たなくなってしまいます。

　社会保障の制度改革が進められてきており、年金についても給付開始年齢や給付水準の見直しなどが議論されています。国民年金など公的年金を根幹に据えながらも、老後の経済生活に不安を生じさせないように他の政策で補っていくことも必要になるでしょう。自治体にはますますそうした点で多くの役割が求められるようになるでしょう。

2　健康保険

　次に、病気になったときに安心してお医者さんにかかれる「国民健康保険制度」についてみておきましょう。

　国民健康保険に加入していると、病気やけがをして医者にかかったとき、出産や死亡などのあったときに保険給付を受けられます。加入すると国民健康保険税を支払います。税とはいうものの、国民健康保険料といっている自治体も多いように、実際は一種のゆるやかな受益者負担といえます。ゆるやかというのは、病気にならなければ保険給付が受けられませんし、実際に病気になって保険給付を受けると、給付額がしばしば負担額を大きく上回ることがあるからです。

　国民健康保険税では、所得割額、資産割額、均等割額、平等割額の合計額を 1 年分の税額としています。高齢化が著しく進んだことにより、一方

で高齢者が増えて給付が増大しているにもかかわらず、他方で、住民の担税力（給付の増大に見合う税を分担して支払う能力）の低下などから保険税が思うように徴収できなくなっていることから、国民健康保険の会計（これは特別会計）の赤字を一般会計から繰り出して補わざるをえなくなっているのが現状です。

既に2008（平成20）年からは75歳以上の高齢者（後期高齢者と呼びます）を対象とした別立ての仕組みである後期高齢者医療制度が創設されました。これは、都道府県を単位として、都道府県と市町村によって構成される広域連合（⇒第3章第2節）が運営するものです。そして、2018（平成30）年度からは、国民健康保険の身近な窓口業務は引き続き市区町村が担いますが、都道府県も保険者となり、財政運営の責任主体となることで、安定的・効率的な運営を図ることが期待されています。

3　高齢者の福祉・介護

日本社会は人口減少期に入りましたが、高齢者人口は当面増加することが予想されています（⇒第4章第2節）。今や国民の四人に一人以上は65歳以上の高齢者です。もっとも、意欲と能力を持ち、元気に活躍する高齢者も少なくないことから、高齢者の定義を変えて、年齢を引き上げようという議論もありますが、高齢化が進んでいること自体は確かです。

高齢化が進めば、どの地域でも必ず取り組まなければならないのは、寝たきりや認知症の高齢者に対する充実した介護や介助です。高齢化が進み、平均寿命が延びるということは、介護が必要となる人が増大し、長期化することを意味します。それは同時に、介護の支え手として重要な役割を期待されがちな家族の高齢化をともないます。老老介護などといわれるように、高齢の親を既に高齢となったその子どもが面倒をみる、あるいは、高齢の夫婦の一方が他方を介護するといった状況です。新聞の社会面などで伝えられるような、家族介護の重荷が招いた悲劇を思い起こすまでもなく、ごく日常的な、決して他人事とはいえない問題として受けとめな

ければならない不安です。こうした不安を緩和するために、2000（平成12）年にスタートしたのが介護保険制度です。

　介護保険制度は、「加齢に伴って生ずる心身の変化に起因する疾病等により要介護状態となり、入浴、排せつ、食事等の介護、機能訓練並びに看護及び療養上の管理その他の医療を要する者等について、これらの者が尊厳を保持し、その有する能力に応じ自立した日常生活を営むことができるよう、必要な保健医療サービス及び福祉サービスに係る給付を行うため」の制度です（介護保険法第 1 条）。

　介護保険の特徴は、保険者が市区町村であることです。多摩市の組織図をみると、健康福祉部に介護保険課が置かれていることがわかります。一人ひとりについて、介護保険の対象となる要介護状態にあるのかどうか、要介護状態といってもどの程度の介護を要するのかなど、介護保険給付を行うには要介護認定という手続きを行わなければなりません。また、介護保険制度の前提としてどのようなサービスをどの程度提供しなければいけないのか、その地域の高齢者の状況などがきちんと把握できていなければ「保険あって給付なし」といった事態になりかねません。そうした点から、住民にとって一番身近な自治体でありきめ細かな対応が可能な市区町村が介護保険の運営主体とされているのです。しかしながら、市区町村といった小さな単位で今後ますます進む高齢化に対応して介護保険制度をきちんと運営できるのか、特に十分な介護サービスを用意することができるのか、財政面で支障をきたさないのか、などの課題が指摘されているのは、先に述べた健康保険と同様です。

　介護保険制度の今一つの大きな特徴は、従来の公的な福祉サービスは役所が決める措置であったため、利用者に選択の余地がなかったのですが、介護保険制度では利用者がサービスの選択を行うことができる利用者本位の仕組みに変わったことです。そして、従来からの公的機関に加えて、多様な民間事業者が介護サービス事業へ参入するよう促されてきました。このことは、一種の介護サービス市場が形成されることを意味します。民間

事業者の参入により、事業者間で競争原理が働き、効率的で良質なサービスが提供されることが期待されてのことです。他方で、利益本位の競争がかえってサービスの質を損なうのではないかという懸念もあり、介護保険運営主体の市区町村は、事業者が提供するサービスの質をきちんと評価する不断の姿勢が求められます。また、民間事業者の参入の見込みが立ちにくい地域では、それを促す仕組みを工夫するほか、ボランティア・グループ（⇒第6章第2節）やNPO（Non-Profit Organization：非営利組織⇒第6章第5節）との連携を図ったり、主翼を担う公的サービスを充実させたりすることが課題となります。

　日本社会全体が人口減少期に入っても当分は人口増加が続く東京など大都市部では、今後は顕著な高齢化を迎えることが確実に予想されます。既に特別養護老人ホームなど高齢者を対象とした施設不足が生じるなど入所待機問題が表面化しています。いわゆる団塊の世代が後期高齢者になる2020年以降になると、より深刻な事態を迎えると考えられています。

　現に高齢化のピークを迎えている地域にしても、これから本格化する大都市部にしても、福祉・介護サービスをむやみに増やせばいいわけではありません。必要なサービスを充実させる一方で、介護予防などに力を入れる取組みなどが不可欠です。2015（平成27）年の介護保険法改正では、在宅医療・介護連携の推進などの地域支援事業の充実とあわせて訪問介護と通所介護の予防給付を地域支援事業に移行するとともに、市区町村がボランティアやNPO、事業者など多様な主体とともに生活支援や介護予防サービスを提供していくこととなりました。これらは地域包括ケアの考え方に基づいています。地域包括ケアとは、高齢者が尊厳を保持し、自立した生活に向けての支援を受けつつ、可能な限り住み慣れた地域で自分らしいくらしを人生の最期まで続けられるように、地域の包括的な支援・サービス提供体制を構築していこうとする考え方です。

　そして、地域包括ケアの考え方を着実に実現していくためには、高齢者だけではなく、障害者やさまざまな生活課題を抱く地域の人々をも包み込

む（包摂⇒第1章第1節）とともに、誰かが「支え手」で誰かが「受け手」というのではなく、社会を構成するすべての人が自らのくらしと生きがいをともに創り上げていくような共生社会といった発想がこの点でも求められているといえます（⇒第1章第1節、第6章第5節）。

　介護保険制度では、利用者（本人）が事業者と「契約」して介護サービスを受ける仕組みとなっていることから、同制度創設と同時に、判断能力が十分でなく、事業者と契約できない利用者などを支援する成年後見制度も開始されました。成年後見制度は、認知症、知的障害、精神障害などにより、判断能力が十分でなく財産の管理や日常生活等に支障がある人の権利を守る制度です。その利用を促進するため、2016（平成28）年には「成年後見制度の利用の促進に関する法律」が制定され、意思決定支援を基本に、市区町村・都道府県・国の行政機関・裁判所が緊密に連携して利用を促進しようとしています。

第6節　安全・安心、防災と「新しい日常」

　私たちの日々のくらしはさまざまなサービスから成り立っており、その少なからぬ部分を自治体の活動に負っていることを確認してきました。健やかで文化的な生活を享受し、思い描く夢や希望をかなえられるよう自ら努力しつつ、苦労や時には苦難があったとしても幸せなくらしをおくることは、私たちの基本的権利です。この基本的権利を実質的なものにするうえで、日々のくらしに関わる自治体の活動は欠くべからざるものだといってよいでしょう。地方自治法には「住民の福祉の増進」という表現が用いられていますが、これは私たち住民一人ひとりの幸せ（＝福祉）を向上させること、地域の豊かさを高めることを意味しており、とりもなおさず自治体の役割、使命なのです。

　「住民の福祉の増進」を着実に確保するためには、その大前提として、住民の生命・身体・財産がしっかりと守りきられていなければなりません。現代の生活はさまざまなリスク（危険）にさらされています。個人としての備えはもちろん大事ですが、地域や自治体の単位、そして国レベルの対応など、重層的な備えがあってはじめてリスクを軽減し、安全・安心なくらしが可能だといえます。地域にあって私たちが直面するリスクとはどのようなものがあるかを意識することが大切です。日常的な安全・安心の確保にはじまり、東日本大震災等大きな自然災害が打ち続く「災害大国」日本での地域と防災、そして新型コロナウイルス感染症（コロナ禍）への対応について考えてみましょう。

1　「リスク社会」と安全・安心

　リスクとは確率や可能性を意味し、不確かさをともなう概念です。リスクといってもその種類はさまざまで、私たち誰もが同じ確率でリスクにさらされているとは限りません。その影響や深刻さ、そして受けとめ方も人によって差があります。

　リスクは、例えば、「犯罪・テロ」「事故」「災害」「戦争」「サイバー空間の問題」「健康問題」「食品問題」「社会生活上の問題」「経済問題」「政治・行政の問題」「環境・エネルギー問題」などと捉えられるように（文部科学省「安全・安心な社会の構築に資する科学技術政策に関する懇談会報告書」2004（平成16）年）、実に多様な分野にわたっています。そしてこれらは国や自治体の各種の行政サービスと密接に関わりがあることにも気づかされます。

　例えば、本章で身近な自治体の活動として取り上げてきた「子育て・学校教育」（⇒第 1 章第 3 節）や「年金・医療・介護」（⇒第 1 章第 5 節）も、リスクという観点から捉えれば「健康問題」や「社会生活上の問題」といったテーマに関わる事柄です。また、「相談サービス」（⇒第 1 章第 2 節）は、リスクが単なる将来の漠然とした確率としてではなく、身近な脅威や

不安として差し迫った（と感じられた）場合に求められる自治体のサービスだといえるでしょう。

2　警察と安全・安心

（1）警察の仕組み

　自分自身や家族、身近な人々はもちろん、誰もが犯罪や秩序の乱れにより理不尽な思いや苦痛を受けることなく、安全・安心なくらしが確保されることは共通の願いでしょう。世界で最も治安の良い国の一つと日本は評価されることがありますが、私たちが安心して日常のくらしを営むうえで警察の果たす役割をみてみましょう。

　「警察は、個人の生命、身体及び財産の保護に任じ、犯罪の予防、鎮圧及び捜査、被疑者の逮捕、交通の取締その他公共の安全と秩序の維持に当ることをもつてその責務とする」（警察法第2条）行政機関です。その組織を概観しますと、国には内閣総理大臣が所轄する国家公安委員会が置かれ、警察庁を管理しています。また、都道府県には都道府県警察が置かれ、都道府県知事のもとに置かれた都道府県公安委員会が都道府県警察本部（東京都は警視庁）を管理しています。このように警察の組織は、国と地方（都道府県）とから成り立っていますが、歴史的には、第2次世界大戦後、戦時体制を支えたそれまでの国家主導の警察体制が連合国軍最高司令官総司令部（GHQ）の意向で廃止され、都市部などを中心とした自治体警察とその他の地域の国家地方警察とからなる体制などを経て、現在の仕組みに至ったのです。都道府県警察で警視正以上の職位は特定地方警務官と呼ばれる国家公務員であり、それ以外の地方公務員である地方警察職員とは異なっていて、国と自治体とで区分される警察組織を人的に結びつける仕組みになっています。

　都道府県警察本部やその管轄内の警察署はもちろん、地域にある交番や駐在所は都道府県警察に属していますし、110番通報もそれぞれの都道府県警察本部の通信指令室などの担当部署につながります。身近な警察サー

ビスは自治体警察によるものだといえます。

（2）地域社会と警察との連携

　無差別なテロや子どもなどを被害者に巻き込む痛ましい重大事件が社会の耳目を集めるようになると、自治体による住民意識調査などでも、「安全・安心の確保」が住民の望むサービスの最上位の項目に並ぶことがあります。また、実際の犯罪件数や認知件数の推移などとは別に、主観的な犯罪に対する感覚を示す「体感治安」といったことばが使われ出したこともあり、治安や安全・安心への関心は高まりをみせています。住民の意向を受けて、犯罪発生件数・率などを地図上に示したデータを公表する自治体もあります。

　「割れ窓理論」が示唆するように、地域の無関心（例えば、建物の窓が割れたまま放置されている状態など）が軽微な犯罪を呼び込む引き金となり、それがやがて重大な犯罪の発生を招くこともあります。ですから、周囲で違法駐車やごみの不法投棄などがないか、空き家・空き地の管理は適正になされているかなどに普段から関心を払い、軽微な秩序違反行為も見逃さない姿勢が必要だとされるのです。秩序の乱れや犯罪発生を抑制するのには警察官のパトロールを強化すれば効果をあげるかもしれませんが、すべて警察任せにできるわけではありません。住民が自らの地域にしっかりと関心を持ち、警察と協力しつつ近隣地域の活動として見回り、見守りなどを主体的に展開することも重要です。こうした住民や地域と一体となった警察の活動をコミュニティ・ポリシングと呼びます。地域で組織された防犯協会の活動などもこれにあたるでしょう。また、2000（平成12）年の警察法改正で警察署協議会の仕組みが導入され、警察署の活動に地域住民の意見を反映する仕組みを設けることが可能になりましたので、こうした場を活用することも考えられます。

　また、従来であれば行政や警察が直接介入することに躊躇しがちであった、児童虐待をはじめとするDV（家庭内暴力）や学校のいじめなどの問

題について、学校、児童相談所などの関係機関や行政と警察とが緊密に連携をとることで、未然の防止や事態悪化の阻止に向けた積極的な動きも求められるようになっています。

3　消防と防災

（1）消防の仕組み

　私たちの安全・安心に関わる行政サービスのなかで、警察と並び組織化された活動を行う消防についてみてみましょう。消防法という法律が、「火災を予防し、警戒し及び鎮圧し、国民の生命、身体及び財産を火災から保護するとともに、火災又は地震等の災害による被害を軽減するほか、災害等による傷病者の搬送を適切に行い、もつて安寧秩序を保持し、社会公共の福祉の増進に資することを目的とする」（第1条）としているように、消防の役割も幅広く、そしていずれも私たちの生活に密着したものです。火災などの消火や防火活動、けが・病気などの際の救急搬送サービスなどに加えて、近年では地震や水害をはじめとする大災害への備えから防災面での活動に関心が高まっています。

　戦前は警察組織の一部であった消防は、戦後、警察から独立することで今日の自治体消防の仕組みが成立しました。警察は都道府県を単位としていることは既にみたとおりですが、消防は市町村の事務として位置づけられています。ただし、東京都の特別区の地域は一体として東京都の組織である東京消防庁がその責任を担うことが法定化されています。また、近年は消防の広域化が進められており、自治体が連携して組合を設置したり、他自治体に委託したりする例も少なくありません。

　市町村には消防本部、そしてそのもとに地区別に管轄する消防署が設置されていますが、これらは常備消防と呼ばれます。常備消防のほかに、市町村は消防組織として消防団を条例で設けています。消防団は一般住民を非常勤地方公務員の団員とするもので、消防長や消防署長の所轄のもとで消防事務に従事させる仕組みです。現在では離島や一部の山間地を除けば

ほぼすべての市町村で常備消防の仕組みが整っています。しかし、常備消防化されていない地域や、常備消防があっても消防署等から離れた地域であったり、また、火災等の発災初動にあったりしては、身近な消防団の果たす役割は大きいといえます。

とはいえ、消防団員は本業を別に持つ、いわば（有償）ボランティア的な存在であり、消防団は通常、常備消防に比べて装備も整っているとはいえません。災害の規模が拡大し、しかも高度・複雑化する傾向にあるなか、高層ビルの林立する大都市部などでの消火活動を想像しても明らかなように、消防団では非力といわざるをえないでしょう。また、特に都市部では、例えば、会社勤めのサラリーマンが消防団員である場合には、勤務地と住所地とが離れている場合も多いので、いざというときに消防団員が駆けつけることが難しいのが実情です。他方で、消防団員の役割が強く期待される地域ほど高齢化や人口減少が進んでおり、若手の団員確保に悩まされるといった問題もあります。

災害時には、自らも危険な状況に身を置かなければいけないような業務に従事していることは、例えば、東日本大震災で犠牲になった消防団員の活躍ぶりを思い起こせばわかることです。日頃からのたゆまぬ訓練や技術の向上は、常備消防の消防隊員だけでなく、消防団の団員にとっても不可欠なのです。このように考えますと、地域の住民も消防団の存在意義や役割を今一度認識し、地域でサポートする姿勢が必要ではないでしょうか。消防や消防団の出初め式は地域の重要な年頭行事に位置づけられていることも多いので、機会をみつけて参加するのもよいでしょう。

消防団には地域に密着しているがゆえの強みもあります。消防団は地域の若い同世代間の交流の場・機会にもなっており、そこで培われたネットワークが地域づくりに役立っていることも少なくありません。

（2）災害への備え

日本は豊かに恵まれた自然や国土、地勢から成り立つ反面、「災害大国」

と形容されるように、地震や水害などの自然災害に頻繁に苛まれてきたのは事実ですし、また、これからもさまざまな災害に直面することになるでしょう。

　とりわけ都市型社会を前提とした今日、自然災害がもたらす脅威や被害も変容してきたといえます。ほぼ同じ規模の地震でも、多くの死傷者が出た阪神・淡路大震災（1995（平成7）年）と、物的損壊こそ大きかったものの死傷者を出さずにすんだ鳥取県西部地震（2000（平成12）年）とを比べてみてもわかるとおりです。また、しばしば未曾有と表現される東日本大震災では、原子力発電所事故をともない、広域的で複合的な深刻な被害をもたらしたことは記憶に新しいところです。

　こうした巨大災害にも対応できるよう、国が危機管理体制を適切に構築していくことは当然必要なことですが、地域においても日頃からしっかりとした対応策を検討し、いざというときのために備えておかなければなりません。

　例えば、建築物の耐震性や防火性能を高めるなど、強靭な街づくりを進めるといったハード面での強化はもちろん重要ですが、それだけでは十分ではありません。

　災害発災直後の一時的危機を乗り切るためには、個人や家族、あるいは町内会や集合住宅など近隣の単位で、飲み水や食料など一時的な避難グッズを日頃から用意したり、必要最低限度の避難物資を備蓄しておいたりすることは当然として、避難所・避難施設の場所の確認や、避難訓練を地域、行政とともに協力して進めることも重要でしょう。その際には、災害弱者となりがちな身体等の不自由な高齢者や障害者、子どもへの配慮も求められるでしょう。また、日本語に不自由な外国人住民への心遣いも大切です。難しいことばをわかりやすい表現に置き換えるなどした、「やさしい日本語」の普及が進められています。

　最近では、地域の自治体だけでは対応しきれないような大規模な災害が発災したときなどのため、いざというときに相互の支援がスムーズに進む

ように、自治体間で災害援助協定を結ぶ市区町村も増えてきました。援助者の志を受けとめる意味でも、支援を受け入れる側の受援者としての姿勢も問われます。援助者が効果的かつ迅速に適切な支援をしやすくできるよう、発災後の混乱した状況のなかでも冷静に被害状況を発信できるようにしておくことが重要でしょう。例えば、日頃から避難所の位置情報や収容規模を公開しておくとともに、実際に避難所を運営することになったときに、被災者は何人いて、どのような物資が足りないのか、何を必要としているのかをきちんと伝えられるかを想像しながら備えておくとよいでしょう。

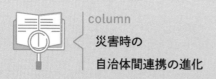

column

災害時の
自治体間連携の進化

　過去の大規模災害の経験を踏まえて自治体間連携が進化を遂げています。阪神・淡路大震災や新潟県中越地震のときと同様、東日本大震災でも全国の自治体から応援職員が被災地に派遣され、長期にわたり復旧・復興に携わっています。

　自治体間連携という観点からみると、東日本大震災では、日頃から津波災害を想定して訓練を行うなどの関係づくりを進めてきた遠野市（岩手県）による沿岸被災地に対する「後方支援」は効果的な取組みとして注目されました。

　東日本大震災は、激甚かつ広域的・複合的な被害をもたらしたことから、遠隔地の自治体による支援が有効でした。宇宙航空研究開発機構（JAXA）の研究施設の置かれた自治体が1987（昭和62）年に結成した「銀河連邦」では、相互に災

害時応援協定が結ばれており、メンバーの大船渡市（岩手県）に対する支援が行われました。

　杉並区（東京都）を中心とした自治体スクラム支援は特徴的な取組みです。東日本大震災で津波、原発事故で被災した南相馬市（福島県）を支援すべく、震災以前から災害時相互援助協定を締結し、地域間の草の根の交流や職員の相互派遣の経験もあった杉並区はもちろん、杉並区のイニシアティブのもと、南相馬市とは直接関係してはいないものの杉並区が災害時相互援助協定や友好自治体協定を結んでいる自治体とまさしくスクラムを組んで物資の提供や避難民の受け入れを行いました。また、復旧・復興時の支援にとどまらず、こうしたタイプの自治体間連携が円滑に進むよう、関係自治体で会議体を設けて検討し、法改正の提案などで国に働きかけ続けてきた点は特筆すべき取組みといえるでしょう。

　また、支援自治体と受援自治体とのカウンターパートを決めて支援する関西広域連合による「対口支援」（もともとは中国が四川大地震（2008年）のときに採用した方式です）は効果をあげたことから、同様な手法は、熊本地震などでも広く活用されました。

　災害が重なることは不幸なことではありますが、こうした自治体間連携により被災地対応のノウハウが自治体で組織的に蓄積されていることは心強い面もあります。場当たり的で偏った支援はかえって被災地には重荷になることもあることからすれば、災害という非常時こそ体系的で効果的な体制がいち早くとれるよう、国なども巻き込んだ円滑な自治体間連携の活用が期待されます。また、普段は何の関わりも持たな

い地域と、災害を通じて支援・受援の関係でつながることが
ありうることも私たちは考えてみる必要があるでしょう。

〔参考文献〕
・小原隆治・稲継裕昭編『震災後の自治体ガバナンス』東洋経済
新報社、2015年

4　感染症対策と「新しい日常」

　人類の歴史は疫病の歴史、といわれますが、世界中に猛威を振るった新
型コロナウイルス感染症（COVID-19）によるコロナ禍も、間違いなく歴
史に刻まれる出来事だといってよいでしょう。近年、激甚化・複合化・広
域化の傾向にある自然災害とはまた別の意味で、コロナ禍は予期・予想で
きない不確実性と不定型性に特徴づけられた非日常的な事態をもたらし続
けてきました。

　国・自治体を通じたコロナ禍対策では、内閣総理大臣をはじめとする国
政のトップ政治家やその政策判断にむけて助言する医療専門家集団の動向
とともに、感染拡大が著しかった大都市部の知事など自治体リーダーの存
在感（プレゼンス）が注目されました。

　国の方針を踏まえながらも、感染状況など地域の実情にあわせ、住民に
わかりやすく対応策等を提示し、コロナ禍では決定的に重要な行動変容を
促すうえで、知事ら自治体リーダーの果たした役割はきわめて大きかった
のです。マスク着用、こまめな手指消毒にはじまり、物理的距離の確保
（フィジカル・ディスタンシング）や「三密」回避といった「新しい日常」
が比較的スムーズに浸透したのもそうでしょう。連日のメディアの報道か
らも知事らの活躍ぶりがうかがえました。

　とはいえ、ときに知事ら自治体リーダーが判断に躊躇することもあれ

ば、疑問に思える方針を打ち出したのではないかと考えられることもあります。また、国や近隣の自治体と対応策の調整をめぐってギクシャクが生じたことも少なくありません。プラスに評価するにしても、マイナスに評価するにしても、コロナ禍は不確実性と不定型性に満ちていますから、一局面だけ捉えて評価することは適切ではありません。また、リーダーシップの良し悪しだけに着目するのも、政治家同士の人間関係の好悪だけで捉えるのも、本質を捉え損ねてしまう可能性があります。こうした難局だからこそ、平時とは違った自治体活動のあり方や国と自治体との関係を見抜く姿勢が必要だといえます。

　自治体のコロナ禍対策としては、①感染予防・拡大制御に関する医学・疫学的な対策とそれに付随する公衆衛生上の対策、②コロナ禍でダメージを受けた事業者や社会的弱者に対する補償・支援など社会・経済対策、③直接的なコロナ禍対策ではないが、コロナ禍にあっても滞りなく遂行することが求められる通常業務体制の確保策、に分けて考えられます。

　感染症そのものに対峙する医学・疫学的な対策では、国のコロナ対策の司令塔（官邸や担当大臣など）を頂点に、医療専門家などで構成される専門家会議などが設置され、政策の大枠となる方針が打ち出されてきましたが、同様に、自治体でもそれぞれ司令塔となる対策本部等が設置され、必要に応じて専門家などが招集され、地域の実情に応じたコロナ対策が打ち出されてきました。知事のプレゼンスが注目されたのも、都道府県（及び大都市をはじめとする保健所設置市）が医療計画や公衆衛生など感染症対策に携わる保健所等を設置し、国と連携・調整して各種法律に基づく権限を行使しうる立場にあるからだといえます。コロナ禍の最前線で多数の医療従事者・医療機関が払う献身的な努力が報われるかどうかは、国はもちろん、自治体の意思決定にも多分に影響されるのです。

　コロナ禍でダメージを受けた事業者や社会的弱者に対する補償・支援など社会・経済対策についてはどうでしょうか。特別定額給付金や各種貸付金に関する臨時的で膨大な業務を、行政のデジタル化が不十分ななかで

（⇒第 4 章第 5 節 4）、どれだけスムーズに処理できるかが問われました。なかでも対住民サービスに関しては自治体の主要な業務に位置づけられて処理されてきました。自治体によっては、例えば、子育て世帯や零細事業者などに向けて、独自の支援策として給付金や協力・補償金支給などを打ち出したところも少なくありません。コロナ禍で脆弱化した生活・経済の循環を蘇生するためのポンプ機能が期待された施策だといえます。

　さて、自治体には、コロナ禍にあろうとなかろうと進められるべき施策や行政活動が多々あることも忘れてはなりません。すでにみた住民票の交付をはじめとする窓口サービスはもちろん、ごみの収集・運搬・処理や上下水道、福祉、教育、警察、消防などもそうです。実際、コロナ禍の感染拡大初期に、国から唐突に打ち出された学校等の全国一斉臨時休校措置がどれだけの社会的混乱を引き起こしたかを振り返ってもわかります。学習の遅れはもちろんのことですが、本来であれば学校で過ごすはずの子どもの居場所をどう確保するか、子どもの面倒をみなければならず仕事の制約（場合によっては離職）を余儀なくされた世帯を経済的にどう支えるのかなど、たちどころに問題が噴出しました。日頃当たり前と思われる行政サービスが住民の日常のくらしにいかに深く根づいたものであるかがわかります。

　このように考えると、コロナ禍対策の陣頭指揮をとる国や自治体リーダーのリーダーシップの重要さは当然ですが、非日常業務に機敏に対応し、かつ、日常業務を継続的に営む、職員をはじめとした自治体行政を支える関係者の存在もクローズアップされてくるはずです。コロナ禍にあって、保健・医療従事者はもとより、安定的な社会生活を確保するのに必要なサービスを提供する人々（例えば、電気・ガス・上下水道などのインフラ運営関係や飲食料品関係、生活必需品関係など）を「エッセンシャル・ワーカー」（必要不可欠な働き手、という意味）と呼びますが、自治体職員等もまたエッセンシャル・ワーカーだということがわかります。

　さて、地域に目を向けると、自然災害時とは異なって、コロナ禍など感

染症拡大時には、人と人のつながりを大切にしたコミュニティ活動などを維持することが難しくなる問題があります。町内会・自治会などコミュニティ活動や各種イベントが自粛され、地域の活動が萎縮しがちになりました。例えば、高齢者のフレイル（加齢による心身の衰え）予防の体操教室の開催や、子ども食堂をはじめとする居場所の確保が現に難しくなったわけですから、社会的孤立の問題にいっそう注意を向ける必要があるといえます。

　万能策があるわけではありませんが、徹底した感染予防のうえで、さまざまな知恵で乗り切ろうとする地域の人々の動き、それをサポートしようとするNPOなど各種団体の活躍、さらにそれらを機敏に支援する自治体の施策などが開花しつつあります。「新しい日常」に対応した取組みを巧みに連携し、重層的に展開していくことが鍵となるはずです。

学びのガイダンス

☑ 1. 暮らしている地域の自治体の組織や活動を調べてみよう

　本章では、ある地域に住所を定めて暮らしはじめ、日常生活の一日のなかでも、ライフ・ステージに応じた各段階においても、住民として自治体の活動と多様な関わり合いを持つことを概観しました。本章で示したのは自治体の活動全体からすればほんの一部にすぎないことは、多摩市の組織機構図と見比べても明らかでしょう。

　自治体が提供するサービスやそれを支える活動は、国の法令に基づくものもあれば、自治体独自の取組みもあります。国の法令に基づいていても、それぞれの自治体が住民の要望を反映させたり工夫を凝らしたりして、ユニークな取組みを展開していることも少なくありません。自らが住民として暮らしている自治体のホームページやその自治体が発行する便利帳（本章で紹介した多摩市の『多摩市の便利な本』にあたるもの）などを参考に、どのようなサービスがあるかを確認してみましょう。

☑ 2. 自治体の活動に関わり体験してみよう

　また、継続的なサービスだけでなく、自治体が主催・共催・後援する行事やイベントなども多数あり、機会をみつけてそれらに参加し、実際に体験してみるのもよいでしょう。それらのスケジュールは、自治体が発行する広報紙（新聞の折り込み、駅や公共施設などで配布）やホームページに掲載されていますので確認できます。役所の本庁舎だけでなく、公民館、図書館、その他文化施設や体育施設などで行われる場合もありますので、確認してみましょう。

☑ 3. SDGs の取組みがどのように進められているかを調べてみよう

　SDGs とは、2015年の国連サミットで採択された「持続可能な開発のための2030アジェンダ」に掲げられた17の「持続可能な開発目標（Sustainable Development Goals）」のことで、2030年を目標年として、貧困や飢餓をなくし、環境や教育、健康・福祉などの目標を実現させることで、誰も置き去りにしない社会を実現しようという世界共通の目標です。17の目標がカラフルなアイコンで示され、それらは169のターゲットから構成されます（図表1-4参照）。

　日本でも政府、民間を通じてその実現に向けた取組みが進められています。SDGs 未来都市に選定された自治体をはじめとして、SDGs を積極的に施策に反映させる動きが自治体の間でもみられます。皆さんの暮らしている自治体で SDGs をどのようにサービスや施策に反映させているか、確認してみましょう。

図表1-4　SDGs の17の目標とアイコン

（出典）　国際連合広報センターホームページ

第 2 章

憲法が保障する地方自治

地方自治は、日本国憲法によって保障されています。
その地方自治が、制度面でどのような特色を持ってい
るのかを、主として国政と比較しながらみていくのが
この第2章です。
都道府県知事・市区町村長（以上をまとめて「首長」
と呼びます）も地方議会の議員も、ともに住民による
直接選挙で選ばれるという意義をしっかり理解しま
しょう。

第 1 節　憲法記念日と地方自治

　「国民の祝日に関する法律」という法律があり、「元日」から「勤労感謝の日」まで、全部で16の祝日を定めています。こうした祝日の一つとして「地方自治の日」を設けようという主張がありましたが、「地方自治の日」を定めるなら、今一度「憲法記念日」との関係を考えてみる必要があります。

1　「国」とは

　「憲法記念日」は「日本国憲法の施行を記念し、国の成長を期する」ための国民の祝日であると定められています。「国の成長を期する」という場合の「国」とは何でしょうか。「国民の祝日に関する法律」で「国」が出てくる祝日には「建国記念の日」や「昭和の日」があります。この法律ではそれぞれ「建国をしのび、国を愛する心を養う」「激動の日々を経て、復興を遂げた昭和の時代を顧み、国の将来に思いをいたす」と規定されています。「国の成長」といい、「国を愛する心」「国の将来」といい、「国」とはいったい何を意味しているのかあいまいなのです。はじめに、この点を少し考えてみましょう。

　日本国憲法第41条に「国会は、国権の最高機関であつて、国の唯一の立法機関である」とあります。日本国憲法には英語表記がありますが、「国」の意味を考える場合のヒントがえられますので引用します。'The Diet shall be the highest organ of state power, and shall be the sole law-making organ of the state.' となっています。この規定に示されているように、「国」とは英語のステイトのことです。おそらく、ステイトですぐ思いつくのは U.S.A. でしょう。United States of America のステイツで、日本では「アメリカ合衆国」と訳していますが、ステイツとは現

在では50州（邦）のことで、州は主権国を意味しています。アメリカでは
この主権国である各州がその権限の一部を譲って連邦政府をつくったので
す。

　日本国憲法でステイトといえば、憲法の第 4 章国会、第 5 章内閣、第 6
章司法、第 7 章財政に規定されている中央政府の制度と運用原理の全体の
ことです。憲法で「国」とは中央政府とその活動の総称です。

　そうすると、先の二つの「国民の祝日」の規定にある「国」とは中央政
府のことでしょうか、どうもそうではなさそうです。そこへ「国」の代わ
りに「中央政府」を入れてみるとおかしくなります。

2　憲法第 8 章の意義

　「憲法記念日」の規定にある「国の成長」の「国」とは「よりよき社会、
より豊かな生活を築きあげる」（「国民の祝日に関する法律」の第 1 条に出て
くる語句）国民とその政府の活動の全体のこと、すなわち国民社会（ネイ
ション）であると考えるのが適切です。

　なぜ、こうした点を強調するのかといえば、戦後、憲法記念日を創設し
たときの初心を振り返ってみたいからです。今では知らない人が多いので
すが、実は、中央政府（国）は、日本国憲法が施行された1947（昭和22）
年から1952（昭和27）年まで、毎年、盛大な憲法記念の式典を 5 月 3 日に
挙行していたのです。

　しかし、翌1953（昭和28）年から政府はこの式典を中止し、以降、憲法
記念日をほとんど無視し続けてきました。最近では、憲法施行70周年とい
うことで2017（平成29）年に政府主催の記念式典が行われましたが、国民
の祝日であるにもかかわらず、国民の代表である中央政府は、ながらくこ
の祝日を国民とともに祝う意思を示そうとはしないできたのです。

　現在の憲法と旧憲法（大日本帝国憲法）の章立てを比較すると、旧憲法
にはない章が二つあります。一つは「戦争の放棄」の第 2 章、もう一つは
「地方自治」の第 8 章です。ですから、この二つの章に触れないで現在の

憲法の特色を述べることはできません。中央政府が憲法記念日を無視して きたことは、論理上これら二つの章で規定されていることが祝福の対象と なっていないことを意味します。戦後、日本の地方自治が第8章の規定に 憲法上の保障と根拠を置いていることを考えれば、憲法記念日の扱われ方 は見過ごすことのできない重要性を持っているといえます。

中央政府が憲法記念日の式典を行わないからといって、自治体もそれに したがう必要はないでしょう。むしろ、政治的な立場にかかわらず、すべ て自治体が憲法記念日を「地方自治の日」と考え、憲法第8章の規定の意 味を住民とともにあらためてかみしめることの意義は大きいのではないで しょうか。それが、憲法とともに再出発した地方自治の「精神」なのです。この初心を忘れたくないものです。

なによりも、憲法のなかに地方自治に関する条文が1章設けられたこと が重要です。旧憲法のなかには、地方自治の原則はもとより、およそ地方 制度に関しての規定は一切なかったのです。地方自治を認めるかどうか、 認めるにしてもどのようなかたちや範囲で認めるかなど、地方自治全般に わたって法律によってどのようにでも決められるようになっていたので す。日本国憲法が、たとえ4か条とはいえ、わざわざ第8章「地方自治」 と題して、その基本的な条項を書き込んだことは、やはり画期的だったの です。

第 2 節　「地方政府」としての自治体

1　「地方自治」の規定

憲法第8章「地方自治」の英語表記は‘Local Self-Government’であ り、文字どおりに訳せば「地方自己統治」です。この場合、大切な着眼点

は、憲法が、第 4 〜 7 章にわたる「国」（中央政府）の諸規定のなかに「地方自治」を取り込まず、独立した章で保障している事実です。「国」との対比でいえば、「地方自治」とは、国民社会の一定の地域における諸問題の解決に責任を持つ「地方政府」の活動であると解釈できるのです。

しかし、憲法が「地方自己統治」の制度主体の表現として採用したのは、「地方公共団体」（local public entities）という奇妙な名称です。この英語表記は欧米の地方制度用語のなかには見出せません。「地方公共団体」という憲法上の名称は、実務の世界では、「公共」を省略し、「地方団体」と呼ぶ基礎になっています。

「地方団体」は旧憲法下で使われていた呼び方です。「地方団体」と「地方政府」とではイメージの隔たりは大きいのです。おそらく、第 8 章のタイトルに用いられている「地方自己統治」に近い表現は、「地方団体」ではなく、「地方自治体」あるいは単に「自治体」でしょう。ことばとしては「自治体」がすっきりしています。

2 「ローカル・オートノミー」の意味

憲法には、「地方自治」ということばは 2 か所にしか出てきません。一つは上述の第 8 章のタイトルであり、二つめは第 92 条です。第 92 条は、地方自治の基本原則を「地方公共団体の組織及び運営に関する事項は、地方自治の本旨に基づいて、法律でこれを定める」と規定しています。この英語表記は、'Regulations concerning organization and operations of local public entities shall be fixed by law in accordance with the principle of local autonomy.' です。ここに出てくる「地方自治」にあたる英語は、第 8 章のタイトルとは異なり、local autonomy（ローカル・オートノミー）であることに注目しましょう。

これまで、何が「地方自治の本旨」であるかをめぐって、さまざまな論議がなされてきましたが、この規定の文字どおりの意味は、第 1 に、地方公共団体の組織と運営を規制するためには国会の立法によること、第 2

に、その規制は「ローカル・オートノミーの原則にしたがって」いなければならないことの二つです。これは、一方で自治体に対する国の統制が立法統制を基本としなければならないことを定めたものです。

　その意味は、国民社会としての統一性を保つためで、「国」（中央政府）が「地方自治」の制度の運用について規制を行う場合には、「国権の最高機関」たる国会の定める法律によらなければならないことを明確に定めたことです。

　逆にいえば、地方公共団体の組織や運用に関する法律は、もしその内容が、「地方自治の本旨」に反するならば、国権の最高機関である国会といえども制定できないことを意味しています。つまり、この第92条の規定は、「地方自治の本旨」に基づいて立法を行うべき義務を国会に求めたものといえます。

　国会に対してこのような要請をしているのですから、国の省庁の役人が意思決定や事務処理にあたる場合は、当然、自分たちの行動や措置が「地方自治の本旨」に合致しているかどうか、絶えず自省しなければならないわけです。このような「国」の立法部（国会）統制が、「ローカル・オートノミーの原則にしたがって」行われなければならないということは、自治体が相対的に国から独立して自主的に物事を決定できる権限を持つことにほかなりません。問題は、「国」（立法部）の統制を制約する原則である「ローカル・オートノミー」とは、どのような概念であるのかなのです。

　憲法の条文上、「ローカル・オートノミー」は、ただ「地方自治」と訳されているだけで、そこから明確なイメージは構成しにくいのです。「地方自治の本旨」が何であるかを、憲法が述べていないところをみますと、自ずから明らかであると考えられていたともいえます。

　オートノミー（autonomy）ということばのもともとの意味は、「他律」に対する「自律」、すなわち行動選択における断固とした一貫性であり、自主的判断と選択の余地を前提にしています。

　ローカル・オートノミーは、ある種の一貫性を守ろうとする地方の自己

決定の姿をいい、その一貫性の判断がその地方の固有の諸条件に依拠する
とき、それに見合った独自の（他の地方とは違った）行動選択が出てくる
のです。したがって「ローカル・オートノミーの原則にしたがう」とは、
地方公共団体に一定の自己決定権を保障し、その行使に関しては、それぞ
れの自主性を尊重することにほかならないといえるのです。

　このように考えてくると、憲法は、主権者である国民がはじめから 2 種
類の「政府」を設け、統治活動を中央と地方に分割し信託する意思を表明
したものと解釈することができます。

　もちろん自治体は、国民社会の一定地域だけを管轄する政府であり、統
治活動全体においては部分段階にとどまるものです。一つは政府であって
も、国民社会全体の統合を崩してしまうような活動（例えば、憲法第 3 章
の「国民の権利及び義務」の規定に反するような条例の制定）を行うことは許
されず、国民社会の統一性を保つ必要上「国」による関与を受けます。

　しかし、このことは、地方公共団体が「国」の単なる下部機関あるいは
地方における行政主体に過ぎないということを意味しないはずです。

column
日本国憲法第 8 章条文

　憲法第 8 章は 4 つの条文からなります。
　憲法の制定過程は第 2 次世界大戦後、GHQ（連合国軍最高
司令官総司令部）の指示のもと、日本政府と GHQ とによっ
て進められたのですが、第 8 章についても同様です。日本の
内務省と GHQ との熾烈なやり取りの末現在の条文に至った
のですが、旧来からの地方制度を守りたい内務省の巻き返し

により、当初、GHQ の草案にあった、住民を自治の主体に据えた規定ぶりやアメリカで自治体を創設する際に策定される憲章（チャーター）に関する規定はその過程で抜け落ちていったのです。

　本来、誰が読んでもわかりやすくなければいけない憲法の規定が難解に感じられるのは、こうした交錯した議論の産物だからだともいえるでしょう。

　憲法制定過程における地方自治の規定の変遷については参考文献に挙げた今井照さんの著作に譲るとして、こうした背景を思い浮かべながらぜひ確認してください。

日本国憲法

第 8 章　地方自治

第92条　地方公共団体の組織及び運営に関する事項は、地方自治の本旨に基いて、法律でこれを定める。

第93条　地方公共団体には、法律の定めるところにより、その議事機関として議会を設置する。

②　地方公共団体の長、その議会の議員及び法律の定めるその他の吏員は、その地方公共団体の住民が、直接これを選挙する。

第94条　地方公共団体は、その財産を管理し、事務を処理し、及び行政を執行する権能を有し、法律の範囲内で条例を制定することができる。

第95条　一の地方公共団体のみに適用される特別法は、法律の定めるところにより、その地方公共団体の住民の投票においてその過半数の同意を得なければ、国会は、これを制

定することができない。

〔参考文献〕
・今井照『地方自治講義』ちくま新書、2017年、第5講

3　市区町村は「最初の政府」

　政府といえば、国の、それも行政府（内閣と中央府省）のみを指すというのは狭すぎる観念であって、「民意を正当に代表する機関」を備えていれば、その団体を「政府」と呼ぶことができます。都道府県も市区町村も、首長と議会の議員を直接住民が選挙で選んでいる点に注目すれば、それぞれに一個の政府と考えてよいわけです。政府ということばを使って表現すれば国は「全国（民）の政府」あるいは「中央政府」、都道府県は「広域の政府」、そして市区町村を「最初の政府」と呼ぶことができます。

　このうち、市区町村は地方自治法では基礎的な地方公共団体とも呼ばれていますが、私たちの地域のくらしに最も身近な活動を行っていますので、それをあえて「最初の政府」と呼ぶ意味を簡単に述べておきましょう。

　「最初」というのは住民が最も接近しやすい自治の実践の場というイメージなのですが、「最初の政府」には次の4つの主な特色があるといえます。

①　身近さ（近接性）

　市区町村は住民に最も身近な存在であるとしばしばいわれますが、身近さとは、距離（地理）的にも時間的にも近いということだけではなく、心理的に近いということでもあります。歩いて15分で行ける役所でも心理的には遠いこともありうるのです。やはり、住民の声が施策の形成・決定に

反映しやすいかどうかが大切といえます。「あの役所のやつら」などと住民がいっている限り、住民の心のなかでは役所は遠いのです。

②　現場性

現場ということばにはすべての施策の効果が市区町村の行政の現場で判明するという意味が込められています。国や都道府県の画一的施策が地域の具体的な問題の解決に必ずしも役立たないこともここでわかるのです。人々の生活と地域の自然に影響を及ぼす施策の善し悪しや有効性は市区町村において判断できるのです。しかも、個別具体の利害が絡む住民の要望・感情にも適切に対処していかなければならないため、いろいろと苦労も多いのです。

③　透明さ

市区町村では住民のくらしに密着した仕事が多いため住民の目にさらされる機会もそれだけ多く、どうしても透明度は高まらざるをえません。また、住民の要望や疑問に応えるためにも、透明度を高める仕組みや心がけも必要になります。筋の通った説明をして住民からの理解と協力をえなければ市区町村の行政は動かないのです。ここでは公開と参加は当たり前なのです。

④　先端性

よく市区町村のことを末端機関といったりしますが、それは、重要な意思決定から最も遠いところという意味で、国や都道府県との関係で市区町村を最下位に位置づける考え方です。法制度上、そのように扱われている面もありますが、市区町村こそが、どこよりも早く、既存の制度・施策では解決できない問題の発生を見抜き、その解決をめざして創意工夫をしていく先端の機関なのです。

市区町村は、このような意味での「最初の政府」として、地域の住民や企業、諸団体のすべての力を結集して総合的な立場から施策を推進していく責務を負っており、市区町村の職員は、この責務の日常的な担い手なの

です。

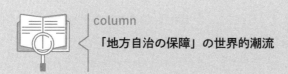

「地方自治の保障」の世界的潮流

　ここで目を転じて国外をみてみましょう。身近さや現場性、透明さ、先端性が地方自治の領域で重視されるのは日本だけではありません。住民に出来る限り身近なところで、オープンにという発想を制度保障しようと希求する動きは、人権の擁護や民主主義の実現・定着をめざす動きと密接に関わっており、むしろ、世界的潮流といってよいでしょう。1985年に欧州評議会で採択されたヨーロッパ地方自治憲章（1988年発効）がその代表例です。この憲章で、市民に最も身近な機関が公的な責務を負うべきであるとした「補完性の原則」が規定されたことは注目されます（ただし、「補完性の原則」ということば自体は用いられていません）。その後、国連で策定が検討された世界地方自治憲章の草稿では「補完性・近接性の原則」と位置づけられました。

　なお、国別の対応をみますと、ドイツでは1992年憲法改正で、イタリアでは2001年憲法改正で、フランスでは2003年憲法改正で、それぞれ「補完性の原則」を規定しています。

　日本では、かつて戦後の地方税制や事務再配分の見直しの改革を勧告したシャウプ勧告（1949（昭和24）年及び1950（昭和25）年、シャウプ税制調査団による報告書の通称）や神戸勧告（1950（昭和25）年及び1951（昭和26）年、地方行政調査委員

会（神戸正雄委員長）による「行政事務配分に関する勧告」の通称）で示された市町村優先の原則が一種の「補完性の原則」に相当するといわれることがあります。「補完性の原則」に関する規定は日本国憲法にはありませんが、地方自治法の第1条、第2条は「補完性の原則」を体現する規定となっています。

第 **3** 節　二元的な代表制の政府形態

　憲法は、地方公共団体の長とその議会の議員をともに直接公選とする二元的な代表制（以下「二元代表制」という）を定めています。先に引用した憲法第93条がその根拠となる規定です。これは憲法が、議決機関を構成する議員も、執行機関である長もともに住民が直接選挙するように定め、住民自治の実現を図っていることを意味しています。

　二元代表制というのは、住民の直接選挙によって選ばれる住民の代表機関が二通りあることを指しています。これに対してわが国の中央政府にみられる議院内閣制のように、国民が直接選挙によって選ぶ代表機関がただ一つ、国会だけである場合を一元的な代表制といいます。

　ヨーロッパ諸国の地方政府では、イギリスにみられるカウンシル・システム（公選された議員が分担して行政を指揮監督する）をはじめとした議会中心主義（議長は首長の役を兼ねる）が原則です。その意味で一元的な代表制が主流であって、地方自治の政治形態として二元代表制をとっているところは、先進民主諸国では少なく、イギリスやドイツなどで一部採用される動きがみられ出したものの、その他ではアメリカの市の約半数がとって

いる「市会市長制」（市長も市会議員もともに直接公選）ぐらいです。その
アメリカの市政府でも、市会が市長の不信任決議権を持ち、これに対して
市長が市会解散権によって対抗するということはありません。わが国の地
方自治については後で触れますが（⇒第 2 章第 4 節）、長と議会が明確なか
たちで相互に牽制し合う仕組みになっています。長も議会も、対等な代表
機関として、いずれが住民意思を的確に反映しているのかを競い合う関係
にあるのです（⇒第 2 章第 4 節）。

　この二元代表制は、自治体がまず政治（政策の選択・決定）の単位であ
り、単なる事務処理の行政主体ではないことを意味しています。これは、
後で述べますが、長と議会との関係や住民参加のあり方にも関係する大切
な点です。そこでまず、住民自治の観点から、長と議会をともに公選する
意味を考えておきましょう。なお、地方公共団体の長とは、都道府県知事
と市区町村長のことですが、自治体にはこのほかにも長のつく公職があり
ますので、それらと区別する意味で、以下、知事と市区町村長のことを一
括して首長（くびちょう・しゅちょう）と呼ぶことにします。

1　政治のプロの選出原理としての選挙

　首長や議員という公職に就くためには、公職選挙法という一定のルール
にしたがって選挙で民意の審判を受けて当選しなければなりません。当選
すれば、地域社会全体の代表者であることを主張することができます。し
かし、落選すればタダの人です（「サルは木から落ちてもサルであるが、代議
士は落選すればタダの人である」という"たとえ"によるもの）。当事者にとっ
てこの明暗はきびしいのですが、有権者にとって選挙は、少なくとも現職
者から公職を奪う、すなわち失職させることのできる手段なのです。

　首長や議員に選挙があるのは、その公職の性質に由来しています。首長
や議員という公職は、自治体全体の意思を決定できる権力の座を意味して
います。議会は議決機関、首長は執行機関という役割の相違があります
が、ともに住民全体の代表者として自治体の意思を公式に確定する権限を

持っているのです。それは、住民生活にサービスを提供したり、住民行動の自由に一定の制約を加えたりする施策を決定できることを意味しています。

2　「民意」をみえるようにするには

　首長と議会が自治体としての意思を公式に決定できる権限を持つのは、選挙を通じて民意の審判を受け、代表者であるとみなされるからです。みなすというのは一つの擬制（フィクション）です。もともと、違う人間同士が別の人の意見や利害を代わって表現することは出来ないのですが、代表という考え方は、本来出来ないことを約束事としてそうみなそうと工夫したものです。一つの知恵ともいえます。

　この擬制を現実に可能にしているのが投票箱です。地域社会の諸問題に関する知識や判断力では不揃いな有権者の投じる1票が、何の変哲もない投票箱を通過すると、神聖なる1票に変わるのです。いわば投票箱は、「民の声」を「天の声」に変える"マジック・ボックス"だといえます。したがって、投票箱の管理にあたる選挙管理委員会は、厳正・中立でなければならないわけです。選挙管理委員会の最も大切な仕事の一つは、このような投票箱の管理にあります。

　もともと「民の声」、すなわち地域住民の意思は、たとえあるにしても目にはみえません。この目にみえないものをみえるものに変える手続きの一つが選挙なのです。民意は、有権者に支持を訴えて選ばれた人物、あるいは人物の色分けと分布によって目にみえるようになるわけです。

　このような意味で、もともと「代表」というのは「民意」を人で現すという、擬制を前提として成り立っているのです。

3　政治のプロが交代する理由

　権力の座を求めて、地方の一地域といえども政治の世界に乗り出していく人物は大抵、"五欲旺盛""気力充実"で、並の人間ではないといってよ

いでしょう。どちらかといえば、細心であっても自己反省の能力に乏しく、厚顔無恥といえるほどに自己顕示が強い人が多いようです。公職を利用して私腹を肥やす者もいるかもしれません。政治のプロの志願者に、いわば一度免許を与えて権力の公的地位を永続的に保障してしまうと、住民にしてみれば、どんな災難をこうむるかわからないという心配が出てくるのです。

　それゆえ現行の制度では、この心配を取り除くため、政治のプロの地位を政治のアマチュアである一般有権者が許可する工夫が講じられているのです。いわば、権力行使の免許状の書き替えを 4 年ごとに定期的に行うのが、選挙なのです。また選挙から選挙の間、住民の代表者として信託を受けたプロとして、著しい落ち度があったときの免許状取消しが、リコール（解職請求制度）なのです（⇒第 5 章第 5 節）。

　このように、政治のプロの選出にアマチュアが関わり、落選ないし解職させる、つまり失職させることによって、住民は政治のプロが権力を勝手に使うことを防ぐことができる仕組みになっているのです。逆に政治のプロとしては、当選ないし再選をめざして集票活動に熱を入れることにもなるのです。

4　首長と議会の特性

（1）役割の違い

　同じように、選挙によって選ばれる首長と議会（議員の集合体）とでは、その役割や性質が異なります。

　まず首長は、文字どおり代表性を一身で表します。また、補佐機構である職員の人事権を持ち、執行機関の頂点に立っています。この点で、執行機関としての意思形成は比較的容易であり、一貫した施策の選択を行いやすいといえます。ときに大統領になぞらえられることもあるのもそのためでしょう。その反面、首長は一人であるところから、施策の選択や判断にさまざまな可能性や争点があることを示しづらくなり、まれに後先のこと

を考えずに「独走」する首長も出てきます。

　これに対して議会は、通常は政党・会派に分かれているため、議決機関としてまとまった意思を形成することは簡単でなく、その一貫性を保つことは容易ではありません。しかしその反面、住民の間に存在する多種多様な利益や意見の分布を直接的に反映させ、審議過程で課題を提起し争点を鮮明にさせる面で優れています。

　したがって首長と議会は、対等の関係に立ちながら、相手の「代表性」の特徴を認め合い、それを活かし、あたかも車の両輪のごとく、自治体としての意思決定を行っていく共同責任を負っているわけです。

（2）二元代表制と民意のズレ

　ところで、二元代表制は、二重の意味で地方政治の展開にとって重要な枠組みになっています。まず民意の表れ方からみれば、この制度のもとでは、特定の候補者を首長に当選させた民意の所在と、地方議会の党派的構成に表れた民意の分布との間にズレが生じうるという点です。これまでの実態に照らせば、主として1970年代には、「革新」の首長と「保守」の議会、1990年代半ばあたりから「無党派」の首長と政党・会派色の強い議会という党派的対立となって表れました。2000年代後半からは、こうしたズレを克服しようと首長が地域政党を組織・主導するいくつかの動きが大都市部を中心に生じていますが、これら地域政党が議会の多数を占めるのが容易ではない現状ではズレを完全に解消するまでには至っていないといえるでしょう。

　もし、自治体の政府形態が西欧にみられるような、議会中心主義をとっていたならば、「革新」であるとか「無党派」の首長が誕生する確率は格段に乏しかったといえます。なぜならば、わが国では一般に、政治の"草の根"にいくほど保守的勢力が強くなるからです。都道府県議会や政令指定都市議会、大都市部の市議会などでは、多党化の度合いは大きいものの、ほとんどの地方議会で多数派を占めているのは、保守系の議員です。

　選挙を通して表れる民意の党派的ズレは、二元代表制において、この制度自体がもともと内包している可能性なのです。

（3）執行機関の取扱い

　次に、二元代表制を役割上の分業という点からみますと、行政の執行機関としての首長を議決機関としての地方議会とは別扱いする余地が生まれます。この意味は、行政職員を配下に持つ首長が、単に地方議会が審議決定した施策を「執行する」という役割を遂行することにとどまりません。第3章で述べます地方分権改革によって改められるまでは（⇒第3章第1節）、地方議会の意思とは関わりなく、国からの「機関委任事務」の執行機関としての役割を担わされてきた歴史があったことにも留意する必要があります。

　執行機関の頂点に一人で立つという首長の性質は、国の機関として一定の事務処理にあたらせるのには、複数の議員が党派に分かれて意思決定をする議会に比べれば、はるかに国にとって好都合だったのです。そして、首長が国の機関としての役割を担わされていたため、その選挙と当選者の党派的色合いは十分に国の関心事となってきたわけです。

　少なくとも中央で「保守」政権が続いてきたいわゆる55年体制のもとでは、地方議会でも「保守」が多数を占めていましたので、「革新」の首長の当選は、それ自体が「事件」ないしニュースとなったのです。次節で述べるように、自治体行政の運営をめぐる首長と議会との関係に「与野党」意識が入ってくるのも、こうした民意のズレを背景にしているといえます。

　1990年代半ばに55年体制が崩壊し、国政での政界再編がうち続いたことは地方政治に大きな影響を与えました。一部の政党を除きほぼすべての政党が離合集散を重ね、連立政権が常態化するようになった一方で、地方政治では東京、大阪をはじめとする都市部を中心に、特定の政党に所属しない、いわゆる無党派首長が次々と誕生しました。無党派層といわれる特定

の政党支持のない人々から集票して選挙で勝利を収めた首長が登場しますと、「保守」か「革新」かという政治イデオロギー的な色分けよりも、選挙の際に公約に掲げて訴えた個別の政策への姿勢が重視されるようになり、それが国の政策・方針と合致するかどうかが時として関心を呼ぶことになります。

2000年代に入り地方分権改革によって機関委任事務の仕組みが廃止されてからは、自治体の首長が国の機関としての役割を担うことがなくなったこともあり、「無党派」首長を中心に独自色の強い政策を掲げるようになると、国との関係で緊張をはらむ場面も多くなったといえます。同時に、「無党派」首長に対して、政党・会派で構成された地方議会がほぼ「オール野党」で臨み、場合によっては旧来の「保守」対「革新」という構図以上に、首長と地方議会との対決姿勢が先鋭化する事態も生じるようになったのです。

（4）首長選挙における政治的支持

したがって、首長選挙における政党の支持のあり方も近年大きく変容してきました。

首長選挙に際しては、公認と、各党の連合形成における推薦ないし支持というかたちがあり、その意味合いは政党によって異なっています。公認とは、党の公認候補で、その党が責任を持って応援することです。一般に推薦は「かたい」連合であり、支持は「ゆるやかな」連合といえます。いずれであるかは、選挙資金の出し方、運動への熱の入れ方、さらに当選後の首長との関係に影響を及ぼしますから、個別事例の検討では大切ですが、一括して「政治的支持」と表現することができます。

首長選挙はただ一つのポストを争い、勝敗が歴然とする政治ゲームです。どの政党も、公認候補ないし単独推薦候補で勝てるにこしたことはないのですが、勝てる見込みがなければ、他党との選挙連合の成否と組み合わせが選挙戦のゆくえを左右することになります。

　特に、大都市のように有権者数が膨大なところでは、票の掘り起こしと組織化（票かため）にとって、政党とその系列団体の活動は、候補者個人の資質や魅力ではカバーできない威力を持っていると考えられてきました。いうまでもなく、選挙運動に必要な資金と労力の主要な供給源となるからです。

　ところが、こうした「常識」を打ち破るようになったのが、前にも触れた、最近のいわゆる無党派現象です。相次ぐ政治スキャンダルや「永田町の論理」による国民不在の政界再編などに愛想を尽かした人々、特に大都市住民のなかには、既成政党離れを起こし特定の支持政党を持たず、投票に行くか行かないかも含めて個別の候補者に是々非々の対応を示す人々の割合が高まり、選挙戦のゆくえに影響を持つようになったのです。こうした人々には従来型の組織的な動員は通用しません。むしろ、かえって反発を買ってしまうおそれすらあるのです。候補者があえて政党からの公認や推薦を辞退したりすることがあるのも、こうした無党派層の動向を気にしてのことなのです。

　もちろん、無党派層の動向が全国津々浦々で支配的なわけではありません。むしろ、多くの地域では、従来からの首長選挙における支持の組み合わせが賞味期限を保っているのも確かでしょう。

　首長選挙における支持の組み合わせには、一方では、一般に各地域の個別事情（利害、貸借、因縁、人脈等の特殊な関係）と首長ポストの獲得や維持に対する執着の強さとによって独自性が出てきます。政党の旗印や支持基盤はそう簡単に変わりません。政党は本来、イデオロギーと現実の政策で相互に区別し争い合う傾向を持ちます。党としての一体性保持のため「中央」の党本部の方針によって地方選挙での連合の組み合わせが左右されることも当然ながら出てきます。この場合には、党中央が他政党にどのような態度をとっているかということが、地方の党組織の独自な判断を圧倒してしまう可能性もあるのです。

　ですから、連合といっても、「協力」の反面、それぞれに思惑を秘めた

「競合」の側面を持っています。それでも例えば、市長選挙で、「自民・共産」などというように、国政選挙ではおよそ不可能と思われる組み合わせの選挙連合が、地方の首長選挙で成立するところに地方政治の独自性があるのです。特に近年、首長が組織・主導する地域政党が影響力を持つような場合には、既成政党は自らの地位を保ち、所属議員の当選を果たすためには、国政の事情を優先してばかりはいられません。地方の実情を無視しきれず、党中央と地方とが異なる判断を下す「ねじれ」現象や、地方の判断にやむなく党中央が追随するケースもないわけではありません。

5　議決機関としての議会

　自治体の意思や方針を決める組織を議会といいますが、議決機関である地方議会は単一である点に特色があります。国の議決機関である国会は、衆議院と参議院の二院制になっています。地方議会は一院制なのです。

　議会は、住民から直接選挙される議員によって構成されています。この議会の組織は現行法上は、次のようになっています。

①　議員の定数

　議員の定数は条例で定めることとされています。以前は地方自治法で人口を基準に都道府県、市町村それぞれについて議員定数の上限が定められていましたが、現在では撤廃されています。

②　議員の任期

　任期は4年で、選挙の日から起算します。議員の改選が任期満了日以前に行われたときには、その任期満了日の翌日から起算することになっています。また、欠員が生じたことにより補欠された議員の任期は、前任者の残任期間となります。

③　議員の兼職・兼業禁止

　議員は、国会議員、他自治体の議員、知事、市町村長、副知事、副市町村長、自治体の常勤の職員や短時間勤務職員を兼ねることができません。

また、当該自治体に対して請負をする者及びその支配人になることができ
ませんし、そのような請負が主な事業であるような会社などの役員を兼ね
ることもできません。

　最近、多くの自治体で、行革効果をねらいとして議員定数を削減してい
ます。ただし、議員の数を何人にするのが適切であるのかについては、必
ずしも説得的な理論があるわけではありません。代表性の質や会議体とし
て有効な規模など、さまざまな角度からの検討を必要とします。同様なこ
とは、議員報酬の水準や手当等のあり方についても当てはまります。

　なお、地方自治法上は、町村においては条例によって、議会を置かず有
権者の総会を設け議会に代えることができます。これを町村総会といいま
すが、現在はその例はありません。ところが、高齢化、人口減少の続く町
村のなかには、議員報酬だけでは家族を養い生活をしていくことができな
いほどの低水準であることなどもあって、現役世代が会社勤めを辞めて議
員になることは実質的に難しいため、議員のなり手が尽きてしまい、議会
が成立しないのではと危ぶまれるところも出てきました。そこで議会に代
えて地方自治法で規定されている町村総会を設置してはどうかという議論
が提起されたりしました。実際、近年の町村議会選挙では、立候補者が定
数ギリギリという例も少なくなく、選挙の持つ競争原理が作用しにくく
なっているのが実情です。とはいえ、有権者が直接参加する町村総会の仕
組みは、直接民意が反映される点で一見より民主的に思われる側面も確か
にあるのですが、議会と同様に行政に対するチェック機能を果たすことが
できるのか、そもそもどのように運営すべきかなど、ほとんど実例もない
ため問題点も多く指摘されています。

　欧米の地方議会などでは、兼職・兼業を認める一方、報酬はなく実費支
給程度の名誉職的な地位とし、例えば、会社員などが議員になっても支障
のないように、夜間に議会を開催するなどの工夫が凝らされている例も少
なくありません。議会の重要性を鑑みたとき、安易に町村総会に置き換え

てしまうのではなく、原則、休日・夜間開催とし、議員報酬が十分支払えないとしても幅広い世代が議員候補者となりうるよう工夫することが求められるでしょう。

6　首長の地位

　議会の決めた方針や国の定めた法令にしたがって実際に仕事をする組織が執行機関です。知事や市町村長がその代表的なものですが、そのほかにも都道府県にあっては教育委員会、選挙管理委員会、人事委員会、監査委員、公安委員会、地方労働委員会、収用委員会、海区漁業調整委員会、内水面漁場管理委員会、市町村にあっては教育委員会、選挙管理委員会、人事委員会または公平委員会、監査委員、農業委員会、固定資産評価審査委員会といった、首長から相対的に独立して特定の行政を処理する行政委員会があります。これは、執行機関の権限を分散することによって、一つの機関に権限が集中することにともなう弊害を防ぐ意図を持っています。こうした考え方を執行機関多元主義と呼ぶことがあります。

　首長は、こうした行政委員会の権限に属さない一般的な行政を処理することになっていますが、このような独立した機関が多く存在するということは、自治体の行政に統一性や総合性を欠くおそれも出てきます。そこで、執行機関の組織を首長のもとに系統立てて構成し、各執行機関が首長のもとに相互に連絡を図り一体となって行政機能を発揮することができるように、それらの機関の事務の執行に必要な予算や条例については、首長に調整・提案権を認め、首長が執行機関全体をとりまとめる役割を担っています。

　首長は、住民による直接公選で任期4年です。任期は選挙の日から起算されます。選挙が任期満了日前に行われたときには、その任期が終わった日の翌日から起算されます。首長についても兼職・兼業の禁止は議員と同様です。また被選挙権がなくなったときには失職します。

　首長は、自ら申し出て退職することができますが、その場合は議長に対

し、知事は30日前、市区町村長は20日前に申し出なければならないことになっています。ただし、議会の同意があればこれより前に退職できます。そのような場合は、副知事あるいは副市区町村長がその職務を代理します。

第4節　二元代表制と「与野党関係」の誤解

　地方議会は、二元代表制のもとで民意を代表し、施策を審議・議決する機関として重要な役割を担っています。予算案や条例案を含め、首長を頂点とする執行機関側が提出する施策案件は議会の審議と議決を経てはじめてその自治体の意思として確定され、執行に移されるからです。

　この議会での役割遂行において首長との関係では、しばしば議会の党派的立場を反映して「与野党関係」が語られ、現実に、それに即した運用が行われています。しかし、こうした考え方や運用は、二元代表制において首長と議会が相互に緊張感を持って牽制し合う仕組み（これを機関対立主義と呼びます）の軽視、あるいは誤解に基づいているのではないかと思われます。

1　国と自治体の違い

　国の場合は、一元的な代表制に基づく議院内閣制をとっていますから、内閣は連帯して国会に対して責任を負っています。これは、国民によって選挙された議員からなる国会が内閣総理大臣を指名し、次に内閣総理大臣が国務大臣を指名し、内閣を形成するからです。したがって、実際には国会の多数党（派）が与党となり、少数党（派）が野党となります。

　一方では、国会（立法部）と内閣（行政部）の間には制度上の与野党関係が生まれ、与党は内閣と協力的な関係を持ち、野党は内閣に対して批判

的立場をとることになります。また他方では、内閣は、予算編成を含む政策決定過程において与党とは緊密な連絡ないし協議を行い、与党とのコミュニケーションを図ります。現に、「政府与党」といういい方があります。

　さらに、各府省のトップには国務大臣が就任し、国務大臣の大部分は与党の国会議員が兼ねるのが通常の姿です。いずれにせよ、国務大臣は政治的任命職であり、各府省事務次官以下の行政職員は、この政治的任命職の指揮監督下にあります。これもまた、与党の意向が行政に反映する一つのルートです。各府省が関係法案を策定する過程において、与党との事前協議を基本とする「党側の了承」をとることは、不可欠の手続きとなっています。

　この国政の仕組みに対して自治体では、首長は直接公選で選ばれるのであって、議会から指名されるのではないのですから、首長と議会との間には国会と内閣との間にみられるような制度上の与野党関係は存在しないのです。

　したがって議会は、首長に対して民意の代表機関として競い合う関係にあり、大勢の職員を補佐機構としている公選の首長に対しては、制度上、監視、批判、修正、代案という野党的機能を果たすことがもともと期待されているはずです。

　しかし現実には、首長選挙のときに特定候補者を支持した議会内の党派ないし会派は、その候補者が当選して首長になると、その首長に対して自らを「与党」と考え、また首長側もそれらのグループを「与党」とみなしがちです。その結果、その「与党」と執行機関との間に一種の「馴れ合い」が起こりやすい一方、その他の党派・会派は対抗上、必要以上に「野党」たろうとして議会審議における合意の形成を困難にしてしまう傾向が出てきてしまいがちです。これはどうみても、国会と内閣との関係をモデルにした政治運営であり、議会と首長がともに住民に代表機関としてそれぞれに独自の役割を持って牽制し合う関係にあることを忘れているといえ

ます。

　例えば、「与党」と思い込んでいる多数会派が、他の会派に先立って、優先的に執行機関側から事前に相談や協議を受けるのは当然と思い込み、そう要求したり、また首長選挙を間近にひかえた議会審議で「与党」議員が首長の実績をほめたたえ、追従をいって「八百長」質問をしたりすることがあります。あるいは、「野党」と思い込んでいる会派や議員が議会審議を通じて意思決定過程に重要な影響を及ぼしながら、決して責任を問われる立場に立とうとせず、執行機関を責め立てることに終始しがちです。これらは与野党意識の表れといってよいのです。

　また、首長の党派的な支持基盤と議会多数派の政治色とが異なる場合、「少数与党」の首長が副知事あるいは副市区町村長などの議会承認人事や予算審議でなかなか承認がえられず苦境に立つことがあります。このことは、議会の多数派が首長選挙で敗れて「野党」意識を強く持つため、一種の「いやがらせ」を行うことになり、住民の幅広い支持を集めて選ばれた首長の行財政運営を妨げかねない結果となるのです。また、現職首長をほとんどの党派が選挙で支持する相乗り型になると、議会審議が著しく沈滞しがちです。

　議会と議員は、執行機関と馴れ合ったり、不必要に野党的になったりすることなく、公選議会としての本来の役割についての認識を持ち、党派・会派なりの論陣を張って、語気鋭く執行機関側を正々堂々と問いただす弁論を展開する必要があるのです。議会が本来の機能を果たせば、首長とその補佐機関の職員も、よりいっそうの緊張感を持って責任のある施策の内容と根拠を誠実な態度で明示するはずです。

2　議会と首長との関係

　繰り返し述べたように、議会の議員も首長も、ともに住民から直接選挙によって選ばれていますから、代表者としては議会と首長とはいわば対等の立場にあります。これによって、お互いの立場から牽制し協力し合っ

て、自治体の円滑な運営を図ろうとしているわけです。

　しかし、時に両者間の立場が対立する場合も出てきます。そうした場合の解決を図るため、それぞれ相手に対する牽制手段が定められています。その主なものを次にみてみましょう。

（1）首長の議会に対する拒否権

①　一般的拒否権

　首長が議会に提案した条例案や予算案などの議案に関して議会が議決をしますが、それについて異議があるときは、もう一度審議をし直すよう理由を示して議会に差し戻すことができます。これを「再議に付する」といいます。このような首長の権限は一般的拒否権と呼ばれます。差し戻されたときは、前の議決はなかったことになります。そこで、もう一度議会が前の議決と同じ議決をするためには、出席議員の 3 分の 2 以上の多数による議決が必要です。再議の結果、前の議決と同じ議決があったときは、その議決が自治体の意思となり、首長がさらにこれを差し戻すことはできないのです。

②　特別的拒否権

(a)　違法議決または違法選挙に対する拒否権

　議会の議決または選挙が権限外のものであったり、法令や会議規則違反のものであると首長が認めたときは、理由を示してもう一度審議を行うよう差し戻し、あるいは再選挙を行わせることができます。その結果がなお違法なものであると首長が認めたときは、市区町村長は都道府県知事に、都道府県知事は総務大臣に対し、それぞれ審査の申し立てをすることができ、知事または総務大臣は、議決や選挙が違法であると認めたときは、これを取り消す旨の決定をすることができることになっています。なお、この裁決に不服があるときは、議会または首長は裁判所に訴えることができます。

(b)　義務費の削除減額に対する拒否権

　法令で負担することが義務づけられている経費（例えば生活保護費など）や、地方公共団体がその義務として負担しなければならない経費（例えば損害賠償費用など）を削ったり、額を減らしたりする議決を議会が行ったときは、首長はこれを差し戻し、なお同一議決があったときは、そうした議決にかかわらず、その経費とこれにともなう収入を予算に計上して経費を支出することができます。つまり、この部分については議会の議決がなくても予算として成立することになります。

　(c)　災害応急復旧施設費または感染症予防費の削除減額に対する拒否権

　このような重要な経費を削ったり、額を減らしたりする議決を議会が行ったときは、首長はこれを差し戻し、再び経費を削ったり額を減らす議決を行った場合、首長は、これにしたがうか、あるいはこれを不信任議決とみなして議会を解散するか、そのいずれかの措置をとることができることになっています。

（2）議会の首長に対する不信任の議決

　議会と首長の意見が対立してこれを解消する手段も話し合いの余地もないときは、議会は首長の不信任を議決することができます。この場合は重大な意思決定ですので、議員数の3分の2以上の者が出席し、その4分の3以上の賛成が必要とされています。住民の直接選挙によって選ばれた首長をやめさせようということですから、特に多数の賛成者を必要とするわけです。

　議会の不信任議決があったときは議長から首長に直ちに通知され、首長は、この通知を受け取った日から10日以内に議会を解散することができます。もし、この期間内に議会を解散しないときは、10日の期間が過ぎた日に首長はその職を失います。首長が議会を解散した場合には、新たに選ばれた議員によって構成された議会がはじめて招集され、その議会がもう一度不信任の議決をすると、首長は議長からその通知のあった日に職を失うことになります。

図表2-1　議会と首長の牽制の仕組み

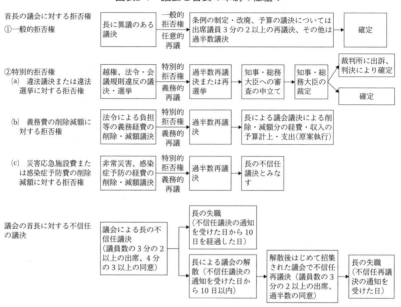

首長の議会に対する拒否権
①一般的拒否権

| 長に異議のある議決 | 一般的拒否権
任意的再議 | 条例の制定・改廃、予算の議決については出席議員 3 分の 2 以上の再議決、その他は過半数議決 | 確定 |

②特別的拒否権
　(a)　違法議決または違法選挙に対する拒否権

| 越権、法令・会議規則違反の議決・選挙 | 特別的拒否権
義務的再議 | 過半数再議決または再選挙 | 知事・総務大臣への審査の申立て | 知事・総務大臣の裁定 | 裁判所に出訴、判決により確定
確定 |

　(b)　義務費の削除減額に対する拒否権

| 法令による負担等の義務経費の削除・減額議決 | 特別的拒否権
義務的再議 | 過半数再議決 | 長による議会議決による削除・減額分の経費・収入の予算計上・支出（原案執行） |

　(c)　災害応急施設費または感染症予防費の削除減額に対する拒否権

| 非常災害、感染症予防の経費の削除・減額議決 | 特別的拒否権
義務的再議 | 過半数再議決 | 長の不信任議決とみなす |

議会の首長に対する不信任の議決

| 議会による長の不信任議決（議員数の 3 分の 2 以上の出席、4 分の 3 以上の同意） | 長の失職（不信任議決の通知を受けた日から 10 日を経過した日） |
| | 長による議会の解散（不信任議決の通知を受けた日から 10 日以内） | 解散後はじめて招集された議会で不信任再議決（議員数の 3 分の 2 以上の出席、過半数の同意） | 長の失職（不信任再議決の通知を受けた日） |

　この場合の不信任議決は、議員数の 3 分の 2 以上の議員が出席し、その過半数の賛成があれば成立することになっています。

（3）首長の専決処分

　本来、議会の議決すべき案件を、首長が議会に代わって自らの判断で決めて処理することを専決処分といいます。首長が専決処分をすることができるのは次の二つの場合です。

　第 1 は、議員選挙の最中のように議会が成立していないときや在任議員の総数が定数を満たしていないなど会議を開くことができないとき、首長が議会の議決すべき事件について特に緊急を要するために議会を招集する時間的余裕がないことが明らかであると認められるとき、議会が議決すべき案件を議決しないときです。これらの場合首長は、そのとった措置について、次に開かれた議会に報告してその承認を求めなければなりません。

ただし、2012（平成24）年の地方自治法改正で、副知事や副市区町村長の選任の同意といった重要な人事案件については首長の専決処分の対象外とされました。また、それまでは議会の承認を求めるだけとされていたのが、同年の改正で、条例の制定・改廃や予算措置について議会が不承認としたときには、首長は速やかに当該措置に関して必要と認める措置を講ずるとともに、その旨を議会に報告することが義務づけられました。この改正は、首長の専決処分の権限を法の趣旨を逸脱するほどに乱用する事態が生じたことに対応したものでした。

　第2は、議会が首長に議会の権限に属するもののうち軽易な事項で、議会が議決により特に指定したものについては、首長は専決処分をすることができます。首長は専決処分をしたときは議会に報告しなければなりませんが、第1の場合と違って議会の承認を求める必要はありません。

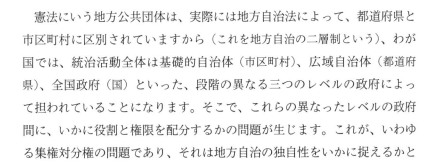

第 5 節　自治体行政の独自性

　憲法にいう地方公共団体は、実際には地方自治法によって、都道府県と市区町村に区別されていますから（これを地方自治の二層制という）、わが国では、統治活動全体は基礎的自治体（市区町村）、広域自治体（都道府県）、全国政府（国）といった、段階の異なる三つのレベルの政府によって担われていることになります。そこで、これらの異なったレベルの政府間に、いかに役割と権限を配分するかの問題が生じます。これが、いわゆる集権対分権の問題であり、それは地方自治の独自性をいかに捉えるかという問題でもあるのです。以下、国政と比べることで地方自治の特色を指摘します。

1　最終的な意思決定点の相違

　国政と地方自治には、行政部（執行機関）における最終的な意思決定点の違いがあります。国には合議体である内閣があるのに対して（合議制）、自治体には公選で一人の首長がいます（独任制）。

（1）国の場合

　通常、閣議に出される事案には、いわば親元、すなわち主務大臣・所管府省・主管課があり、事案は、必要に応じて府省間調整を経て、各府省の実質的了解がえられてから閣議に出されます。

　国では、政策分野ごとに各府省による分担管理の原則がとられ、各府省ともそれぞれに一定の自律性を持ち、関連問題では相互になわばりを主張し合っています。現在は、1府11省体制ですが、これが縦割り行政の制度です。そのため、中央政府全体として統一的な意思決定をしようとする場合、しばしば膨大な手間暇を要する調整過程が必要となります。このような府省分担管理の体制は、自治体にとっても迷惑な縦割りの弊害（府省セクショナリズムとも呼ばれます）をもたらすことが少なくないのですが、中央政府自身も迅速・的確な統一的意思決定を確保するうえでは、頭の痛い調整問題を処理しなければならないのです。

（2）自治体の場合

　これに対して、直接公選で選ばれる一人の首長は、執行機関の頂点に立ち意思決定を下すことができます。実際には、都道府県には副知事、市区町村には副市区町村長という議会承認の役職が置かれ、執行機関としての最高首脳部を構成していますが、公選首長の意向は圧倒的です。この点に限り、合議体である内閣に比べ、はるかに施策を統合することは容易だといえます。

　もちろん、自治体の組織にも国の各府省のように、一定の役割分担（分

掌事務）の定まった部局が置かれており、その間の調整を必要とする場合も少なくありません。しかし、必要ならば組織を新設したり再編したりすることによって新たな施策対応や施策調整を組織的に解決することは、国に比べてさほど困難ではないといえます。

　現に、自治体行政にセクショナリズムの弊害が生じているかなりの部分は、実は国の各府省が所管している事務について、法令上の規制が強固であるとか、使途が特定されている補助金があるなど、集権的な仕組みが維持されていることに原因があることが多いのです。

　公選首長は、代表と責任を一身に背負い、職員を補佐機構として動かすことによって、もともと自治体行政に一貫性とまとまりをつくり出すことができるのです。

　この点に注目すると、自治体行政が国の府省行政のように縦割りで行われてしまい、そのことが住民に不便をかけ、施策の総合化を妨げ、無駄で不適切な支出を生み出してしまうとすれば、首長を公選している意義は半減してしまうといわざるをえないでしょう。地方自治をみる場合、この公選首長と自治体行政の総合化との結びつきに着目することが大切です。

（3）首長の補助機関

　首長が分担する仕事はきわめて多く、かつ広い範囲にわたるため、補助機関が必要です。首長の主な補助機関には次のようなものがあります。

①　副知事・副市区町村長

　都道府県には副知事、市区町村には副市区町村長が置かれています。人数は条例で定めることとされており、複数人を置くこともできますし、また、逆に条例で定めて置かないこともできます。首長が議会の同意をえて任命し、任期は4年です。副知事・副市区町村長は、首長を補佐し、その命を受けて政策・企画をつかさどり、他の職員の担任する事務を監督し、首長に事故があるときあるいは首長が欠けたときなどは、その職務を代理

します。また、首長の権限に属する事務の一部を委任を受けて執行することもできます。いわば、首長と一心同体となって"ナンバー・ツー"としてトップ・マネジメントを担いますが、首長が任期中いつでも必要と判断すれば解任できます。解任にあたっては議会の同意を必要としません。

②　会計管理者

地方公共団体には、会計事務を担当する、会計管理者を一人置くこととなっており、職員のなかから首長によって任命されます。かつては都道府県に出納長、市町村に収入役が置かれており、これらは首長、副知事・副市町村長とともに「三役」と呼ばれ、自治体執行部のトップを形成していました。出納長・収入役は副知事・助役（現在の副市区町村長）同様に議会の同意をえて首長に任命されていましたが（特別職）、会計管理者に変わってからは一般職です。ただし、会計事務は適正に執行される必要がありますから、例えば、首長、副知事・副市区町村長、監査委員と親子、夫婦、兄弟姉妹の関係にある者は会計管理者にはなれないと法律上規定されています。

③　その他の職員

①②のほか、多くの職員がいます。職員の任命や解任は首長が行い、職員定数は条例で定められています。これらの自治体職員が首長の命令を受けて実際の仕事を行います。

2　人事制度の違い

国政と地方自治には、行政を担当する職員をどのように採用するかについての違いがあり、これには二つの側面があります。

（1）採用試験の種別による差

まず第1点は、国も自治体も、大卒（大学院卒）、短大卒、高卒（各程度）という学歴を基礎とする採用試験の区別をとっていることは同じですが、新規採用における試験種別がその後の昇任を決定づけるかどうかという点

で、両者は基本的に異なっています。

　国家公務員の採用試験は、2012（平成24）年度から、大学（大学院）卒業程度について「総合職試験」「一般職試験」「専門職試験」、高校卒業程度について「一般職試験」「専門職試験」、そして経験者を対象とした「経験者採用試験」、に種別区分されています。それ以前は、Ⅰ種、Ⅱ種、Ⅲ種と区分され、Ⅰ種（さらに以前は上級職甲）の合格者は俗に「キャリア組」と呼ばれ、他の職員（ノンキャリア組）に比べ、早いテンポでより高い地位に昇進する仕組みでした。国家公務員法が改正され、能力・実績に基づく人事管理を原則とした仕組みに転換するとともに、上記のように採用試験体系が抜本的に見直され、採用後の能力の発揮や実績に応じて適正な昇進選抜が行われることとされました。かつてのようなキャリア・ノンキャリアを採用段階で区分する考え方は改められたわけですが、政策の企画立案能力が求められる業務に従事する「総合職」と、主として事務処理等の定型的な業務に従事する「一般職」とでは採用種別は区分され、人事運営上も明確な区別が行われています。

　これに対して自治体職員の場合は、採用時の試験種別が国の場合のように後の昇任を決定づけることはありません。採用後の経歴、能力発揮、努力、人柄など、総合的な評価で昇任が決定されてきましたし、2016（平成28）年度からは地方公務員についても人事評価制度が導入されたことで、採用種別の区分に関わりなく、能力・実績に基づく人事管理が原則となりました（⇒第3章第4節）。

　採用後の仕事ぶりをみて、広く職員から管理職者を登用していく自治体の方式には、一種のまどろっこしさはつきまといますが、採用段階では見出されなくても実践的な場面で発揮された能力やそれに基づく業績を基礎に着実な任用を行えるなど、国の方式とは違った人材発見の点で良さがあるといえます。

（2）採用者の違い

　第 2 の点は、第 1 点に関連して、誰が制度上の採用者であるかに違いがあることです。国家公務員といっても、府省ごとで採用が行われるので、その帰属意識は、定年後までも採用された府省にあるといってよいでしょう。

　これに対して自治体職員は、府省採用のように行政組織の特定部門に独自に採用されるのではなく、「……県職員として」「……市職員として」採用されます。しかし、任務の違う組織部門を人事異動によって渡り歩くのは自治体では当たり前のことです。むしろ、同じ部門や同じ業務に長年従事するのではなく、キャリア形成や能力開発の観点から、異なる部門や異なるタイプの業務内容（例えば、窓口での住民との応対が中心となる窓口部門、施策・事業展開を主たる業務とする事業部門、予算や人事など主として職員を対象とした管理部門など）を多く経験させる人事ローテーションを積極的に導入する傾向にあります。こうしたことから、自治体職員の方が、ある施策と別の施策の関係を視野におさめて総合的に仕事を行いやすいといえます。自治体職員の場合、幹部職員になるには国の府省であれば五つ、六つの府省を渡り歩くようなキャリアを積むのが普通です。異なった部門を体験することで育成されるバランス感覚は、総合行政を展開するのに有利であるといえます。

3　意思決定の自律性

　国政と地方自治には、意思決定の自律性にみられる相違があります。国の各府省がその仕事を執行するやり方には、①直接本府省で行う、②その出先機関を通して行う、③独立行政法人や特殊法人などを通して行う、④民間委託をはじめ民間事業者を通して行う、⑤自治体を通して行う、⑥自治体に補助して行う、といった 6 通りがあります。いうまでもなく、このうち⑤と⑥は、自治体行政の自律性に直接大きな影響を及ぼしています。

（1）多い国との折衝

　自治体の仕事は政令などで定められた手続きにしたがい、国の許認可・承認を受け、国と事前協議を行い、国に申請し、国に報告しなければならない折衝業務がきわめて多いのです。しかも、この折衝業務は国の出先機関との間だけでは不十分であるため、市区町村は都道府県を経由し、あるいは自ら、また都道府県は直接、国の本府省と連絡・折衝をせざるをえないことが多く、これも自治体にとっては時間と労力のかかる負担となっています。これに対して、自治体側から国の法令の新設や改正を要請しても、国側がそれに応答しなければならないという制度にはなっていません。この点で自治体は不利な立場に立たされています。

（2）自律性を制約していた機関委任事務体制

　1960年代（昭和30年代半ば）ごろから、いくつかの自治体が公害行政を展開しました。公害に関する「国」の法令は空白状態か著しく不備な状態にあったため、自治体は独自の判断と責任で公害対策（公害防止協定、公害防止条例など）を立て、実施したのです。このような施策を自ら実現した点で、自治体は十分に「自律性」を発揮したといえます。

　しかし、「国」は、1970（昭和45）年の「公害国会」以降、公害関係の法令を制定することにより、このような自治体の動向を吸収し、その公害関係の法令は「国の事務」として、自治体の首長に機関委任することになりました。最初は自治体の固有の仕事であったものが、委任されると、国の命令に基づいて画一的に実施することが義務となる仕事に変わってしまったわけです。しかも、機関委任事務については、地方議会は原則として条例を定めることができないとされていました。

　上の事例でもわかるように、機関委任事務は行政の全国的統一性と公平性を図る必要があるため国の事務とされており、この事務の執行・管理の委任を受けた首長は、該当する事務を所管する主務大臣による一般的な指揮監督権に服することになっていました。実際には機関委任事務でも、個

別の実情に応じた措置が必要であるため、自治体によってその処理の細部に差異がないわけではありませんでした。どの程度の裁量が許されるかは、事務処理に関する通達、「指導」などで、どの程度細かに行動が指定されるかによって定まったといえます。とはいえ、機関委任事務に関しては自治体の自律性が著しく制約されたのは確かなことでした。そこで、第3章で述べるように、地方分権を実現するためには機関委任事務制度は廃止すべきであると判断され、改革の結果廃止されたのです。

4　仕事の独自性と自治体の責任

　自治体行政の現場では、一般に職員は、現に行っている仕事が国の施策に基づく事務・事業なのか、それとも自治体独自の施策に基づく事務・事業なのかなどと区別していないのが実情です。また、そのように区別することで住民への責任が十分に果たされるわけでもないのです。仕事の実施における自治体行政の特色は、それがどのような仕事であれ、住民に対して筋の通った説明をしなければならない点にあります。説明責任（アカウンタビリティ）の確保が自治体行政の大前提といってよいでしょう。

　かつての機関委任事務もそうですが、それ以外にも実に多くの事務・事業が法令によって自治体に義務づけられ、その実施基準等が枠づけられています。自治体からみれば、あたかも各府省は、立案し所管する法令の実施を、自治体側の個別事情を考慮せず、事前の相談も依頼もなしに押しつけてくるかのようです。

　世間では、他人に何かしてもらうときには、あらかじめ事情を話し、よく頼み、迷惑をかけないようにするのが常識でしょう。仮に迷惑をかけるのであれば、それ相当の挨拶をするのが礼儀です。あらかじめ何も相談なしに決めておいて、「この度、あなたにこれをやってもらうことにしたので、よろしく」というのでは、世間では通用しないのです。この意味で、委任事務というのは、世間一般では通用しないことをごく当たり前のようにさせてきた仕組みだといえなくもありません。

　しかし、国からの注文が一方的であるからといって、施策の内容と方法に関する自治体の責任が解除されるかといえば、そうはいかないのです。自治体行政、とりわけ市区町村の行政は住民に直に接する現場の仕事です。自分たちが決めたのではない施策についても、その実施を担っている限り、さまざまな苦情や批判に対処し、住民の理解をえる努力をしなければなりません。

　「最初の政府」である市区町村はもちろんのこと、広域自治体である都道府県についても、身近さ（近接性）、現場性、透明さ、先端性といった特色＝強みを活かして（⇒第 2 章第 2 節）、国の行政とは異なる意味で自らの責任を担わなければならないのです。

学びのガイダンス

☑ 1. 憲法の条文を確認しよう

　本章では、日本国憲法で地方自治が保障されている点を確認することから議論をはじめました。第 8 章地方自治にはたった四つの条文しかありませんがその意義が大きいことを指摘しました。ぜひ、あらためて確認してください（⇒第 2 章第 1 節・第 2 節コラム）。

　憲法の条文を読み返してみて、自治体を「地方政府」と捉えることができるのはなぜか、また、次章で論じるように、地方政府として自治体を実質化するためにも地方分権改革がなぜ求められるのかを考えてみましょう。

☑ 2. 国政と地方自治の仕組みの違いを理解しよう

　地方自治は、国政と同じように、日々の運営は国民・住民の代表者によって担われる点で、間接民主主義が採用されています。国政が議院内閣制という一元的な代表制であるのに対して、自治体では、首長も議会議員も住民が直接選挙で選ぶ二元代表制である点に違いがあることを学びました。ともすると、国政の見よう見まねで地方自治が運営されがちなのですが（本章ではその典型として、首長と議会の「与野党関係」について述べました）、それらには誤解も少なくありません。くらしに身近な課題を解決することに眼目がある地方自治のあり方にそぐわないものであれば、適切に正していくことが必要でしょう。

第 3 章

自治体の仕組み

一口に「自治体」といっても、いくつかの種類があり、
仕事も多様です。しかし、仕事を行う仕組みの骨格は
共通しています。
第 3 章では、四半世紀にわたる地方分権改革の取組み
について触れたうえで、自治体の仕組みがどのように
変わってきたのかについて解説し、今後の展開につい
て考察します。
また、自治体が仕事を行うのに必要な資金（税金）、
自治体の予算や財政に関する一般的な仕組みについて
検討します。

第 1 節　地方分権と自治体の新しい役割

　2000（平成12）年 4 月、475本もの関係法律を一括して改正する「地方分権の推進を図るための関係法律の整備等に関する法律」（以下「地方分権一括法」という）が施行されました。1993（平成 5 ）年に国会の衆参両院で全会一致による「地方分権の推進に関する決議」がなされてから 7 年、地方分権改革の具体的内容を審議した地方分権推進委員会が設置（1995（平成 7 ）年）されてから 5 年後のことです。その後も地方分権に関する一括法は漸次制定されてきましたが、今日に至るまでの四半世紀あまりの取組みを一般に「地方分権改革」と呼びます。特に2000（平成12）年の地方分権一括法を頂点とした、1990年代後半から2000年代はじめの取組みを「第 1 次」地方分権改革と呼ぶことがありますので、本書でもこれにしたがいます。なお、その後も地方分権改革は続くのですが、「第 2 次」がいつからいつまでの取組みを指すことになるのかについては共通の了解はありません。

　地方分権改革は、わが国の地方自治はもちろん、政治・行政の基本構造を根本的に手直しするねらいが込められたことから、明治維新、戦後改革に次ぐ、（同時期に取り組まれた中央省庁再編などの行政改革とあわせて）「第 3 の改革」と呼ぶにふさわしい大がかりな変革だったといえます。

　地方分権とは、簡単にいえば、地方自治を拡充することですが、どのような考え方（理念）のもとで、何を目的として、どのような具体的な成果をもたらしたのかをしっかりと確認する必要があります。

1 　「分権型社会の創造」

　地方分権推進委員会は、改革に着手するにあたって、その背景・理由を『中間報告－分権型社会の創造』（1996（平成 8 ）年）で説明しています。

　まず、中央集権型行政システムの制度疲労です。明治期以来の中央集権型行政システムは、後発国であった日本が急速な近代化と経済発展をするのに寄与し、比較的に短期間のうちに先進諸国の水準に追いつくことに大きく貢献してきたのですが、その一方で弊害もともなっており、特にわが国の政治・行政を取り巻く国際・国内の環境の急激な変化がその弊害面を目立たせているという認識を示しました。加えて、地方分権を推進する理由として、変動する国際社会への対応、東京一極集中の是正、個性豊かな地域社会の形成、高齢社会・少子化社会への対応、といった喫緊の課題群を挙げたのです。これらの課題群は今日でもほぼそのまま当てはまることは、地方分権が現在進行形の取組みであるゆえんでしょう。

　さて、地方分権推進委員会は、地方分権推進の目的・理念を、「国と地方」「国民と住民」「全国と地域」「全と個」の間の不均衡を是正し、地方・住民・地域・個の側の復権を図ることを目的に、全国画一の統一性と公平性を過度に重視してきた旧来の「中央省庁主導の縦割りの画一行政システム」から、地域社会の多様な個性を尊重する「住民主導の個性的で総合的な行政システム」に変革するとしました。その変革された姿が、地方分権改革の目標でもある「分権型社会」なのです。

　分権型社会のキーワードは自己決定権です。分権型社会を担う地域住民の自己決定権を拡充し、新たな地方分権型行政システムをかたちづくるための改革の具体的指針として、①国と自治体の関係を現行の上下・主従の関係から新しい対等・協力の関係へと改める、②国の各省庁が包括的な指揮監督権を背景にして地方公共団体に対し行使してきた関与を必要最小限度に縮小し、国と自治体の間の調整ルールと手続きを公正・透明なものに改める、③法令に明文の根拠を持たない通達による国から自治体への不透明な関与を排除し、「法律による行政」の原理を徹底する、が掲げられたのです。

2　国と自治体の新しい役割分担

　このような理念のもと、地方分権改革が進められたのですが、その特筆すべき成果の一つは、国と自治体の間の新しい役割分担の原則が定められたことです。自治体は、「住民の福祉の増進を図ることを基本として、地域における行政を自主的かつ総合的に実施する役割を広く担うものとする」（地方自治法第1条の2）とされました。これに対して、国は、①国際社会における国家としての存立に関わる事務、②全国的に統一して定めることが望ましい国民の諸活動、地方自治に関する基本的な準則に関する事務、③全国的な規模・視点で行われなければならない施策・事業の実施、を重点的に担うとすることで、住民に身近な行政は出来る限り自治体に委ねることを基本としたのです。従来自治体の領域にまで及びがちであった国の活動範囲を制約する考え方が掲げられたことは注目されます。

　こうした新しい役割分担の考え方を受けて、自治体の仕事（事務）も、大きく改められました。

　従来、自治体で処理される事務は、大きく分けると、①自治体の公共事務（自治体が住民のために行うサービス業務とでもいうべき仕事。学校、病院の設置・管理、上下水道などの事業経営、公民館・体育館などの建設・運営など）、②法律などでその自治体の事務として任された事務（いわゆる団体委任事務）、③国に専属するものとされた事務以外の行政事務、④いわゆる機関委任事務、の4種類でした。

　地方分権改革は、これらの事務のうち、社会経済情勢等の変化によって既に役割や使命を終えたものは廃止し、存続する事務については（国が直接執行することとした事務を除いては）、従来の事務の区分方法をやめて、自治事務と法定受託事務の2種類に区分したのです（図表3-1参照）。

　法定受託事務は、国が本来果たすべき役割に係るものであって、国においてその適正な処理を特に確保する必要があるものとして法律またはこれに基づく政令に特に定めるものをいいます（なお、国が本来果たすべき役割

図表3-1　地方自治体の事務の区分の変革

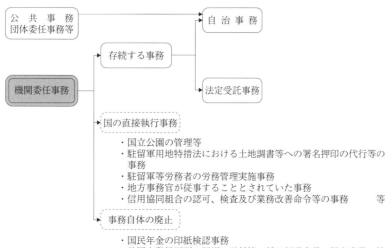

に係るものを第１号法定受託事務と呼び、都道府県が本来果たすべき役割に係る市町村事務については第２号法定受託事務と呼びます）。そして、法定受託事務以外の自治体で処理する事務はすべて自治事務です。

　このように新たな事務区分を設けたことはどのような意義を持つのでしょうか。

3　機関委任事務制度の廃止の意義と新たなルールづくり

　この新たな事務区分を行った前提には、機関委任事務制度の廃止があります。この決定こそ第１次地方分権改革の最大の成果といわれています。

　機関委任事務制度がなぜ廃止されなければならなかったのでしょうか。前にも触れたように、機関委任事務制度は、住民から選挙で選ばれた代表である知事や市町村長を、国の下部機関とみて、国の事務を委任し、執行させるもので、地方の意思を反映させる余地を限定した仕組みだったのです。地方分権改革以前の地方自治法には別表で機関委任事務が法律単位で列挙されていたのですが、都道府県の事務のうち７〜８割、市町村の事務

でも 3 ～ 4 割が機関委任事務によって占められていたとされます。国、特に中央省庁にとっては全国統一的に政策を展開するうえで都合のよい仕組みであったとしても、さまざまな弊害が生じていたのです。

　第 1 に、主務大臣が包括的かつ権力的な指揮監督権を持つことにより、国と自治体とを上下・主従の関係に置いていたことです。これは明らかに地方分権の考え方に反します。

　第 2 に、知事や市町村長に、住民による選挙を経て選ばれたという自治体の代表者としての役割と国の地方行政機関としての役割との二重の役割を負わせることから、自治体の代表としての役割に徹しきれなくなるという矛盾です。

　第 3 に、国と自治体との間で行政責任のありかが不明確になり、住民にわかりにくいだけではなく、地域の行政に住民の意向を十分反映させることができない点です。

　第 4 に、機関委任事務の執行について、国が一般的な指揮監督権に基づいて瑣末な関与を行うことで、自治体は、地域の実情に即して裁量的判断をする余地が狭くなっているだけではなく、国との間で報告、協議、申請、許認可、承認といったさまざまな事務負担を負いがちであり、多大な時間とコストの浪費を強いられた点です。

　そして第 5 に、機関委任事務制度により、都道府県知事が各省庁に代わって縦割りで市町村長を広く指揮監督する結果、国・都道府県・市町村の縦割りの上下・主従関係による硬直的な行政システムが全国画一的に張りめぐらされ、地域における総合行政の妨げとなった点です。

　以上述べたような理由から、中央省庁の強力な抵抗があったものの、機関委任事務制度の廃止が決定されたのです。そして、自治事務と法定受託事務のいずれもが自治体の事務だとされたことは大事な点です。新たな事務区分に基づく制度上の取扱いは図表3-2のとおりです。

　ただし、機関委任事務制度が廃止されたからといって、国家の統治の基本に密接に関わるような事務（例えば、国政選挙事務や第 1 章で触れた戸籍

図表3-2　事務区分の変更と制度上の取扱い

	機関委任事務		自 治 事 務	法定受託事務
条例制定権	不可	⇒	法令に反しない限り可	法令に反しない限り可
地方議会の権限	検閲、検査権等は、自治令で定める一定の事務（国の安全、個人の秘密に係るもの並びに地方労働委員会及び収用委員会の権限に属するもの）は対象外 100条調査権の対象外	⇒	原則及ぶ 地方労働委員会及び収用委員会の権限に属するものに限り対象外	原則及ぶ 国の安全、個人の秘密に係るもの並びに地方労働委員会及び収用委員会の権限に属するものは対象外
監査委員の権限	自治令で定める一定の事務は対象外	⇒		
行政不服審査	一般的に、国等への審査請求は可	⇒	原則国等への審査請求は不可	原則国等への審査請求が可
国等の関与	包括的指揮監督権 個別法に基づく関与	⇒	関与の新たなルール	

　事務など）、根幹的部分を国が直接執行している事務（指定区間外国道の管理事務といった国が設置した公物の管理など）、全国単一の制度や一律の基準で行う給付金の支給等に関する事務（生活保護など）などといった法定受託事務やあるいは自治事務についても、自治体が国の政策の意図を無視してまったく好き勝手な運用を行うと、かえって国民生活が混乱する可能性があります。あくまでも機関委任事務制度の廃止に込められた意図は、「上下・主従」の関係をなくすとともに、国と自治体を「対等」で「協力」し合う関係にするということです。そのため国から自治体への一定の関与を残さざるをえませんが、こうした関与も、かつての機関委任事務制度下のような包括的で権力的な指揮監督権ではなく、①法律に基づいて行うべきという法定主義の原則、②国と自治体の関係のルールに関する一般法（地方自治法）に定めるという一般法主義の原則、また、③関与の手続きを一般ルール法に定め、原則として書面によることや審査基準、標準処理期間を設定するといった公正・透明の原則、によって制約されるとしたのです。

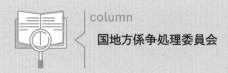

column

国地方係争処理委員会

　地方分権改革によって、国と地方の関係が対等・協力の関係とされ、国が自治体に対して行う関与の手続きも法定化されたのですが、もし国と自治体の間で見解の相違をめぐって争うような事態になったときにはどうするのか。こうした国と地方との争い（＝係争）が発生したときのための処理の仕組みが第 1 次地方分権改革で創設されました（図表3-3参照）。国地方係争処理委員会という第三者機関がそれです。

　自治体の長その他の執行機関は、国の関与のうち是正の要求、許可の拒否をはじめとする公権力の行使等に不服があるときは、関与を行った国の行政庁を相手方として、国地方係争処理委員会に、文書で審査の申出をすることができます。そして、国地方係争処理委員会の審査や勧告に不服があった場合などには、高等裁判所に対して、国の行政庁を被告として、違法な国の関与の取消しなどを求められるようになったのです。国と地方との間の争いに司法解決の道を拓いた点は地方分権改革の大きな成果の一つでしょう。

　国地方係争処理委員会に審査の申出がなされ最初に勧告が出された事例として、横浜市による勝馬投票券発売税新設に対する総務大臣の不同意の案件があります。これは横浜市が法定外普通税として市内の勝馬投票券発売所での勝馬投票券（いわゆる馬券）の発売に対し、その発売者に課税する新税に対して、地方税法に基づく横浜市からの協議に対して総務大

臣が不同意としたことによるものです。これに対して、国地方係争処理委員会は総務大臣に対して横浜市との協議の再開を勧告しました。

　勧告の 2 例目は、泉佐野市（大阪府）が総務省によりふるさと納税制度の適用を除外されたことを不服とした件です（⇒第 3 章第 5 節コラム）。国地方係争処理委員会は、総務省に除外決定を再検討するように勧告しましたが、同省は判断を変えなかったため、泉佐野市は提訴し、一審の大阪高裁では請求が棄却されたものの、最高裁では対象除外を違法とする判断が下され逆転勝訴しました。

　実は現在に至るまで、国の関与をめぐる係争処理の案件として実質的審査が行われ勧告が出されたのはこの 2 件にとどまります。米軍基地移転問題をめぐる沖縄県による複数の申出はいずれも実質的な審査には至っていません。また、国地方係争処理委員会など係争処理の仕組みをせっかく創設した

図表3-3　国と地方公共団体との間の係争処理の仕組み

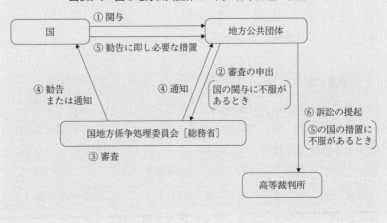

にもかかわらず、十分に活用されていないのではないかといわれることもあります。他方、係争処理の仕組みをはじめとする一連の仕組みがつくられたことで、国が地方に対して不適切な関与をしてしまうことを抑止している効果も考えられますので、国による地方に対する関与の実態については常に注意を払う必要があるでしょう。

4　地方分権改革の評価と"地域発"改革への展開

さて、地方分権改革がはじまってから既に四半世紀あまりが経過しましたが、その成果はどのように評価されるでしょうか。中央集権体制の象徴とされてきた機関委任事務制度が廃止されたことをはじめ着実に実現した取組みがある一方で、後に述べるように、地方税財源をめぐってはいまだ地方分権の名に値する改革が行われてはいないのではないかと厳しい評価が下されることもあります。

改革の詳細について個別具体的に述べるにはあまりに多岐にわたった取組みですので、ここではこれまで行われた地方分権改革の特性に照らして、「仕事量の拡大」に関する地方分権と、「自由度の拡大」に関する地方分権に大別して考えてみましょう。

（1）仕事量の拡大

仕事量の拡大とは、これまで国や都道府県などが行ってきた仕事が、地方へ、なかでも市区町村へと権限移譲されることで、事務権限を受けた自治体からすれば従来は行っていなかったという意味で新規の仕事を幅広くこなすことができるようになったことを意味します。

仕事量の拡大をめざした改革の取組みに対しては、仕事や権限を手放したくない中央府省が抵抗することは容易に想像されますが、実は、受け手

である市区町村も必ずしも両手を挙げて賛成というわけではありません。行革を進めて人員や予算を削減してきたなか、既存の業務をこなすだけで手いっぱいであり、事務権限を国から譲られたからといって必ずしもそれに見合う人員の手当てや財源の補充がなされる保証はないからです。とりわけ小規模でも合併を選択せずに自主・自立のまちづくりを進めたい町村などでは、事務権限移譲は新規の仕事が増えるばかりで大きな負担になりかねません。また、市区町村が望んでいる事務権限が必ずしも移譲の対象となるわけでもありませんし、各自治体の置かれている状況によって移譲を望む事務権限の種類も異なります。全国一律に事務権限を移譲するのでは"押しつけ"と受け取られても仕方のない面があったのです。

　そこで、都道府県・市区町村間で協議を重ねて独自の事務権限移譲を行うことができる事務処理特例制度が活用されたり、国が比較的規模の大きな都市自治体に重点を置いて事務権限移譲を進める方針を打ち出したりするなどの工夫がなされてきました。さらに近年では、権限移譲や規制緩和に関する全国的な制度改正について、これまで全国一律に行ってきたのを見直し、個別自治体等から提案を募る「提案募集方式」や、個別自治体の発意に応じて選択的に権限移譲を行う「手挙げ方式」を取り入れることで、ともするとこれまで"上から"目線で取り組まれてきたのとは異なる"地域発"の改革が進められるようになった点は注目されます。"地域発"の改革をどれだけ具現できるかによって地方分権の評価は決まるでしょう。

（2）自由度の拡大

　自由度の拡大に基づく地方分権改革とは、仕事量の拡大とは異なり新たな業務を増やすのではなく、例えば国からの過度の干渉をなくしたり、法令等の縛りをなくしたり緩めたりすることで、従来の業務の進め方や基準等を柔軟に見直し、地域の実情にあわせて効果的・効率的な業務遂行を可能にすることに眼目を置いた改革の進め方です。ですから、これまで国が

示してきた規制や基準にしたがったままで業務を進めたとしても地域の実情にかなっていると判断されるならば、従来のやり方を無理に変える必要はありませんし、現に自治体の現場の多くでは改革に対する特段の対応策を講じずにすませることも少なくありません。

　ただし、仕事量の拡大の場合と違って、"押しつけ"ではないからといって、無為にやり過ごしていいわけではなく、現状維持も一つの選択肢だと考えられるべきでしょう。なぜ従来どおりの業務の進め方でいいのか、かつてであれば、例えば、これは機関委任事務制度による国からの通達にこうあるからだと言い訳できましたし、法令で義務づけられているからだと弁明できたわけです。ところが、自由度の拡大が進めば進むほど、自治体自らがその根拠づけを明確にしなければならなくなります。実は現状を正当化することは、改革することと同じぐらい難しい場合も少なくないのです。自由度の拡大によって、自治体行政のあり方を本質からみつめ直す機会が与えられたといえるわけで、こうした機会を活かしているかが問われるでしょう。

column

地方分権は永久改革？

　本文でも解説したとおり、今日に至る地方分権改革は1993年の国会での決議にはじまります。以降、政府をはじめさまざまな主体が関わるなかで地方分権が検討され続け、その都度法改正がなされてきました。大まかな流れを年表で整理しておきましょう（図表3-4参照）。

　2000（平成12）年地方分権一括法施行が地方分権改革の

ピークであったことは確かです。これに対して、三位一体の
改革はむしろ地方分権の後退をもたらしたのではないかとい
う議論も巻き起こりました。また、後述する地方創生の推進
に政府の取組みが注力されるようになったことで、地方分権
の影が薄くなった面は否めません。

　しかしながら、先述のような「提案募集方式」など地域発
の地方分権により具体的な地域課題の解決が志向されるな
ど、地方分権はより実質的なかたちで国と地方の関係を考え
るうえで不可欠な視点として定着してきたと捉えることがで
きます。その意味で、地方分権は「永久改革」といっても過
言ではないでしょう。

図表3-4　地方分権の系譜

1993年	衆議院、参議院「地方分権の推進に関する決議」
	第 3 次行政改革審議会「最終答申」
1994年	地方六団体「地方分権の推進に関する意見書」
	第24次地方制度調査会「地方分権の推進に関する答申」
	「地方分権の推進に関する大綱方針」閣議決定
1995年	地方分権推進法成立
	地方分権推進委員会（以下「分権委」という）発足、第 1 回委員会
1996年	分権委『中間報告―分権型社会の創造』
	分権委『第 1 次勧告』（1997年中に第 2 次～第 4 次勧告）
1998年	「第 1 次地方分権推進計画」閣議決定
	分権委『第 5 次勧告』
1999年	「第 2 次地方分権推進計画」閣議決定
	「地方分権の推進を図るための関係法律の整備等に関する法案」（地方分権一括法案）国会提出、成立（2000年施行）
2001年	分権委『最終報告』

	地方分権改革推進会議（以下「分権会議」という）発足
2002年	分権会議『事務・事業の在り方に関する意見』
2003年	分権会議『三位一体の改革についての意見』
2004年	分権会議『地方公共団体の行財政改革の推進等行政体制の整備についての意見』
2006年	地方分権改革推進法成立
2007年	地方分権改革推進委員会（以下「分権改革委」という）発足
	地方分権改革推進本部設置を閣議決定（本部長・内閣総理大臣）
2008年	分権改革委勧告（第1次～第4次）、意見（～2009年）
2009年	地域主権戦略会議設置、地方分権改革推進本部廃止
	「地方分権改革推進計画」閣議決定
2010年	「地域主権戦略大綱」閣議決定
2011年	国と地方の協議の場に関する法律成立
	地域の自主性及び自立性を高めるための改革の推進を図るための関係法律の整備に関する法律（第1次一括法）成立、同年、第2次一括法成立
2013年	地方分権改革推進本部設置を閣議決定（本部長・内閣総理大臣）
	地方分権改革有識者会議発足
	第3次一括法成立
2014年	地方分権改革有識者会議『地方分権改革の総括と展望』
	第4次一括法成立
2015年～2021年	第5次～第11次一括法成立

〔参考文献〕

・西尾勝『地方分権改革』東京大学出版会、2007年

・同『未完の分権改革』岩波書店、1999年

・金井利之『自治制度』東京大学出版会、2007年

第 **2** 節　自治体の種類

　憲法第94条は「地方公共団体は、その財産を管理し、事務を処理し、及び行政を執行する権能を有し、法律の範囲内で条例を制定することができる」と定めています。

　この規定は、自治体の仕事の内容と権限に関して、法律に違反しない限り、自治体の判断に委ねられていると解釈できます。自治体は地域の必要と実情にあった施策を自らの責任で積極的に展開できるのです。

　この憲法の規定を受けて、地方自治法はその第 2 条第 2 項で次のように定めています。「普通地方公共団体は、地域における事務及びその他の事務で法律又はこれに基づく政令により処理することとされるものを処理する。」

　法律の文章というのは、普通の住民からみるとわかりにくい場合が少なくありませんが、この規定もわかりにくい方でしょう。まず、この条文で「普通地方公共団体」とありますが、これは説明を必要とします。憲法では、「地方公共団体」といっているだけですから、この表現は地方自治法上の区別なのです。「普通」があれば、「特別」があると思われるでしょう。そのとおりです。

1　普通地方公共団体

　地方自治法では、地方公共団体を、「普通地方公共団体」と「特別地方公共団体」の 2 種類に区別しています（図表3-5参照）。

　普通地方公共団体とは、市町村と都道府県のことです。これは、日本全国どこの地域にも普通に設けられているという意味で、普通地方公共団体といいます。そして市町村は地方自治の基盤となる自治体であるところから、「基礎的な地方公共団体」とされ、略して基礎的自治体と呼ばれるこ

図表3-5　地方公共団体の種類

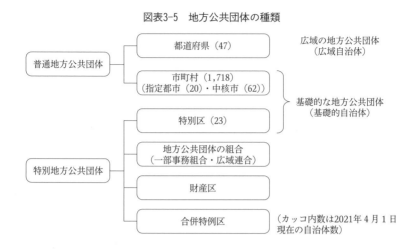

ともあります。

（1）市町村

　2021（令和 3 ）年 4 月 1 日現在、全国で市は792、町は743、村は183、市町村合計で1,718あります。そのうち市は人口 5 万人以上で、都市らしいかたちが整い住民の 6 割以上の人たちが、商工業その他都市的な仕事をする世帯に属しているような自治体とされています。市は、町村に比べると処理することのできる仕事の範囲が広くなっており、例えば福祉事務所を置いて、町村の区域では都道府県が行う生活保護の仕事や児童福祉の仕事を行うことができます。

（2）政令指定都市・中核市

　もっと人口が多い大都市になると、普通の市の仕事のほか、都道府県がする仕事の一部や、普通の市町村では都道府県の監督や命令を受けて処理する仕事を自分の市だけの判断でできるというように、その処理することのできる仕事の範囲が広くなっています。このような大都市等に関する特

例のうち、人口が50万人以上を超える市で政令（閣議決定）で指定された市を政令指定都市といい、現在では20市が指定されています。また、人口が20万人以上の市で、必要な手続きを経ると、中核市になることができ、保健所の設置をはじめとして、通常の市よりも仕事の範囲が広くなります。2021（令和3）年4月現在、62市あります。

　このように、市といっても人口によってその処理できる仕事に差がありますが、町村は町の場合も村の場合もその処理できる仕事のうえでは違いがなく、町の方が村に比べて都市的なかたちが整っている点が違うだけです。

　ただし、既にみたように、地方分権改革によって、事務処理特例制度を活用し、都道府県と市町村の間で条例を定めて事務権限移譲が進められていたり、「提案募集方式」や「手挙げ方式」を活用して事務権限を引き受けたりすることで、市・町・村という種類別にみても役割は一律ではなくなってきています。

（3）都道府県

　都道府県は、そのなかに複数の市町村を含む広い地域の地方公共団体で、市町村を「基礎的な地方公共団体」（基礎的自治体）というのに対して、「広域の地方公共団体」（広域自治体）といいます。このうち、「都」は「道府県」と少し違った特別な制度で、現在は東京だけが「都」とされています。「道」は北海道、「府」は大阪と京都ですが、道も府も制度的には県と同じです。現在は「1都1道2府43県」があり、ひとまとめにして「47都道府県」といいます。

2　特別地方公共団体

　特別地方公共団体とは、特定の地域や特定の目的のために設けられる自治体のことです。その種類には、特別区、地方公共団体がつくる組合などがあります。

（1）特別区

　身近な自治体のことをこれまで「市区町村」と書いてきましたが、前項
の普通地方公共団体のうち基礎的自治体については「市町村」と表記され
ていることに気づかれたでしょうか。「市区町村」という場合の「区」は
「都」に置かれる特別区のことで、東京都の23区のことを指します。特別
区の区長も議会の議員も住民から直接選挙で選ばれています。区長の公選
制は、1952（昭和27）年から1975（昭和50）年まで廃止されていましたが、
自治権を回復しようとするねばり強い運動の結果、再び住民による直接公
選制が復活されたのです。また、2000（平成12）年の地方自治法改正で、
特別区も基礎的自治体と位置づけられ、「市区町村」と一般に並べて呼ば
れるのにふさわしくなりました。

　しかしながら、東京都内の市町村と比べると、都区間には特異な関係が
あります。特別区は市に準ずる性格を担っていますが、他の市ではその権
限とされる仕事の一部（上下水道、消防、都市計画など）が法定上都の事務
となっています。また、これに見合った特異な税財政の仕組み（住民税の
法人分や固定資産税が都税となっており、これらを原資として都と特別区間で
財政調整を行う都区財政調整制度があります）をとっています。したがって、
都は他の道府県同様に広域自治体でありながら、特別区が置かれている大
都市地域では市役所的な性格を担っている面があるといえます。

　なお、大都市地域における特別区の設置に関する法律（2012（平成24）
年）が制定されたことで、道府県の区域内でも、人口200万人以上の大都
市地域で、政令指定都市を含む関係市町村を廃止して特別区制度を実施す
ることができるようになりました。これは、いわゆる「大阪都」構想など
を実現しようという政治的な熱望を受けて創設された仕組みで、これに
よって、東京都以外の地域にも法律上では特別区が設置できるようになり
ました。ただし、大阪市を廃止して特別区を設置する住民投票が行われま
したが、2度（2015年および2020年）とも僅差で否決されたため、新たな
特別区の導入は実現しませんでした。したがって、現時点では適用例はあ

りません。

（2）地方公共団体がつくる組合

　地方公共団体がつくる組合というのは、二つ以上の市町村がそれぞれ同じような仕事を処理しているとき、その処理を共同して行う方が行政上の能率をあげるうえでより適切な場合に設定するものです。例えば消防や病院、清掃事業など、市町村の仕事の一部について組合をつくり共同処理するところから、そのような組合を「一部事務組合」といいます。一部事務組合は、全国におよそ1,500あります。都道府県も組合をつくることができます。

　組合には、「広域連合」という種類もあります。これは同一の仕事を持ち寄って共同処理する一部事務組合とは異なり、多角的な事務処理が可能な仕組みで、市町村だけでなく都道府県も広域連合に参加できます。また、広域連合は国や都道府県から直接権限移譲により仕事を受けることができる点も大きな特徴です。広域連合は、2021（令和 3 ）年 4 月 1 日現在、116ありますが、そのうちの47団体は、後期高齢者医療広域連合です（⇒第 1 章第 5 節）。

3　都道府県と市区町村

　自治体の仕事は、自治事務と法定受託事務の 2 種類に分けられることは既に述べましたが（⇒第 3 章第 1 節）、それらは仕事の性質によって市区町村と都道府県とで分担されています。地方分権改革の結果、国と自治体の新しい役割分担が決められたわけですが、国と自治体の関係同様、都道府県と市区町村とで仕事を分担するときにも対等・協力の関係が基本になります（基礎的自治体については、議論のなかに特別区を適用対象として含む場合と含まない場合とがありますが、適宜通例にしたがい単に「市町村」とのみ表記する場合と「市区町村」と表記する場合とを使い分けることにします）。

　市区町村は、都道府県よりも狭い地域を区域とする自治体ですから、私

たち住民の日常のくらしに密着した教育や清掃、衛生などの仕事やいろいろな施設を整えてサービスを提供するなど、きめ細かい仕事を処理しています。このように市区町村にできるだけ事務権限を与え、その処理に必要な財源を保障していこうとする考え方を「市町村優先の原則」といいます。

　都道府県は「市町村を包括する広域の地方公共団体」として、①広域的な事務、②連絡調整の事務、③市区町村の補完的な事務を扱うものとされています。

　上記3種の事務を市区町村の事務との関連においてみると、そこには二つの性格の事務が含まれているといえます。その一つは、都道府県が住民に対して直接実施する事務で、これは個々の市区町村が単独では処理困難、または不適当で効果的でないもので、上記の①、③が相当します。この種の事務は、③に典型的にみられるように、市区町村の規模や行財政能力などによって変化しやすいもので、その意味において、市区町村が処理している事務の区別といってもきわめて相対的だといえます。もう一つは、上記②の事務で、国と市区町村の間に位置している都道府県が、国と市区町村の間の連絡にあたるとともに、都道府県が市区町村自身の組織や運営について報告、指導し、さらに市区町村相互間の連絡、あっせんをする仕事です。

　以上のように、都道府県の仕事は、都道府県が直接に処理するものだけではなく、国と市区町村との間をつなぐ機能が重要な仕事になっています。しかも、都道府県が直接に処理する仕事は、国や市区町村では処理困難、不適切という性格のものが多いのです。したがって、都道府県の仕事は、国と市区町村の双方の仕事に関連し、双方の行財政上の都合によって変動しやすいといえます。むしろ、都道府県の固有または独自の仕事の領域が必ずしも明確ではなく、両者の中間的なものというところに、都道府県の仕事の特色があるということができるのです。そのため、都道府県を「中間団体」と呼ぶ場合もあります。

4　市町村合併と新たな広域連携の展開

（1）合併という選択肢

　第 1 次地方分権改革を経てからの動向として、市町村合併は見逃せません。1999（平成11）年 3 月末段階で3,232あった市町村が、2010（平成22）年 3 月末までに1,730と、4 割ほど減少し、文字どおり日本地図を大きく塗り替えたのです。

　現在の市町村という仕組みは、歴史的には、1889（明治22）年に施行された市制町村制にさかのぼることができます。当時、市は39で、町村は約16,000ありました。第 2 次世界大戦後の1945（昭和20）年には、市は200以上に増えましたが、町村は依然として約 1 万もあったのです。これを徹底的に変えたのが町村合併促進法に基づくいわゆる「昭和の大合併」で、その後約10年間で市町村数を約 3 分の 1 にまで減らしました。以降、次第に市の数は増え、町村数は減ってきましたが、基本的にはこの「昭和の大合併」の体制が平成に至るまで存続してきました。

　それでは、なぜ政府を挙げて「平成の大合併」が推進されたのでしょうか。いくつかの理由が考えられますが、なかでも有力な主張として、住民に身近な基礎的自治体に権限移譲し、いっそうの地方分権を進めるためには、合併によって自治体の規模を拡大し行財政基盤をしっかり強化しておく必要があるというものでした。前に述べた地方分権改革が進められたなかで、現行の自治体がはたして権限移譲の「受け皿」としてふさわしい規模や能力があるのかが疑問視されたのです。そしてその背景には、バブル経済崩壊後の深刻な経済情勢から、国から地方へ事務移譲することで国の行政のスリム化を図りつつ、あわせて国から地方への財政移転を縮減したいという国の行財政改革上の意図もあったのです。

　政府は合併を促進するためのさまざまな特例策を講じましたが、最終的に合併を選択するかどうかは地域の自己決定によります。合併問題を考えるとき、ともすると、過去の経緯や目先の損得勘定に惑わされがちです。

実際、平成の大合併時にもその手続きに膨大なエネルギーが注がれ、その結果合併したところ、合併に至らなかったところ、あえて合併の道を選ばなかったところなど、さまざまでした。合併の是非は一概に評価できません。合併したかしなかったかを問わず、自治体が最も住民に身近な政府として「地域における行政を自主的かつ総合的に実施する役割を広く担う」（地方自治法第 1 条の 2）ことを通じて、地域づくりに真摯に取り組む態勢を整えることができたかどうかが問われていることは確かです。

column

自治体行政の総合性

　上述の「地域における行政を自主的かつ総合的に実施する役割を広く担う」という条文は2000（平成12）年の地方自治法改正で新設されたものです。自治体という以上、「地域における行政」を地域の住民の意思に基づいて「自主的」に実施するというのはわかりますが、「総合的に」とはどのような意味でしょうか。しばしば行政の総合性や総合行政といったことばが用いられますが、そこでの「総合」概念は論者によって捉え方や重点の置きどころが微妙に異なります。ただし、「総合」というときにはおよそ三つの要素が考えられます。

　第 1 に、自治体が担う行政分野の範囲の広さです。第 1 章でも取り上げたとおり、自治体は戸籍事務にはじまり、福祉、教育、安全・安心、環境、都市計画、地域づくりなど住民生活に関わる多様な領域にわたって活動を展開しています。実は国際比較すると、日本の自治体は他国の自治体より

も多くの分野にわたり仕事を担っていることが指摘されており、また、地方分権改革で事務権限が自治体に一定程度移譲されたこともあって、この意味での総合性の度合いはますます高まったといえます。

　第 2 に、自治体が有する権限の一貫性です。自治体が担う行政は、国が企画立案した政策や法令にしたがい、乏しい裁量のもとで粛々と機械的に執行を担うだけなのか、それとも企画立案や政策決定から執行まで一貫して担いきるのか、という点です。地方分権改革以前の中央集権型行政体制のもとでは、自治体の権限の一貫性はかなり制約されていたのですが、機関委任事務制度の廃止や法令による義務づけ・枠づけの見直しなどの諸改革により、この点での総合性の度合いは高められてきたといえるでしょう。

　第 3 に、十分な自治体活動を担保するだけの財政力が備わっているかどうかです。この点は後述するように（⇒第 3 章第 5 節）、地方分権改革にとって大きな課題として残されているといえます。

　さて、以上をイメージとしてつかみやすいように家などの建築物にたとえるならば（図表3-6参照）、「行政の範囲の広さ」は家の「間口」にあたり、「権限の一貫性」は「奥行き」に、そして「財政力」は「高さ」にあたるといえます。もともと間口は広かったのですが平屋建てで奥行きのない窮屈な家を、地方分権改革によって若干間口を広げるとともに、奥行きも確保した分、スペースは広げられたのですが、どうやら低層状態の平屋建てを強いられているのが現状といえそうです。

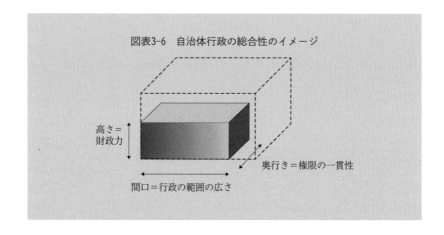

図表3-6　自治体行政の総合性のイメージ

高さ＝財政力

奥行き＝権限の一貫性

間口＝行政の範囲の広さ

（2）新たな広域連携

　平成の大合併が一段落すると、広域連携に関する取組みを政府は推進するようになりました。特に合併の道を選ばなかった小規模自治体のなかには人口減少で行財政基盤が脆弱化し、住民がくらしを維持していくうえで不可欠な基礎的な行政サービスの提供さえままならなくなる事態を避けるためにも、また、人口減少対策や観光・産業振興などの面でより有効な施策を打ち出していくためにも、広域連携の仕組みを活用し自治体間で協力・連携することがますます期待されるようになったといえます。

　広域連携は、大きく分けると、特別地方公共団体として別法人の設立を必要とする仕組みと、法人の設立を必要としない仕組みとに大別されます。

　別法人を設立する仕組みは、前に述べた一部事務組合と広域連合です（⇒第3章第2節2）。

　他方、法人の設立を必要としない仕組みには、協議会、機関等の共同設置、事務の委託があります。これらはいずれも1952（昭和27）年地方自治法改正で、行政運営の簡素化、合理化を図ることを目的に導入されたもので、その簡便さにメリットがあります。機関等の共同設置については、

2011（平成23）年地方自治法改正によって、共同設置が認められる対象が拡充されました。

　加えて、2014（平成26）年地方自治法改正で、「連携協約」と「事務の代替執行」という仕組みが新設されました。連携協約は、自治体が、関係する自治体の議会の議決を経て、関係自治体間で連携して事務を処理するにあたっての基本的な方針や役割分担を定めるために締結されるものです。協議会や機関等の共同設置、事務の委託といった手法が事務の執行・管理面での共同・連携を目的とした仕組みであるのに対して、連携協約は、政策面についてその基本的な方針や役割分担を柔軟に定めることに主眼を置いた仕組みだといえます。中核市など規模の大きな自治体を中心とした連携中枢都市圏（⇒第3章第2節コラム）を形成するためには、連携中枢都市と関係する近隣自治体との間で連携協約を締結することが必須の要件となっています。

　事務の代替執行については、自治体がその事務の一部を、当該自治体の名において、他の自治体の長等に管理・執行させることができるようにする仕組みです。権限・責任が元の自治体に残る点で、事務の委託制度とは異なります。専門性や人材の確保がままならない小規模自治体などが都道府県などを通じて事務執行することを想定された仕組みです。

　広域連携の仕組みを通じてサービスが提供されたとしても、サービスを受ける住民側からすると、自治体が単独で行う場合とあまり意識して区別されることはないかもしれません。ただし、サービスの水準や施設の設置場所、費用負担のあり方などをめぐっては、当然ながら自治体単独で行う場合と違って複数の自治体間で調整が必要となりますので、住民の意思が適切に反映されているかどうか注意する必要があります。

広域連携による
圏域マネジメント

　平成の大合併が進捗したことで、従来からの広域連携の枠組みが既に解消されたり、存在意義が乏しくなったりしたことから、新たな広域連携の仕組みが検討され、導入されてきました。

　その一つである定住自立圏構想は政府による地方再生策の一環として骨太の方針（「経済財政改革の基本方針2008」）に位置づけられたものです。定住自立圏構想が提唱されるまでは、広域市町村圏、大都市周辺地域広域行政圏といった広域行政圏が全国に張りめぐらされ、地方自治法上の協議会や一部事務組合、広域連合など広域行政機構を設置し、広域行政圏計画に基づいて、公共施設の整備や公共的なソフト事業を実施してきましたが、定住自立圏構想が導入されたことで、従来の広域行政圏は廃止されました。

　定住自立圏は、中心市と周辺市町村が、自らの意思で一対一の協定を締結することを積み重ねる結果として形成される圏域です。「集約とネットワーク」の考え方に基づいて、中心市において圏域全体のくらしに必要な都市機能を集約的に整備するとともに、周辺市町村で必要な生活機能を確保し、農林水産業の振興や豊かな自然環境の保全等を図るなど、互いに連携・協力することで、圏域全体の活性化を図ることが目的とされた仕組みです。従来の広域行政圏に比べると、定住自立圏では圏域マネジメントの主体として中心市のイニシ

アティブが重視されています。

　定住自立圏の中心市になるには、三大都市圏以外の人口が
5万人程度以上（少なくとも4万人を超えていること）の都市
とされています。実際に中心市宣言をしたのは比較的人口規
模の小さな都市であって、大都市等には定住自立圏は普及し
ませんでした。

　人口減少問題が指摘され、地方創生が政府の課題として提
起されつつあるなかで提案されたのが、本文でも述べた連携
中枢都市圏の仕組みです。定住自立圏と異なり、連携中枢都
市は三大都市圏以外の指定都市、中核市といった大都市等が
対象であり、近隣自治体と地方自治法上の連携協約を締結し
て圏域形成を図る点が制度面での大きな特徴です。連携中枢
都市には、圏域全体の経済成長の牽引役や高次都市機能の集
積、圏域全体の生活関連機能サービスの向上などが期待され
ています。

　これら新たな広域連携は各地で進められていて、定住自立
圏に関しては、中心市宣言を行った都市は140市で、129圏
域、連携中枢都市圏に関しては、連携中枢都市宣言を行った
都市は36市で、34圏域が既に形成されています（2021（令和
3）年4月1日現在）。

　定住自立圏や連携中枢都市圏の仕組みのような、都市とそ
の近隣自治体とを一体的な圏域として捉える「都市地域（シ
ティ・リージョン）」を地域づくりや都市間競争の基盤にしよ
うという考え方は世界的な潮流でもあります。国（総務省）
の研究会では圏域マネジメントを法制化するなどより強化す
る考え方も示されています（「自治体戦略2040構想」）。

　　こうした圏域マネジメントにあっては、中心的な都市が果たすべき役割が重要な意味を持つのは確かで、その点にもっぱら注意が向けられてしまいますが、ともすると周辺に位置づけられがちな農山村地域についてもそれらの地域でこれまでに育まれてきた多様な価値が大切にされ、それぞれの地域の強みを圏域全体の強みに位置づけていけるか、そして、構成する自治体それぞれの自治が適切に確保されるかが問われるでしょう。

（3）遠隔自治体間連携の展開

　自治体間連携のあり方としては、近隣の自治体との間で連携・協力したり、圏域を形成したりする取組みが一般的ですが、近年では、東日本大震災の復旧・復興過程で自治体間の支援・受援関係が注目されたように（⇒第1章第6節3）、地理的には離れた自治体間での遠隔連携の取組みが活発化しつつあります。古くからある親睦を主体とした姉妹都市交流にとどまらず、観光・産業振興・教育・地域づくりなどより広い分野にわたり、行政が連携・交流の基盤を整えながら地域住民や民間ベースでの交流を促すような展開もみられつつあります。

column

遠隔連携のさまざま

　遠隔自治体間連携にはさまざまなタイプがありますが、こ

こでは三つの特徴的な例を紹介しておきましょう。

（1）　連携による特養設置－南伊豆町と杉並区

　2018（平成30）年 3 月に、全国ではじめての遠隔自治体間
連携による特別養護老人ホームが南伊豆町（静岡県）に開設
されました。同施設は南伊豆町と杉並区（東京都）との連携
が実を結んだ成果ですが、施設整備の実現に至る背景には、
両自治体間での長年にわたる連携・交流関係が挙げられま
す。杉並区が病虚弱児童を対象とした南伊豆健康学園を1974
（昭和49）年に南伊豆町に開設して以来、移動小学校や区民
の保養施設などを通じて交流が深められてきたこともあっ
て、同学園廃止（2012（平成24）年）後も、その跡地活用の
問題も含めて、引き続きそれまでの関係を続けたいという両
自治体の意向があったのです。
　杉並区では、高い地価やまとまった土地が希少であること
などから土地確保が難しく、人手不足などもあって特養ホー
ムなど高齢者向け施設の整備が思うように進んでおらず、入
所待機者を抱えてきました。今後東京圏での高齢化が急進展
することから、さらに問題が深刻化することが確実に予想さ
れるなかで、南伊豆町の跡地活用が有力の候補と考えられた
のです（ただし、津波被害が想定されることが判明したことか
ら、実際には、別の町有地に施設は建設されました）。他方、人
口減少が続く南伊豆町も、杉並区とのこれまでの連携・交流
を大切にし、共同で施設整備を図ることは経済的メリットが
大きいと考えたのです。なお、施設定員は、杉並区民と南伊
豆町等地元とで半々とされています。

　一般に、地域包括ケアの考え方のもと、高齢者は住み慣れた地域でサービスを受け、老後を送ることが望ましいとされますが、両自治体の場合は、これまでの緊密な連携・交流の実績が移動距離を心理的に縮め、むしろわが地域との思いを持てるまでの関係をつくりあげてきたことが事業の後押しをしたといえるでしょう。

　また、特養設置にあたっては、南伊豆町に新たな負担が発生しないようにするために努力が重ねられました。静岡県、南伊豆町、杉並区の三者間で基本合意書等を締結し、工事費は静岡県と杉並区の補助金が充てられただけではありません。通常、住所地以外の自治体の施設等に入所する場合、後期高齢者医療制度では保険者が変更されるのですが、変更前の自治体が引き続き保険者となる住所地特例の実現に向けて厚生労働省にねばり強く働きかけ法改正を実現させたのもその一例です。

　本事業をきっかけに、杉並区職員有志が南伊豆町の町民とともに商店街の空き店舗のリノベーションに関わるなど新たな交流が生まれ、また、お試し移住の仕組みを活用した南伊豆町への移住者も増えるなど、波及効果も現れています。

（2）連携間連携―特別区全国連携プロジェクト

　自治体スクラム支援（⇒第1章第6節3コラム）や(1)の事例でイニシアティブをとった杉並区をはじめ、東京の23特別区には遠隔自治体間連携に熱心な自治体が多いのですが、それまで対象地域も取組み内容も各区が自主的に進めてきたがためにバラバラであったのを、ノウハウを蓄積し相互に融通し

合おうと、23特別区によって構成される特別区長会がはじめたのが特別区全国連携プロジェクトです。

　特別区全国連携プロジェクトは、各区の友好・交流自治体数を拡大し連携事業を活発化するとともに、全国各地の市長会・町村会との広域的な連携を推進する取組みです。特別区長会は、2016（平成28）年4月、北海道町村会、京都府市長会、京都府町村会との連携協定締結を皮切りに、全国の市長会・町村会との連携を展開しています。(1)のような個別の自治体同士の連携とは異なる、自治体間連携と自治体間連携との連携という二重の広がりを持つ構成が特徴的だといえるでしょう。

（3）SDGs とマルチステークホルダー・パートナーシップ

　ステークホルダーとは一般に利害関係者を意味しますが、とくに課題解決に関わる主要な組織や個人などのアクターのことをいいます。持続可能な社会を目指し課題解決を図るうえで重要な役割を果たすのは、国・自治体などの政府部門はもちろんのことですが、多種多様なステークホルダーとの対等な立場でのコミットメントが重要な意味を持ちます。SDGs の17番目の目標「パートナーシップで目標を達成しよう」にあるとおり、SDGs（⇒第1章学びのガイダンス3）の取組みではマルチステークホルダー・パートナーシップが重視されています。

　自治体が SDGs を推進し、プロジェクトの実現にあたる取組みとして SDGs 未来都市が選定されていますが（2018年度から2021年度の間に124自治体）、これら都市が取り組むモデ

ル事業を掲げた SDGs 未来都市計画には、マルチステーク
ホルダー・パートナーシップのリストがあります。そこには
遠隔自治体間連携を含む多様な連携・協力関係をうかがうこ
とができます。

　地方創生 SDGs 官民連携プラットフォームが設置され、
企業や NGO・NPO、大学、研究機関などとのパートナー
シップ形成を促進する場とされるなど、多様な主体との関わ
りのなかでの自治体間連携の意義がますます問われることに
なります。

〔参考文献〕
・沼尾波子編『交響する都市と農山村』農山漁村文化協会、2016
　年
・特別区全国連携プロジェクトホームページ http://collabo.
　tokyo-23city.or.jp

第 **3** 節　地方議会

1　議会の権限

（1）議決権やその他の権限

　議会は、自治体の議決機関としてその自治体の意思を決定する権限を
持っています。これを議決権といいます。議決権は議会の本質的な権限で
す。地方自治法は議会の議決が必要な事項を定めていますが、そのなかに

図表3-7　議会が議決する主な事項（地方自治法第96条）

（1）議会が議決しなければならない事項
①　条例を設け又は改廃すること。
②　予算を定めること。
③　決算を認定すること。
④　法律又はこれに基づく政令に規定するものを除くほか、地方税の賦課徴収又は分担金、使用料、加入金若しくは手数料の徴収に関すること。
⑤　その種類及び金額について政令で定める基準にしたがい条例で定める契約を締結すること。
⑥　条例で定める場合を除くほか、財産を交換し、出資の目的とし、若しくは支払手段として使用し、又は適正な対価なくしてこれを譲渡し、若しくは貸し付けること。
⑦　不動産を信託すること。
⑧　前二号に定めるものを除くほか、その種類及び金額について政令で定める基準にしたがい条例で定める財産の取得又は処分をすること。
⑨　負担付きの寄附又は贈与を受けること。
⑩　法律若しくはこれに基づく政令又は条例に特別の定めがある場合を除くほか、権利を放棄すること。
⑪　条例で定める重要な公の施設につき条例で定める長期かつ独占的な利用をさせること。
⑫　普通地方公共団体がその当事者である審査請求その他の不服申立て、訴えの提起、和解、あっせん、調停及び仲裁に関すること。
⑬　法律上その義務に属する損害賠償の額を定めること。
⑭　普通地方公共団体の区域内の公共的団体等の活動の総合調整に関すること。
⑮　その他法律又はこれに基づく政令（これらに基づく条例を含む。）により議会の権限に属する事項
（2）（1）を除き、条例で議会が議決すべきと定めた自治体の事件（法定受託事務については、国の安全に関することその他の事由により議会の議決すべきものとすることが適当でないものとして政令で定めるものを除く）

は条例の制定、予算の議決、重要な財産の取得や処分など自治体としての意思を定める性質の事項があります（図表3-7参照）。

　また、例えば、副知事や副市町村長、教育委員会委員の選任などは、首長が人選して議会の同意をえたうえで任命することとされていますが、この同意の議決を機関意思の決定といいます。

　このような議決権のほかに、議会は次のような権限を持っています。

　まず、議会は議長や副議長、選挙管理委員の選挙など、法令で議会の権限とされた選挙を行います。このような選挙は、住民の直接選挙によって選ばれた議員が有権者となって行う選挙ですから間接選挙といえます。

　次に議会は、その自治体の事務に関する書類などを検査したり、首長そ

の他の執行機関の報告を請求して、事務の管理や議会で定めたことの処理がどうなっているのかを検査したり、あるいは出納の検査をしたりする権限を持っています。いわゆる「監査権」といわれる権限です。

さらに、その自治体の事務に関して調査する権限を持っています。関係者の出頭、証言を求めたり、記録の提出を請求したりすることができます。正当な理由がなく、議会の請求に応じないときは処罰されることがあります。

このほか、住民生活に必要な事柄であっても、それが国の仕事であったり、民間企業の活動であったりして自治体の力だけでは解決できない場合に、関係機関などに対し意見書や要望書を提出する権限が議会にはあります。

（2）地方分権と自治立法権の拡充

最近、自治立法ということばを耳にする機会が増えてきました。上で述べた議会の権限でいえば、条例の制定をはじめとする議決のことですが、より積極的には地域の実情に即した政策を自主的に立法する権限を指します。議会は数多くの議決をこなし、条例を制定してきたわけですが、政策に関わる条例については、実は、そのほとんどが国の法律を受け、雛形に準じてつくられたものでした。自治体独自の政策条例であっても首長提案のものが通例で、議員提案の政策条例がつくられることは皆無に等しい状況でした。

こうした自治立法をめぐる貧しい状況に、近年は変化がみえはじめています。一つには、地方分権改革の進展によって、自治立法権を行使する余地が拡充されたことによります。これまで自治立法が進まなかった原因の一つに、機関委任事務制度の存在（機関委任事務は国の事務であるため、条例制定が著しく制限されていました（⇒第 3 章第 1 節図表3-2））が指摘されてきたのですが、その制約がなくなった以上、自治立法権をどれだけ活用できるかは個々の自治体やその議会の力量にかかっているといえます。

　また、自治立法権の主体である議会のなかには議員提案による独自の政策条例を意欲的に策定しようとする例がみられるようになったことです。議会の存在意義が住民から問われ、議会の活性化を図るべきだという声が高まる一方、政策本位で強力なリーダーシップを発揮する新しいタイプの首長の登場に刺激を受けて、そうした首長への対抗上、議会側でも本格的な政策形成に取り組みはじめようとし出したことも一因です。ながらく実質的に議員提案ゼロという議会がここ数年でいくつかの議員提案によって政策条例を制定する例がみられます。これは首長と議会がよい意味で切磋琢磨していると評価できるでしょう。

column

議員提案による政策条例

　地方議会は自治立法機関として条例制定権を持つことは上述のとおりですが、首長の発議によるのではない、議会により発議された条例制定がどのような状況にあるかは地方議会の活動を評価するバロメーターになるといってよいでしょう。

　議会が発議するというとき、地方自治法によれば、議会の議員は議案を提出することができるとされています。ただし、議案の提出にあたっては、議員定数の12分の1以上の賛成がなければなりません。また、予算そのものの条例提案については、予算編成権が首長の専権であることから認められていませんが、予算をともなう条例案の提出を認められないわけではありません。もしその条例案を執行するのに予算が

　必要であれば、予算措置が講じられるように首長との間で調整しておく必要があるでしょう。

　議員提案といっても、個人や一部議員による提案の場合もあれば、会派単位での提案の場合もありますし、議員全員で提案するケースもあるなど発案の単位もさまざまです。

　また、ここで「政策条例」とは、議員定数、議員報酬、議会の情報公開など、元来、執行機関としては独立した議事機関として議会が自ら定めることがふさわしく、また、慣例とされてきたような、議会や議員の身分等に関する条例を除いた、政策的な内容を持つ条例のことを一般に指します。

　自治体の議会によっては、ホームページなどで政策条例の制定状況を公表しているところもあります。

　川口市議会（埼玉県）のホームページをみると、議員提案による最近の政策条例として、例えば、「川口市町会・自治会への加入及び参加の促進に関する条例」「川口市動物の愛護及び管理に関する条例」「川口市手話言語条例」「川口市いじめを防止するためのまちづくり推進条例」などが掲載されています。

　大津市議会（滋賀県）では、議員任期 4 年間にあわせて「大津市議会ミッションロードマップ」を作成しており、4 年間で取り組むべき議会改革とともに議員提案条例策定などの政策提案の実行目標を設定することで、市民に対する議会活動の「見える化」を進めている点は特徴的です。毎年度進捗状況の検証・評価を行い公開している取組みは高く評価されるものです。

2　議会の運営

　では、議会はどのように運営されているのでしょうか。議会の規模（議員定数）によっても多少の違いはあります。近年、議会改革の必要性を当の議会議員が気づいて、自ら改革案を提起するようになり、議会基本条例を定める議会も現れています。そうした議会改革で取り組まれている新たな動向なども含めて、一般的な議会運営について概観してみましょう。

（1）招集・会期

　議会は、定例会と臨時会とに分けられます。定例会はながらく年 4 回以内で条例に定める回数だけ招集されることとされてきましたが、2012（平成24）年の地方自治法改正で会期の回数制限が撤廃され、招集回数を条例で定めることができるようになりました。これにより、議会が定例会・臨時会の区分を設けず、常時開会された状態のいわゆる通年議会が可能となったのです。ただし、通年議会を導入している議会はまだ少数派で、圧倒的多数の議会は法改正前からと同様、おおよそ 3 月、6 月、9 月、12月の年 4 回開いています。

　臨時会は、臨時の特定の案件を審議する必要があるとき招集され、原則としてその案件以外のものについては、特に急いで決めなければならない案件は別として、審議できないことになっています。

　議会を招集する権限は首長にあります。しかし、定数の 4 分の 1 以上の議員から案件を示して臨時会を招集するよう請求があったときは、首長はこれを20日以内に招集しなければなりません。2012（平成24）年の地方自治法改正によって、20日以内に首長が臨時会を招集しないときは、議長が臨時会を招集することができるようになりました。

　議会の活動は定められた期間（これを「会期」といいます）に限られ、会期の延長、開会、閉会などは議会が決めます。つまり招集は原則として首長が行うのですが、いったん招集されたあとは議会が自主的に運営するこ

とになります。

（2）議長と副議長

　議長は、議会の代表者です。したがって、会議のときは、議場の秩序を保つこと、順序よく議事を進めること、議会の事務を処理することなど、いろいろな権限が与えられています。副議長は、議長が事故その他で不在のとき、または欠けたときに議長の代わりをつとめます。いうまでもなく、議長・副議長とも議員のなかから議員による選挙で選ばれます。

　両者の任期は、それぞれ議会の意思によります。最大会派から議長、第2の勢力の会派から副議長を選ぶことを慣行とする議会もあります。議員の任期は4年ですが、議長・副議長の任期を4年としている議会は少数派で、多くは2年任期、場合によっては1年任期で議長・副議長職を交代する自治体もあります。議員であれば議長・副議長職にともなう報酬や肩書きは望むところでしょうから、これらの役職を順次交代している議会があるのも事実で、議長職等をたらい回しにしているのではないかと批判されることもあります。

　そこで最近では、公約を掲げて立候補した議員のなかから実質的な選挙で議長等を選出する方式をとる議会も現れてきました。二元代表制のもう一方の代表である首長が独任制であることとの対抗上、議長が議会のリーダーとして議会の意思形成を図るうえでは有力な試みだといえるでしょう。

（3）会派

　地域の政治・行政について、同じような考え方や意見を持った議員が集まって会派をつくっています。議会の議決は多数決で行うことがルールになっており、一定数以上の会派は議案提出権を持つので、会派で行動した方がより多く自分たちの考えを実行できると考えられているのです。図表3-8は多摩市議会の議席配置図ですが、会派ごとの議席配置に反映されて

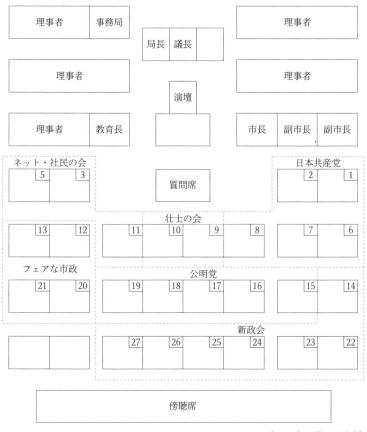

図表3-8　多摩市議会の議席配置図

（2021年4月1日時点）

います。

（4）議会事務局

　議会事務局は、議長の指示によって議会活動を支援する仕事を行う組織です。例えば、事務局長、事務局次長、議事係、庶務係、調査係などが置かれ、議会運営（質問を行政側に伝えるなど）、会議録調製、秘書、庶務、

調査、広報などの仕事に従事します。議会事務局職員の人事権は議長が持っていますが、首長（執行機関）が採用した職員のなかから相談のうえで議会事務局職員に採用しており、実質的には首長部局の人事異動に組み込まれているのが実情で、議会独自の採用人事はほとんどありません。

（5）会議の運営原則

　①　議会は会期、すなわち開会されてから閉会までの間に限って活動することとされています。したがって、会期中に議決されなかった案件は会期が終わると同時に廃案になり、次の会期に継続することはありません。ただし、議会がその会期中に審議の終わらなかった案件について、継続審議する旨の議決をしたものについては次の会期に引き続き審議することができます。

　②　会議は、議員定数の半数以上の議員が出席しないと原則として開けません。これは会議の「定足数」といわれます。

　③　議会の会議は公開を原則としています。しかし、議長または議員三人以上の発議によって出席議員の3分の2以上の多数が賛成したときは秘密会とすることができます。

　④　議会の議事は原則として出席議員の過半数で可否を決め、可否が同数のときは議長がどちらかに決めます。議員としての意思を表示することを「表決」といい、議長が各議員に可否について意思を問うことを「採決」といいます。表決する方法には、投票、起立のほかに簡易表決といって「異議なし」ということだけで決める方法もあります。

　⑤　議会で審議する案件は、原則として首長や議員が提案することができます。例えば、議会の会議規則を決める場合とか、首長が人選して議会に同意を求める人事案件の場合のように、その性質上どちらか一方にしか提案権がないと考えられるものや、法律で首長にしか提案権がないとされているもの（例えば予算など）もあります。なお、議員が議案を提案するときは議員定数の12分の1以上の賛成が必要とされています。

（6）委員会

　議案の最終決定となる表決（採決）は本会議（議員全員が議場に集まって会議をすること）で行います。今日では、議案の数も多く、内容がいろいろな分野にわたり複雑であるうえ専門化してきたことから、審議を慎重かつ能率的に行うため、いくつかの部門に分けて詳しく審査する委員会制度を取り入れています。委員会には、常時設置されている常任委員会と、必要に応じて設置される特別委員会の2種類があります。

①　常任委員会

　常任委員会は、条例により設けることができます。

　議員は、必ずいずれかの常任委員になりますが、二つ以上の常任委員になることができません。常任委員会は、議会の議決によって付託された議案や住民からの請願などを審査します。普通、常任委員会は、総務委員会、文教委員会、厚生委員会などというように自治体の事務の部門ごとに設けられています。常任委員会は、原則として議会の開会中に限って活動できるのですが、その会期中に結論の出なかった案件などについて、特に議会の議決を経て閉会中にも審議できることとされています。

②　特別委員会

　特別委員会は、常任委員会と違って特に付託（審議を任せること）された案件について審査します。したがって、会期途中でも審査が済めばなくなりますし、会期中に審査が終わらなかったときでも会期が終われば当然なくなります。しかし現実には、常設化しているものもあり、委員長ポストが議会人事のやりくりや選挙用ということもあって増やされる傾向がみられます。また、扱うテーマにもよりますが、特別委員の設置をめぐって会派間で政治的に争点となることもしばしばみられます。

（7）会議の進行順序

　初日の本会議では、まず、会期を何日間にするかを決めます。そして議

案が上程（議案を会議にかけること）されます。上程された議案のほとんど
は、委員会で実質的な審査が行われます。これを「委員会に付託する」と
いいます。委員会では、付託された議案や請願などを審査し、その結果
を、後日、委員会が本会議で報告し、議長がこれを採決します。

　なお、一部の議案（例えば予算、決算）については、委員会を経ないで、
議員全員が集まる本会議での全体審査をすることがあります。

　会議の運営にあっては、その実質的部分は議員による首長など執行機
関に対する質疑にあてられます。各会派を代表して首長の施政方針や予算
編成方針などについて質問する代表質問と議員個人が個別の施策や議案に
関して質問する一般質問とに分けて行う議会もあります。質疑の際、慣行
として一括質問・一括答弁（質問する議員が質問事項をまとめて質問し、答
弁する首長など執行機関側もまとめて答弁する）方式が採られることが多い
のですが、最近では一問一答方式に変更することで、傍聴者にもわかりや
すい進行が試みられています。また、質問された首長等は質問者である議
員に質問を返すことができないという慣行も根強く定着して来ましたが、
これについても、首長等に反問権を認める改革がなされるようになってき
ました。こうした一問一答方式や反問権付与は議会審議を活性化させる試
みの一つであり、先述の議会基本条例の規定に盛り込んで定着させる例も
広がりをみせています。

（8）議会の自主解散

　議会は議員定数の4分の3以上の議員が出席し、その5分の4以上の同
意があれば自主的に解散することができます。

第 **4** 節　首長と役所

1　首長の権限

　公選の首長は、その自治体の執行機関のすべてを統轄し、外部に対して自治体を代表します。首長の権限は法律上は「普通地方公共団体の長は、当該普通地方公共団体の事務を管理し及びこれを執行する。」（地方自治法第148条）と定められています。

　自治体の行政を執行する機関には、首長のほかに行政委員会があることは前に述べたとおりですが（執行機関多元主義（⇒第 2 章第 3 節））、これらの委員会が法令で定められた特定の分野の行政について権限を持っているのに対して、首長はこのような特定の事項以外のすべての事務を処理する権限を持っており、これらを担当する事務を処理するのに必要な規則を定めることができます。

　このほか首長は、①議会への議案の提案、②予算の編成と執行、③地方税などの課税と徴収、④財産の取得や管理、⑤教育委員、監査委員など他の執行機関の構成員の任命、⑥副知事、副市区町村長以下の職員の任命など、幅広い重要な権限を持っています。

2　行政の担当者

（1）公務員の選ばれ方

　同じ地方公務員でも、行政の担当者である自治体職員の任用（採用、昇任、降任、転任）については、地方公務員法の規定にしたがって、「受験成績、人事評価その他の能力の実証に基づいて行われなければならない」（地方公務員法第15条）ことになっています。この能力の実証による任用の制度は、英語ではメリット・システムと呼ばれていて、現代公務員制度の

最も重要な原則の一つで、先進諸国では共通して採用されています。

（2）メリット・システムの特色

　この制度は、①行政のプロとしてふさわしい人材を公開競争試験制によって採用すること、②身分保障制度によって、採用以降の任用を政治的（党派的）圧力や介入から守ること、③その代わり、仕事の遂行において生身の人間として当然である個人的な好き嫌いの感情、党派的な立場、部分的な特殊利害の実現などを抑制してもらうこと、という三つの原則から成り立っています。

　このようなメリット・システムの存在によって、政治プロの浮沈、政権（首長）の交代、議会の党派構成の変転を越えて、公共サービスの連続性が確保され、住民生活の安定と便宜が図られることになっているのです。

（3）人事評価と人材育成

　メリット・システムの根幹を支える仕組みに人事評価制度があります。人事評価制度は、2016（平成28）年に施行された改正地方公務員法で導入が義務づけられました。

　職員の人事評価は、公正に行われなければなりません。職員がその職務を遂行するにあたり発揮した能力を把握したうえで行われる「能力評価」と、職員がその職務を遂行するにあたり挙げた業績を把握したうえで行われる「業績評価」とで人事評価は構成されます。首長をはじめとする任命権者は、人事評価を任用、給与、分限その他の人事管理の基礎として活用することとされたのです。また、職員を、その意に反して、降任、免職できるのは、人事評価または勤務の状況を示す事実に照らして勤務実績がよくない場合に限定するなど、分限事由の明確化が図られました。

　人事評価制度には、恣意的な人事の運用を防ぐことはもとより、能力・実績に基づく人事管理を徹底することで、より高い能力を持つ公務員を育成し、組織全体の士気高揚や公務能率の向上を図ることで、住民サービス

を向上させる土台を固めようというねらいが込められているといえます。

　ただし、誤解があってはいけないのは、能力・実績を重視するからといって、人事評価制度は、「できる」職員と「できない」職員を区別し、「できる」職員は昇給・昇進で優遇し、「できない」職員にはペナルティを課して冷遇するためのものではないことです。もしそのような運用がなされるならば、それは誤った運用だといって差し支えありません。

　現に頑張っている職員、成果を出している職員に報いる仕組みであるべきなのは確かですが、多くの自治体が人事評価制度を導入しようとするときにその目的として人材育成を掲げるように、人事評価は人（職員）を育てる基礎となる仕組みでもあります。

　人材育成とは一般に、人がある活動に従事する際にその目的に照らして有効な働きができるように育て上げることですから、自治体職員にあっては、住民の福祉を向上させる役割を職務のなかで十分に果たせるように成長を促す取組みだといえます。言い換えれば、人材育成を目的に掲げた人事評価制度とは、自治体職員の成長のためのツール（道具）であって、メリット・システムを強固にする意義があるものだと位置づけられます。

column

「人財」育成と　求められる職員像

　ことば遊び風ではありますが、ジンザイには 5 通りあるといわれます。現に輝いてよい仕事をしている「人財」、磨けば光り能力を発揮する「人材」、ただ居るだけの「人在」、居ながら罪をつくっている「人罪」、住民に災いをもたらし地域を劣化させる「人災」、の五つです（下記参考文献・大森著

201〜202ページに記載の田中義政（元自治体職員）さんの発言です）。科学的な根拠のある議論ではないのですが、どの組織を思い浮かべても直感的には納得がいくのではないでしょうか。どのタイプの職員がどれだけいるのかによって職場の風土（雰囲気や仕事に対する意欲の程度など）も異なるでしょう。

　ところで、2000年代に入って本格的に進められてきた一連の改革の前夜にまとめられた報告書のなかに次のような一節があります。少々長いのですが引用しておきましょう。

　　地方公共団体を取り巻く環境の変化とともに、我が国の地方自治が新時代を迎えようとしている今、地方公務員制度もまた分権型社会における地方公務員のあり方にふさわしいものでなければならない。

　　まず、地方分権の進展に伴い、地方公共団体の担う役割がより多様なものとなるため、従来よりも、職員に期待される能力も一層多様化してくる。すなわち、行政サービスの高度化に伴う専門的能力、新たな課題に積極的に取り組む進取の気性と創造力、状況に適切に対応できる柔軟性などが、これまでにもまして求められることになる。地方公務員法制もこのような期待にこたえ得るよう、多様な人材を確保できる柔軟なものでなければならない。

　　加えて、地方公務員も地域で生きる一員として、住民とともに地域の問題を語り合い、考え、解決に努力する人間であることが望まれている。言い換えれば、専門性、創造性と並んで、あるいはそれ以上に、協働性ひいては、豊かな人間性やコミュニケーション能力が要求される。また今後更に進むと予想される民間サービスと競合する行政分野の拡大、民間

との人事交流の拡充という要素も、住民に身近な存在としての公務員像を描かせる契機となる。

（出典）　地方公務員制度調査研究会報告書「地方自治・新時代の地方公務員制度」（1999（平成11）年）（下線筆者）

　自ら持つ資質や能力を活かし、専門性・創造性・柔軟性といった点でさらに磨きをかけ、職務に邁進することが自治体職員にますます求められることを指摘するにとどまりません。自治体職員もまずは「地域で生きる一員」＝住民であることをあえて述べていることに目をみはらせられます。そして、この報告書が公表されたのち、2000年代になると、行政のあり方として効率性が優先されがちななかでは見失われてしまったのではないかと思わざるをえない、「豊かな人間性」に着目していることに注目すべきでしょう。

　今、少しことば遊びが許されるなら、人財として自治体職員を育成するうえでの目標は「仁才」（他者を思いやる心情としての「仁」とプロフェッショナルとして備えるべき能力としての「才」）の育成ということになるのではないでしょうか。

〔参考文献〕
・大森彌『自治体職員再論』ぎょうせい、2015年

3　職場組織の特徴

（1）辞令の様式—所属場所を定める

　ある自治体に新規採用で入った職員の場合でも、昇進ないし配置転換で

人事異動になる既存職員の場合でも、図表3-9のような「辞令」をもらって職務につきます。

　新任職員は、まず特定の課の特定の係に配属をいいわたされます。つまり、既に何人かで一緒に仕事を行っている特定の係の一員になってから具体的に仕事が与えられるのです。

図表3-9　新任職員の辞令サンプル

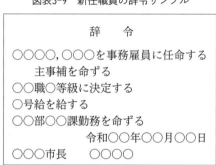

```
                  辞　　令
○○○○，○○○を事務雇員に任命する
　　主事補を命ずる
○○職○等級に決定する
○号給を給する
○○部○○課勤務を命ずる
　　　　　　　　　令和○○年○○月○○日
○○○市長　　　○○○○
```

（2）大部屋主義

　自治体の職場は、一般に大部屋で集団に属して仕事を行う執務のかたちとなっています。図表3-10のように、部長ないし課長以下一般職員まで一所（ひとつところ）にいて、全員が協力して所属組織の仕事を行うのです。これを大部屋主義と呼ぶことができます。

　職場が大部屋主義で運営されているということは、およそ次の6点を意味しているといえます。

　①　その一所で仕事する全員が概括的に規定されている「○○に関すること」というように課（係）の任務を適宜分担しつつも、お互いに協力しカバーし合うことが可能なこと。
　②　課員は仕事ぶりを縦横に評価し合う一方で、個々の職員の仕事実績を個別に評価しにくいこと。

③　集団に属して仕事を行うため、課や係の一員として、他の職員と協調的な人間関係を形成・維持できるか否かが、個々の職員にとっても管理職にとっても大切な配慮事項となること。

④　人事異動とは「大部屋」から「大部屋」へ転居するという意味を持ち、そこでは良好な人間関係を維持しつつ、人が変わることで政策発案や組織運営に新味を出すことが可能であること。

⑤　課や係の仕事を何人の職員で行うのが最適であるかという組織の適正規模があいまいになりやすいこと。

⑥　大部屋での協力と協調が必要である一方、権限のうえでは上司が部下に職務命令を出す上命下服の関係があるため、管理職には特によき人柄の持ち主であることが要請されること。

都道府県や政令指定都市などに多くみられるように、１課１部屋という職場組織をとっているところと、一般の市や町村のように１部屋（庁舎のつくりによってはワンフロアー）複数課という職場組織をとっているところでは、職員の意識と行動に違いが出てくる可能性がありますが、その一所

図表3-10　大部屋主義の執務室

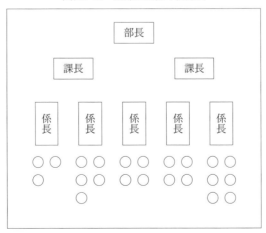

に所属する職員間の協力の態勢と円滑な人間関係とが重要になっている点は同じであると考えられます。その際、職員がそれぞれに分担する仕事を責任を持って遂行すると同時に、気持ちのよい職場雰囲気が形成されていることが、課全体の活動力を高めるうえで必要な条件となっています。

column
オフィス改革による
職場の風景の変容

　国・地方を問わず役所の職場のレイアウトといえば、図表3-10のような大部屋に係・課などの単位ごとに机を並べ（こうした机の集まりをシマと呼びます）、周りをキャビネットに囲まれたありさまが思い浮かべられるかもしれません。市役所などではワンフロアが一体になっていても、概ね課ごとにパーティションやキャビネットで仕切られていることが多いようです。

　最近、こうしたレイアウトを見直す動きも出てきました。机の配置を従来の職層序列にこだわらず、業務を進めやすい配置に模様替えしたり、あるいは、固定席にせず、業務によって分担協力する職員同士の近くに座ったり、企画を練るなど一人で集中して仕事をしやすい席に座ったりできるようなフリーアドレス制を導入する例などです。民間企業（特に新規創業したベンチャー企業など）では既に試みられてきた取組みですが、職場のコミュニケーションを活性化し、業務効率の向上をめざそうというねらいを込めて、行政組織にも導入しようという取組みです。役所というと、書類の山を思い

浮かべますが、インターネットが普及するなど IT が発達したことでペーパーレス化が容易になったことも、オフィス改革を後押ししているといえます。

　自治体のなかに積極的にオフィス改革を取り組む動きがあるのは、国（総務省行政管理局）が実験的に取り組みはじめ、それが波及した面がありますが、実は2010年代に入ってのオフィス改革は自治体にとっては第 2 次ブームといってよいでしょう。

　1990年代末から2000年代はじめにかけて、地方分権の機運が高まったなか、第 1 次ブームといえるようなオフィス改革が各地の自治体で試行され、工夫されたレイアウトやペーパーレス化、フリーアドレス制も導入されていました。ただし、当時の IT の水準ではペーパーレス化は掛け声倒れにならざるをえず、結果として広く普及するまでには至らなかったようです。

　2000年代を通じて定員抑制など行革が進められる一方で、地域づくりなど政策的な発想がますます求められるなかで、オフィス改革のような「かたち」から入る取組みがあらためて見直されたといえるでしょう。また、あわせて働き方を見直し、公務の魅力を高めて優秀な人材確保につなげたいという思いもあるようです。

　役所を訪れるときには是非それぞれの職場のレイアウトにも注意してみてください。担当業務に応じた工夫がみられるかもしれません。

［参考文献］

147

・総務省ホームページ「オフィス改革」

4　意思決定の方式

(1) 事案決定の手続き

役所のなかでの意思決定を、普通、事案決定とか案件処理とかいいます。案件の処理とは、端的にいえば起案文書に目を通し決裁印を押すことです。

①　起案

どこの自治体でも、文書管理規程や処務規程、事案決定規程や決裁規程などと呼ばれる一定の規程を設け、事案決定の手続きを定めています。事案決定というのは、意思決定の対象となる事案に関し、一定の文書（起案書）によって上司及び関係者に伺いを立て、その決裁を受ける一連の手続きのことです。起案書には、(a)内容が一見してわかるように件名（決裁を求める事項）が書かれ、(b)起案の理由、経過、前例、調査内容等が本文として記載され、(c)通知、照会、回答等を含む事案の場合にはそれらの施行文が掲載され、(d)関係法規が付記され、(e)その他参考事項や関係書類が添付されることになっています。

②　合（回）議

事案決定の過程には回議とか合議（あいぎ）とかいわれる調整手続きがあります。語法としては、必ずしも区別されて用いられているとは限りませんが、通常、「回議」とは、事案の内容に応じて起案者の職務系列上の上位者に同意または承認を受けるために文書を送付することで、この文書の送付によって決裁の承認をえるか、みてもらって承知してもらうわけです。

「合議」とは、決裁を受けるべき事案が二つ以上の部課に関係があるとき、順次、関係の深いところから関係部課に起案書を送付し、その事案の

妥当性に関して承認を受けることを指しています。

③　決裁

役所において事務（事案）の処理は、すべて文書によることを原則としています。これを文書主義といいます。そして、この文書による事案の処理は、首長、副知事・副市区町村長、部長（局長）、課長などの決裁を受けて行うことを原則としています。これを決裁主義と呼ぶことができます。事案決定の手続きはこの二つの原則によって構成され、意思決定の公式な流れを形成しています。

（2）専決の制度

どの自治体でも課長以上の管理職者の席へ行ってみると、その机の上には「既決」「未決」と書かれた小箱が置いてあります。管理職者は「未決」箱の起案書（ないし閲覧書）に目を通し押印して「既決」箱へ入れます。押印は、「自分としては、この起案内容を了承した」という意思表示を意味しています。

もし「既決」箱の起案書が、その段階で決裁が終了するならば、その事案に関しては、その管理職者が「専決権者」ということになります。

公式的にいえば、行政上の決定権は執行機関の長である知事や市区町村長に専属しています。しかし、決裁しなければならない案件は膨大な数にのぼり、またその重要性にも軽重があり、すべての事案を首長の決裁事項とするのは実際的ではないのです。そこで、委任規程とか専決規程を設けて、首長の決定権限を下位に委譲し、その段階で決裁を下すことのできる権利を与えています。これが専決の制度であり、この専決権者が不在のときに事案に決裁を下すのが代決です（例えば、市長→副市長、副市長→総務部長、部長→次長あるいは庶務主管課長、課長→主管係長ないし総括主査というように、あらかじめ定められた職位が専決権者に代わって決裁をします）。

（3）意思決定の実質―「根回し」の機能

　実際の意思決定の核心は、公式手続き上の回議・決裁なのではなく、新たな政策企画ないし措置を実現するために、直上司、関係課係、他部局に「根回し」をし、大筋の同意をえて、そのうえで主管課担当者に起案書の作成を指示することです。

　新たな政策企画の場合、実質的にトップに事情を説明し、関係部課長会議とか庁議を含め、関係者間で了解が成り立ったのちに、主管課で起案書を作成し、正式に確認するために決裁手続きにのせるのが普通のやり方です。こうした決裁手続きにのせるまえに、作成した原案の骨子ないし要領を関係者のところへ持ち回り、非公式に懇談し協議し、意見を聞き、実質的了解をえるのが「根回し」なのです。

　こうした非公式な「根回し」では、口頭であれメモであれ原案を持ち回って話をし、意見調整をするのが通常のやり方です。この場合、どこへ、誰へ「根回し」するかは、事案の内容と軽重、長い慣行と時々の適宜の判断によって決まりますが、「うるさい人」ないし「後押しをしてくれそうな人」への接触は不可欠です。

　なお、公式の事案決定手続きには、「持回り決議」といって、特に急を要するなど、特別の理由がある案件については、その案件について十分説明ができる職員が起案書を関係部課へ持ち回って決裁をもらう便宜的方式もあります。

（4）電子決裁方式の普及と変わらない慣行

　近年では IT が普及したことで、これまで紙ベースの文書で行ってきた決裁処理を、電子上で行うシステムを導入する自治体が一般的です。電子システムを活用すれば、決裁順序を気にせず一斉に関係者に回覧することも可能ですし、電子上に記録されることで公文書管理の面からもメリットがあります。ただし、電子化しにくかったり、電子化した場合に確認が難しかったりする文書等（大型の地図や立体的な資料など）もあるため、多く

の場合は紙ベースの決裁手続きも補完・並行して行われています。そして、IT 化が進んだとしても、あるいはそうだからこそ、対面的なコミュニケーションを図るための実質的な意思決定である「根回し」は健在だといえます。

5　管理職の「選考」と首長との関係

自治体では通常、職制上は課長以上の職位を管理職としています。課長をはじめとする管理職は、一般職員である課員にとっては所属長であり、指揮監督者であると同時に、首長などトップ・マネジメント層とのインターフェイスとして自治体経営の方針を受けたり、現場や職場からの意見・提案を上申したりするうえで重要な役割を占めるポジションです。職場の雰囲気、士気、パフォーマンスを左右する存在でもあります。

（1）「選考」方式

通常、自治体で行われている筆記試験を含む管理職「選考」は、計画的に人事管理をする必要上全体として合格者数に制限を設けていますが、およそ課長という管理職を担うのにふさわしい経験と能力があるかどうかの判断を行うことであって、この判定を合格通過した職員は、早晩、課長職に就くことができることになっています。

管理職「選考」は、特定の組織部門の課長職にふさわしい人材を選定するのではなく、また特定部門の課長に就いたのち、別の部門の課長に就任するには別個の管理職「選考」を行うわけでもないのです。管理職「選考」とは、およそ管理職の機能を担うのにふさわしい人材であるか否かの総合的な判定なのです。

A 課の課長に昇任したということは、場合によっては仕事の違う B 課の課長に就くことを予想しています。一度、課長職に就けば、部門や仕事が変わっても同じ課長職で他課へ「配置転換」があることが当然となっているのです。

（2）年功・経歴による「選考」の問題点

　大部分の自治体では、「競争試験」で競い合いもせず、筆記・面接試験もない「選考」という方法によって昇任人事を決めていますが、それには問題があります。

　ポストの数が限られており、係長の誰もが課長になれるわけでは決してなく、かなり厳しい選別がありますから、当然、仕事での有能さや人柄も考慮に入れることになります。しかし、一所懸命の律儀さや上司への忠勤ぶりが重視されることもあり、また「選考」に情実も入りやすいといわれます。上司やトップ（ときには議会筋）の機嫌を損なうことなく、無難に職務をこなして欠点をなくす方が、管理職への昇進では得策となると考えられがちです。

　別にとりたてて有能とも思えないが、特に難点もない職員が年功と経歴に基づく“横ならび平等主義”で課長に昇進するのもここから生じます。しかも、管理職に昇進してしまえば、よほどの失態やミスがない限り、降格はありません。これまで女性の管理職への登用が遅れてきたのも、こうした「選考」方式に一因があるのではないかと指摘されることもあります。

　男女の別なく、いかにして意欲あふれる管理職を育て、有能な管理職を登用するかは、大切な問題です。

（3）選挙絡み人事への戒め

　首長が公選であるところから、人事がゆがむ場合があります。その典型は、選挙の際の手柄の代償による人事異動です。これは、特定候補者のために実際に動いた職員の軽率さにも問題はあるのですが、現役トップから暗に要請されれば動かざるをえない職員の実情を無視したやり方です。

　選挙に際し、自分への支持を明らかにした職員や、一所懸命奔走してくれた職員は、選挙で苦労する首長からみれば「感心なやつ」に思えるかもしれませんが、選挙運動の能力は自治体の行政職員にはもともと無縁のも

ので、その有能ぶりをもって人事の材料とするのは間違いです。

　選挙と人事運営を混同しない態度が、首長にも管理職者にも必要です。

（4）自信と勇気のある管理職

　仮に、首長が住民に対して筋を立てて説明できかねるという意味で、行政責任を確保できないような提案や意思決定を行おうとするならば、それがいかに自治体の行財政運営上問題になるかを指摘できる管理職が必要です。それには勇気と自信がともないます。首長との関係で本当にすぐれた管理職者とは、そうした勇気と自信の持ち主です。

column
管理職の心構え

　管理職はどの組織でも大きな責任を求められます。管理職はいかにあるべきかは永遠のテーマともいうべきで、関連するハウツー本は書店のビジネス・コーナーにあふれ、雑誌にも特集に組まれたりします。公務員、ことに自治体職員についても同様です。

　自ら某自治体の管理職を経験されてきた松井智さんは、管理職の心構えの一つとして首長に対して（課長の場合には部長に対しても）積極的に報告することが重要であると指摘します。至極当然のことのようですが、松井さんも指摘するように、課長など管理職になると仕事を進めるうえでの裁量が広がるために、部下には報告・連絡・相談（いわゆるホウレンソウといいます）を求めながら、自らは首長や部長に対し

てホウレンソウをつい怠りがちになってしまうというのです。日頃から積極的にコミュニケーションをとることが本文で述べたような問題を指摘しやすい環境づくりにつながり、自信や勇気を後押しするといえるでしょう。

　地域での政策形成やマネジメント上の判断が重視されるようになった今日、課長職など管理職の力量が試される局面はかつてに比べて確実に増えています。こうした状況は世界的に共通するようで、21世紀に入り管理職（英語ではマネジャーmanager）のマネジメント手腕や態度を論じる議論が活発で、組織内外でのコミュニケーションのあり方がしばしば着目されています。職場の部下や首長を含む上司に対してはもちろん、住民に対しても、対話と協働を通じて、信頼と納得を獲得できるよう心がける仕事ぶりが求められているのです。いずれにしても、「肩書き」だけの「名ばかり管理職」ではもはや通用しないのは確かでしょう。

〔参考文献〕
・大杉覚「新しい管理職像の考察」『月刊地方自治職員研修臨時増刊号 No. 92 自治体ひとづくり読本』2009年、2〜17ページ
・松井智『公務員の「課長」の教科書』学陽書房、2018年

 第 **5** 節　**自治体の財政と予算**

　バブル経済の崩壊は、長期にわたる深刻な不況とともに国・地方の財政

状況の悪化をもたらしました。そうしたなかで着手された地方税財政制度に関する地方分権は、結論からいえば、十分な成果をあげないまま今日まで至っています。例えば、「三位一体の改革」などの取組みが集中的になされましたが、自治体が財政面で自主・自立性を確立するには程遠いのが現状です。

　他方で、本格的な人口減少社会が到来し、少子化、高齢化が今後さらに進展するなかで、増高する高齢者の医療・介護需要への対応や子どもの貧困問題などをはじめ、第一線で自治体が向き合わなければならない喫緊の課題が指摘されています。社会保障制度の見直しはもはや避けて通ることはできませんが、このことは国・地方を通じた税制を含む社会保障財源の改革（いわゆる社会保障・税一体改革）を見据えなければならないことを意味しています。

　こうした時代状況を踏まえ、今後の自治体経営を見極めるためにも、自治体の財政と予算がどのように成り立っているのか、その仕組みを基本から確認することが重要です。

1　地方自治と税金

　自治体が、その地域に住む住民のために仕事をするとき、それに必要な費用はその地域の住民が負担することが自治の原則です。地方自治の基本が、住民が自ら治めるという意味の住民自治である以上、このことは当然であり、「サービスは受けるが、お金は出さない」というような、身勝手な態度は本来おかしいわけです。自治体の収入の中心になるのは、いうまでもなく住民が納める税金です。

　税金というと、取られる、損をするというような気持ちになりがちですが、もともと納税は義務なのです。自覚的な納税者であってはじめて自分の納めた税金がどう使われているか、その行方を関心を持って見守り、行政へ参加していこうという積極的な姿勢が出てきます。

2　自治体の収入

　自治体の収入には、地方税や国庫支出金（委託金、負担金、補助金など。市町村の場合には都道府県支出金もあります）のほか、国が国税として徴収した税金の一部を一定の行政水準を維持するなどのために分配する地方交付税や地方譲与税があり、これらが自治体の収入の主なものになっています。

　また、公共施設の使用者に納めてもらう使用料とか、特別のサービスを求めた人に納めてもらう手数料、学校や公民館などの地域住民が長期にわたり利用する施設の建設費を将来にわたって負担するために発行する地方債、競馬や競輪の開催による事業収入など、いろいろなものがあります。

（1）地方税

　地方税は、地方税法に基づいて、それぞれの自治体が条例によって定めたところにより課税されます。どんな種類の税を、どれくらいの率で課税するかという基準が地方税法によって定められたものを法定税といいます。法定税については、自治体はこの基準に基づき条例で住民に課すべき税の税目、税率、課税対象など必要な事項を定めることになっています。

　地方税は、都道府県税と市町村税とに分けられます（図表3-11参照）。さらにその性質により一般的な経費に充てるための普通税と特定の経費に充てるための目的税とに分けられています。

　どの自治体も必ず課税しなければならない法定税のほかに、自治体の実情によって、地方税法に定めのある以外の税目であっても、自治体が総務大臣に協議し、同意をえたうえで条例により設けることができる法定外税があります。なお、第1次地方分権改革の成果として、法定外目的税が創設されるとともに、かつてからあった法定外普通税についても、許可制から同意を要する協議制に改められました。自治体の課税自主権がそれだけ強化されたといえます。

図表3-11　自治体の税収の構成

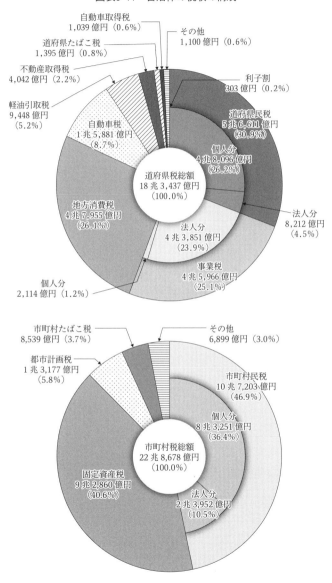

自動車取得税
1,039 億円（0.6%）

その他
1,100 億円（0.6%）

道府県たばこ税
1,395 億円（0.8%）

不動産取得税
4,042 億円（2.2%）

利子割
303 億円（0.2%）

軽油引取税
9,448 億円
（5.2%）

道府県民税
5 兆 6,611 億円
（30.9%）

自動車税
1 兆 5,881 億円
（8.7%）

個人分
4 兆 8,096 億円
（26.2%）

道府県税総額
18 兆 3,437 億円
（100.0%）

法人分
8,212 億円
（4.5%）

地方消費税
4 兆 7,955 億円
（26.1%）

法人分
4 兆 3,851 億円
（23.9%）

個人分
2,114 億円（1.2%）

事業税
4 兆 5,966 億円
（25.1%）

市町村たばこ税
8,539 億円（3.7%）

その他
6,899 億円（3.0%）

都市計画税
1 兆 3,177 億円
（5.8%）

市町村民税
10 兆 7,203 億円
（46.9%）

個人分
8 兆 3,251 億円
（36.4%）

市町村税総額
22 兆 8,678 億円
（100.0%）

固定資産税
9 兆 2,860 億円
（40.6%）

法人分
2 兆 3,952 億円
（10.5%）

（出典）　令和 3 年版地方財政白書（総務省ホームページ）

　普通税は、道府県税では、道府県民税・事業税・地方消費税の3税がお
よそ8割を占め、市町村税では、市町村民税と固定資産税とで8割あまり
となっています。

　目的税は、道府県税では狩猟税、水利地益税などで、市町村税では都市
計画税、国民健康保険税、事業所税などです。

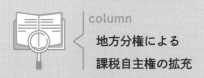

column

地方分権による
課税自主権の拡充

　地方分権改革での地方税財源改革は不調に終わったことを
述べましたが、そうしたなかで、課税自主権を尊重する観点
から地方税に関して、①標準税率を採用しない場合の国への
事前届出の廃止、②個人市町村民税の制限税率の廃止、③法
定外普通税の事前協議制への改正、④法定外目的税の創設、
が実現した点は注目されます。

　なかでも法定外目的税は、産業廃棄物の最終処分が大きな
課題となっていたことから、三重県での導入を皮切りに、多
数の道府県で産業廃棄物税が導入されるようになりました
（図表3-12参照）。

　また、観光やインバウンド（訪日外国人観光客）政策が注
目されるなか、宿泊税を導入する自治体も増えてきました。

　自治体の課税自主権に対する意識の高まりは、税制を政策
実現の手段として活用しようという機運を高めるようにもな
りました。例えば、環境意識の高まりから、森林や水源の確
保を目的とした森林環境税として、住民税に上乗せする超過

　　課税方式を導入する府県などが相次ぎました。ただし、国の
税制改革によって森林環境税（名称は同じですが、自治体のと
は別の制度です）の導入が決まりましたので、これまで導入
していなかった地域も含めて全国で実施されることになりま
す。

図表3-12　法定外税の状況

（令和 3 年 4 月 1 日現在）

令和元年度決算額670億円（地方税収額に占める割合0.16％）

1　法定外普通税		（令和元年度決算額） ［単位：億円］
［都道府県］		
石油価格調整税	沖縄県	10
核燃料税	福井県、愛媛県、佐賀県、島根県、静岡県、 鹿児島県、宮城県、新潟県、北海道、石川県	247
核燃料等取扱税	茨城県	12
核燃料物質等取扱税	青森県	194
計	13件	464
［市区町村］		
別荘等所有税	熱海市（静岡県）	5
砂利採取税	山北町（神奈川県）	0.1
歴史と文化の環境税	太宰府市（福岡県）	1
使用済核燃料税	薩摩川内市（鹿児島県）、伊方町（愛媛県）、 柏崎市（新潟県）（＊3）	8
狭小住戸集合住宅税	豊島区（東京都）	5
空港連絡橋利用税	泉佐野市（大阪府）（＊3）	4
計	8件	23
［合計］	21件	487
2　法定外目的税		
［都道府県］		
産業廃棄物税等（＊1）	三重県、鳥取県、岡山県、広島県、青森県、 岩手県、秋田県、滋賀県、奈良県、新潟県、 山口県、宮城県、京都府、島根県、福岡県、 佐賀県、長崎県、大分県、鹿児島県、宮崎 県、熊本県、福島県、愛知県、沖縄県、北海 道、山形県、愛媛県	73

宿泊税	東京都、大阪府、福岡県	39（＊4）
乗鞍環境保全税	岐阜県	0.1
計	31件	113（＊3）

［市区町村］

遊漁税	富士河口湖町（山梨県）	0.1
環境未来税	北九州市（福岡県）	8
使用済核燃料税	柏崎市（新潟県）R2.9.30失効（＊3）、玄海町（佐賀県）	10
環境協力税等（＊2）	伊是名村（沖縄県）、伊平屋村（沖縄県）、渡嘉敷村（沖縄県）、座間味村（沖縄県）	0.3
開発事業等緑化負担税	箕面市（大阪府）	1
宿泊税	京都市（京都府）、金沢市（石川県）、倶知安町（北海道）、福岡市（福岡県）、北九州市（福岡県）	51（＊4） （＊3）
計	13件	70（＊4）

［合計］

	44件	183（＊4）

＊1　産業廃棄物処理税（岡山県）、産業廃棄物埋立税（広島県）、産業廃棄物処分場税（鳥取県）、産業廃棄物減量税（島根県）、循環資源利用促進税（北海道）など、実施団体により名称に差異があるが、最終処分場等への産業廃棄物の搬入を課税客体とすることに着目して課税するものをまとめてここに掲載している。
＊2　環境協力税（伊是名村、伊平屋村、渡嘉敷村）、美ら島税（座間味村）など実施団体により名称に差異があるが、地方団体区域への入域を課税客体とするものをまとめてここに掲載している。
＊3　柏崎市の使用済核燃料税は、令和2年10月1日から法定外普通税として施行。そのため、令和3年4月現在の件数は法定外普通税として計上し、令和元年度決算額は法定外目的税として計上している。
＊4　福岡県宿泊税、福岡市宿泊税、北九州市宿泊税はいずれも令和2年4月1日施行であり、令和元年度の決算額がないため含んでいない。
＊5　端数処理のため、計が一致しない。

（出典）　総務省ホームページ
https://www.soumu.go.jp/main_content/000755777.pdf

（2）住民税

　住民税は道府県民税と市町村民税の2本立てになっています。特に市町村民税は市町村税の根幹をなすもので、市町村税収入の4割以上を占めています。

　住民税には、個人の住民税と法人の住民税とがあり、前者は均等割（均

等の額によって課するもの）と所得割（所得によって課するもの）、後者は均等割と法人税割（法人税額を課税標準とするもの）とから成り立っています。

　個人住民税は、市町村が一括して徴収しており、2007（平成19）年以降、所得割の標準税率は市町村民税 6 ％、道府県民税 4 ％、合計10％、均等割は市町村民税3,500円、道府県民税1,500円、合計5,000円です（ただし、東日本大震災復興のための臨時特例により、2014（平成26）年から2023（令和 5 ）年までは均等割はそれぞれ500円増額されています）。

（3）固定資産税

　固定資産税は、土地、家屋及び償却資産の「適正な時価」を課税標準として、一律の税率を乗ずるものです。この適正な時価とは、現実の取引価格ではなく、正常な条件のもとに成立するいわば抽象的な取引価格であるとされています。納税義務者（固定資産の所有者）にとっては、税率が一定されている以上、この資産評価がどうなされるかが最大関心事にならざるをえないのです。

　市町村には固定資産評価員（及び固定資産評価補助員）の制度が置かれていますが、総務大臣が定める固定資産評価基準によって固定資産の価格を決定しなければならないので、市町村の自主的な評価権限は厳しく規制されているといってよいのです。土地及び家屋については、 3 年度ごとに評価替えを行うこととされています。

（4）事業税

　事業税は都道府県税のなかでの根幹をなすものであり、都道府県税収入のなかに占める事業税の比重は約 2 割となっています。事業税には個人と法人にかかるものがありますが、法人事業税が大部分です。それだけに、大きな企業が集中している都道府県に法人事業税収入が偏っています。

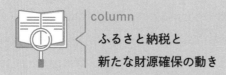

column

ふるさと納税と
新たな財源確保の動き

　近年注目された取組みとしてふるさと納税制度があります。「納税」といわれていますが、法律上は「寄附」制度です。収入や世帯構成等に応じて上限は異なりますが、原則として自己負担額の2,000円を除いた全額が所得税や住民税の控除の対象となる仕組みです。

　ふるさと納税制度は、「多くの国民が、地方のふるさとで生まれ、教育を受け、育ち、進学や就職を機会に都会に出て、そこで納税をする。その結果、都会の地方団体は税収を得るが、彼らを育んだ『ふるさと』の地方団体には税収はない。そこで、今は都会に住んでいても、自分を育んでくれた『ふるさと』に、自分の意思で、いくらかでも納税できる制度があっても良いのではないか、という問題提起」（総務省「ふるさと納税研究会」報告書）から生まれたものです。寄附の対象となる自治体（都道府県、市区町村）は、自分の出生地・出身地という意味での「ふるさと」だけでなく、応援したい、関心がある地域の自治体でもよく、また、「都会」にくらしている人だけではなく、納税者であれば自らの選択で誰もがふるさと納税制度を活用することができます。

　ふるさと納税が積極的に活用されることを通じて、広い意味でのふるさと＝地域に目が向けられる機会になったことの意義は大きいといえるでしょう。寄附を受ける地域・自治体が自らの地域の魅力や特色を再確認し、新たに地域資源を掘

り起こし、ビジネス・モデルを構築することに成功した例も
あります。また、共鳴・共感を呼ぶ政策を打ち出す努力を重
ねてアピールするようになることで、地域づくりを積極的に
進める原動力になってきた点は評価されてよいでしょう。こ
れまで日本には寄附文化が根付いていないとしばしばいわれ
てきましたが、ふるさと納税は寄附に対する日本人の意識を
転換するきっかけになったことも確かです。

　他方で、多くの自治体が返礼品競争に走ることで制度に歪
みや弊害をもたらしたことも指摘されています。そもそも純
粋な寄附であれば見返りの提供など考える必要はなく、心を
込めた礼状で足りるはずです。ふるさと納税制度の活用が進
み、高級和牛や蟹などの高級食材をはじめとする高額の返礼
品を提供する自治体が寄附収入を大きく伸ばすようになる
と、多くの自治体がそれに倣うようになり、なかには地域と
まったく関わりのない高額の景品や金券などまでを返礼品と
する自治体も現れ出したのです。

　また、制度を利用する寄附者側の意識の問題も指摘されま
す。カタログ・サイトを通じて手軽にそれらを購入する通信
販売かのようにふるさと納税制度が活用されている実態も少
なからず見受けられ、ふるさと納税の本来の意図が見失われ
ているのではないか、富裕層に対する節税対策ではないかと
いう批判も出るようになりました。本来収入となるはずで
あった税収がふるさと納税として他地方へ流出した東京など
の都市部の自治体にしてみれば、例えば、保育園の整備費用
などに充てられるはずの財源が奪われたわけですから、ふる
さと納税制度に対する批判の声を高めたのです。

　国は、加熱した返礼品競争を鎮静させるべく、当初は返礼品を寄附額の 3 割以内に収めるよう自治体に節度を求めていましたが、政府の要請にしたがわない自治体も少なくなかったため、ふるさと納税制度の本来の趣旨を再確認するためにも、過度の返礼品を扱う自治体を税制優遇の対象から外す方針を打ち出しました。そして、2019 年地方税法改正で、返礼品は寄附額の 3 割以下、地場産品に限定する基準が加わり、ふるさと納税制度を活用する自治体を総務大臣が指定する方式に改められました。なお、政府の踏み込んだ見直し方針に対しては、賛否両論があります。法的拘束力のない政府の要請ではしたがわない自治体がある以上仕方がないという考え方もあれば、自治体の自主的な判断に任せるべきだという考え方もあったのです。新たな制度導入の過程では、すでに紹介したように自治体（泉佐野市）が国を提訴する事件などもありました（⇒第 3 章第 1 節コラム）。

　以上に述べた一般的なふるさと納税のほかにも、自治体がインターネットを活用して寄附者や投資者を募るクラウドファンディングにより財源調達してプロジェクトを遂行する、ガバメントクラウドファンディングという手法も注目を浴びています。比較的身近な課題や事業をテーマに、プロジェクトの目的や目標金額が明確に示されており、自治体と地域などとが連携して取り組んでいる事例も多い点が特徴といえます。

　自治体財政の根幹に税制度があり、税財源が制度的に保障されるべきことはいうまでもありませんが、他方で、時代に応じた新たな財源調達のあり方についても地域とともに考え

　　工夫することがこれからは求められるでしょう。

3　「国」から「地方」への財政移転

　自治体の「国」への財政依存に関して「3割自治」ということが議論されることがあります。3割自治というのは、広く事務処理や財政運営の面で国から拘束や制約を受け、自治体が自主性を欠いている状態を象徴させるために使われることばです。「3割自治」論の由来は、「誰がどのくらいの税金を賦課徴収しているか」に焦点をあて、租税総額に占める国税の比率と地方税の比率を比べて、それがおおよそ3割ぐらいである事実によるのでしょう。地方分権が推進されてきた現在でも、地方税の比率は4割程度であることが図表3-13からもわかります。

　しかし、「財源をどのように使うかを誰が決めているか」に焦点をあてるとイメージは逆転します。租税総額に占める実質的配分についてみると、およそ「国」の比率が4であるのに対して「地方」の比率は6となり

図表3-13　国と地方間の財源配分（令和元年度）

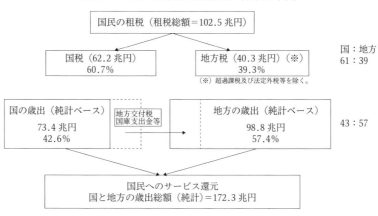

（出典）　総務省ホームページ

ます。

　なぜこのような逆転が生じているのでしょうか。以下に述べる、「国」
から「地方」へのいくつかの財政移転の仕組みが鍵となります。

（1）地方交付税制度

　財政力の弱い自治体が他の自治体より特に重い税負担を住民に課さなく
ても、一定の行政水準を確保することができるように、国が一般財源を保
障する仕組みを「地方財政調整」といい、現在では地方交付税制度が中心
になっています。地方交付税は地方の財源を保障するための仕組みであ
り、地方の固有財源ですので、「いわば国が自治体に代わって地方税を徴
収する地方税」であることが内閣総理大臣の国会答弁で確認されていま
す。

　地方交付税の総額は、現在、所得税と法人税の33.1％、酒税の50％、消
費税の22.3％、地方法人税の全額とされています。ただし、現在ではこれ
らだけでは必要な地方交付税の総額をまかないきれないため、臨時財政対
策債という地方債で補填をしています。

　地方交付税の各自治体への配分は、各自治体のあるべき財政需要を表す
ために計算された基準財政需要額から、各自治体の財政力を表すために計
算され基準財政収入額を差し引いた額に基づいて行われます。この基準財
政需要額が基準財政収入額を超える額のことを「財源不足額」といってい
ます。そして、この財源不足額の生ずる自治体のことを「財源不足団体」、
または単に「交付団体」といいます。これに反して、基準財政収入額が基
準財政需要額を超過する自治体のことを「財源超過団体」または「不交付
団体」といっています。この場合の収入額を需要額で除した数値を「財政
力指数」といい、この指数が高いほど財政力が高いとみなされます。

　最近では不交付団体は、都道府県では東京都のみ、市町村では全体の
５％にも満たないなど、ごく一部の自治体に限られた状況が定着していま
す。

（2）国庫支出金

　仕事の処理に必要な経費は、その仕事を分担することになっているところで当然負担しなければなりません。国や都道府県が自ら行うべき仕事を、いろいろな理由からほかの市区町村などに処理してもらうときは、必ずこれに必要な経費を負担することとされており、経費の性質からこの種類の経費は「委託金」と呼ばれています。

　また、仕事の内容や目的から、国や自治体が共同責任で処理しなければならない仕事のために必要な経費については、それぞれの責任の度合いに応じた割合で負担することになりますが、このような性質の経費は「負担金」と呼ばれ、例えば、生活保護、義務教育、国の計画にしたがって行う大規模な道路、河川などの建設事業などに必要な経費がこれにあたります。

　さらに、国や自治体が特定の仕事を奨励したり、財政的に援助したりする目的で、ほかの自治体に対して経費の補助をしたり、助成をしたりすることがありますが、このような性質の経費は「補助金」と呼ばれています。こうした委託金、負担金、補助金を総称して「国庫支出金」と呼んでいます。

　自治体が、国庫補助金の交付を申請するには、補助事業の目的と内容、これに要する経費、その他必要な事項を記載した申請書を、中央の関係者へ一定時期までに提出します。各府省はこれを審査して、補助金額を決定し交付しますが、この場合、申請事項を修正し、また交付の目的達成のための条件をつけることができます。

（3）超過負担

　中央各府省が補助金額を算出するには、各種の事業や施設についての補助率を適用するための「補助基本額」を算定し、これに法令上の補助率を乗じて補助金額を出します。この「補助基本額」は、1単位あたりの「補助単価」に補助の「対象」になるものの「数量」を乗じてはじき出すので

す。この場合、各府省はそれぞれの事業や施設について、標準的な単価、数量及び対象を定め、これを基準に補助基本額を算定します。この標準が、自治体で実際に必要な金額との間に差を生じ、自治体にとって余計な負担となりがちなのです。これを「超過負担」問題といいます。実際に要する単価に比べて標準的な単価が低く見積もられていたり（「単価差」）、必要となる数量分が組み込まれていなかったり（「数量差」）、事業や施設の一部または全部が補助の対象外であったり（「対象差」）する場合に、この超過負担が生じます。

　国の補助負担金の額は地方財政法上、地方公共団体が補助負担金に係る事務を行うために「必要で且つ充分な金額を基礎として、これを算定しなければならない」と定められています。これらの規定に基づいて自治体側は、繰り返し超過負担の解消を国に要望してきました。

（4）補助の意味とそのあり方

　超過負担問題がある一方で、補助金は自治体にとって重要な意味を持ちます。例えば、補助率が2分の1の場合、自治体は自己負担の2倍の事業を行うことができ、国の補助金を熱意と才覚で獲得し、上手に組み合わせて自治体行政の充実を図ることもできます。事実、ほとんどの自治体では、新事業の選択にあたっては、事業の緊要度と補助金の有無をあわせて検討して事業の採否を決め、そのうえで必要な補助金を確保するように努めることが多いといってよいのです。

　全体としては、新事業の選択にあたっては、自主性を保持しつつ補助金を活用しているといえそうです。しかし、いったん承認された補助事業を実施することになると、国による制約が必要以上に厳しすぎるので、もっと緩和してほしい、と大半の自治体が考えています。

　地方分権改革では、国庫補助負担金は国と地方の関係をめぐる問題として捉えられ、国と自治体が協力して事業を実施するうえで、一定の行政水準を維持したり施策を奨励したりする重要な政策手段としての機能を担う

ことは認められるものの、国と自治体の責任の所在が不明確になりやすい点、国の関与が自治体による地域の知恵や創意を活かした自主的な行財政運営を阻害しがちな点、細部にわたる補助条件や煩雑な手続きが行財政の簡素・効率化を妨げがちな点が指摘されたのです。そこで、国庫補助負担金の整理合理化、運用・関与の改革などの方針が打ち出されました。いわゆる「三位一体の改革」では、約4.7兆円の補助金改革が行われ、うち約3兆円分は国から地方への税源移譲とあわせて一般財源化され、縮減された以外の残りについては交付金化されたのです。

4　地方債

　地方債とは、年度を越えて返済される自治体の借金のことです。大別すると、普通会計債と企業債があります。普通会計債は教育、土木などの一般行政事業の経費に充てられ、地方税などの一般財源で返済されます。企業債は電気、上水道などの公営事業と、港湾整備、下水道などの準公営事業の資金調達債であり、使用料や公共料金などの事業収入で返済されます。いずれにせよ、その返済は、税金、各種料金で住民が負担しなければなりません。

　自治体が地方債を発行しようとするときには、都道府県は総務大臣と、市町村は都道府県知事と、それぞれ協議をしなければならないことになっています。

　自治体は必要な事業の財源として、自由に地方債を発行できるわけではありません。地方財政法が地方債を発行してよいと定めている事業（適債事業）について認められます。

　国の決めた要件にあわない自治体（借入の比率が高かったり（赤字公債比率18％以上）、赤字の自治体）は、適債事業であっても地方債の発行を制限されます。これを起債制限といいます。

　なお、夕張市の財政破綻（いわゆる夕張ショック）を契機として、旧来の地方財政再建促進特別措置法に代えて「地方公共団体の財政の健全化に

関する法律」が2009（平成21）年に施行され、自治体は財政情報をわかり
やすく開示することが義務づけられるなど、財政破綻を未然に防止できる
ような早期是正・健全化の仕組みが整えられました。

5　地方公営企業

（1）地方公営企業とは

　地方公営企業とは、自治体が経営する企業のことです。企業を公企業と
民間企業とに分けた場合、地方公営企業はいうまでもなく公企業に入りま
す。地方公営企業の代表的なものは、水道、公営交通（バス、電車）、公立
病院などです。これらの公共企業体は、住民の利益を図っていくという点
で公共的ですが、企業として独立採算制をめざしているという点では、民
間企業と同じです。独立採算制というのは、経営に必要な経費を、当該企
業の徴収する料金や代価（受益者負担）でまかなうという意味です。料金
や売上代価で必要経費をまかないきれない場合には、赤字が発生し、独立
採算制が困難になり、赤字に苦しむことになります。

（2）公営企業の料金問題

　公営企業の料金決定の仕方について、地方公営企業法は、料金決定の基
準として、①公正妥当なこと、②原価主義によること、③公営企業の健全
運営の確保に役立つことを挙げていますが、①と③は抽象的な一般規定で
あり、②が重要です。原価主義は能率的な経営の下での適正な原価とさ
れ、当該サービスを供給するのに必要な経費のことです。

　公営企業の料金のうち、水道事業などは届出制ですが、交通事業、ガス
事業などの料金は事業に関係する省の大臣の認可を経てはじめて発効しま
す。病院事業の場合は、料金は社会保険診療報酬の決定というかたちで、
国が当該諮問機関の意見を聞いたうえでこれを決めることになっていま
す。公営企業の料金は多くの場合、監督官庁の認可を要するなど、自主的
には決定できない仕組みになっています。

さらに公営企業料金は、それぞれの地方議会における議決が必要であり、住民生活に直接関係する各種料金の引き上げは一般的に不人気であるため、料金改定が遅れがちになります。

6　自治体の予算

私たちの家計でも、「そんな予算はないよ」とか「予算オーバーだよ」というように、「予算」ということばが使われることがありますが、自治体にも予算があります。予算とは、ある一定期間における具体的活動を裏づける収入と支出の見積もりのことをいい、自治体の場合は4月から翌3月までの1年間の収入と支出の見積りを予算としています。この年間の収入支出ということから「歳入歳出予算」と呼ぶこともあります。また、この1年間を会計年度といっています。

（1）予算が決まるまで

自治体の予算編成は前年の8〜10月ごろからはじまります。まず首長が予算編成方針をつくり、これを受けて事業担当の各局課が予算要求をします。その予算要求書をもとに査定がはじまります。査定は財政担当部課長、副知事・副市区町村長と上がっていき、事業担当課との折衝の後、1月末か2月のはじめに首長の査定により予算原案ができます。この原案については普通は、各部課と議会の各会派が復活要求を行ったうえで、議会に提出する予算案が決まります。

なお、かつては個別の事務事業を一件ごとに詳細に査定をする積み上げ型予算編成が主流でしたが、財政状況が厳しさを増すなかで、首長らトップの判断で予算の大枠を示して各事業担当の部課に配分しその使途を任せるという、いわゆる枠配分方式の予算手法を採用する自治体が増えてきました。事務事業評価をはじめとする行政評価システムが定着し、事前査定よりも事後チェックに重点を置く発想が定着してきたこととも密接に関係しているといえるでしょう。

　予算は、一般会計と公営企業など特定の事業や資金を運営するための特別会計とに分けて編成し、議会への提出は、都道府県と指定都市は年度開始の30日前、そのほかの市町村は20日前までに提出するように定められています。

　議会はこれを審査し、必要があれば修正することもできますが、当該予算の趣旨を損なうような増額修正はできないことになっています。

　このようにして、会計年度のはじまるときまでに成立した予算は「当初予算」と呼ばれ、その後、事情の変化などのため会計年度の途中で修正したり、追加したりする予算は「補正予算」と呼ばれます。

　また、会計年度がはじまるまでに当初予算が成立しないときは、必要欠くことのできない支出に充てるなどのため一定期間分に限って「暫定予算」を編成し、議会に提出することができます。「暫定予算」は、当初予算が成立すると効力がなくなり、暫定予算に基づく支出は当初予算による支出とみなされることになります。

（2）歳入と歳出

　予算のうち、歳入は単なる収入の見込みであり、予算を根拠として住民に対しお金を納めるように求めるということはなく、例えば地方税であれば地方税法に基づく条例などを根拠にするというように、別の根拠規定に基づいて収入が図られます。したがって、予算に計上されていない収入でもお金を納めてもらわなければならないものであれば、やはり納めるように求めなければならないとされます。

　予算や決算について、首長は、そのあらましを住民に知らせなければならないこととされ、また、毎年2回以上歳入歳出予算の執行状況や財産、地方債、一時借入金の現在高などの財政事情を住民に公表しなければならないことになっています。これらのことは、私たちの家庭などに配られる広報紙などに載せられていますので、少し気をつけていれば目にとまるはずです。

　しかし、この財政情報は、単に数値を並べただけの表し方であるため、普通の住民にはわかりにくいものになっています。そこで自治体のなかには、予算を家庭の家計簿になぞらえてわかりやすく説明したり、市民一人あたりにどれだけの予算をどのように使っているかを示したりするなどの工夫をほどこす例もあります。ニセコ町（北海道）では毎年度『もっと知りたい今年の仕事』という冊子を全戸配布し、例えば、単に道路整備費として示すのではなく、今年度はどの地区のどこからどこまでと予算の箇所づけなどを具体的にわかりやすく示すなどの工夫を凝らしています。また、市民がボランティアで市の財政を研究し、それに対して行政が情報提供などのかたちで支援するなどの試みが各地で試みられています。いずれにしても、わかりやすく、意味のある情報の公表の仕方がそれぞれの自治体で工夫されることが望ましいでしょう。

学びのガイダンス

☑ 1.地方分権改革など地方自治の仕組みの変化がもたらした影響について考えよう

　本章では、地方分権改革についてまず触れました。国と地方の関係を大きく転換する改革ではありますが、地域でのくらしや地域づくりなどにどのような影響を与えたかを身近な事例から考えてみましょう。その際、漠然と行政サービスとしてだけ受けとめるのではなく、国、都道府県、市区町村のそれぞれどのレベルでのサービスなのかを見極めることが重要です。

　21世紀に入って本格的に取り組まれた平成の合併は、文字どおり日本地図を塗り替える大きな変革であったので、住み暮らす自治体が合併したとか、結果として合併に至らなかったが議論が白熱したことなど自治のあり方を肌で感じる機会であったと思います。合併やその論議を通じた身近な行政サービスの変化についても検討してみましょう。

☑ 2.自治体を訪問し、機会をみつけて議会の傍聴や役所の見学をしてみよう

　実際に自治体に足を運んで、庁舎のつくりや職員の働きぶりを目で確かめてみることも地方自治の学習には役立ちます。住民が比較的よく利用する窓口一つとっても、自治体によってそのレイアウトや雰囲気に違いがあることに気づきます。庁舎の設計、庁舎内の部署の配置、執務室のレイアウトのあり方にそれぞれの自治体の考え方が表れていたりします。

☑ 3. 自治体の予算について調べてみよう

　毎年編成される予算は必ず広報紙等で周知され、ホームページにも掲載されます。その予算には自治体の政策的な方向づけが反映されています。首長がマニフェストなどで掲げた選挙公約がどのようなかたちで予算に反映されているか、また、総合計画で位置づけられた施策や事業が適切に予算に組み込まれているかなどを確認してください。自分が現に受けていたり、関心を寄せたりする行政サービスについて、どれだけの予算が割かれ、どのような財源がどれだけ充てられているのかなどに注目するのもよいでしょう。また、自治体は財政運営状況について定期的に公表していますので、長期的な推移などを確認してみることも大事です。

第4章

変化に対応する自治体行政

　自治体は行政活動を通じて、時代や社会の変化とともに生じるさまざまな問題群に対応していく必要があります。それら問題群への対応力を高めるためには、これまで蓄積してきたノウハウを活用するとともに、場合によってはそれらを大幅に見直さなければならず、新しい発想を取り入れ、より有効な技術を開発して洗練することが求められます。そうした発想や技術は、使いようによってはメリットを存分に発揮することもあれば、思いがけないデメリットをもたらしうることをあらかじめ想定しておくことが重要です。

　第4章は、自治体の行政活動が変化に対応しながら展開される局面を、計画、地域づくり、民間との役割分担、情報技術の発展などの観点から複合的に捉えます。

第 1 節　地域づくりと自治体計画

　地域の個性を活かした地域づくりを行うには、地域が直面する課題を正確に捉えたうえで、自治体が果たすべき役割を自覚し、明確な目標を掲げ、それらを政策・施策・事務事業としてどのように体系的に位置づけていくかが重要です。自治体計画はその主要な手段となっています。

　また、地方分権改革の意義を踏まえて、地域づくりを真摯に追求していく自治体のなかには、自治基本条例などと呼ばれる条例を定め、身近な政府としての自治体を地域社会において法的に再確認しようという動きがみられます（⇒第 5 章第 2 節コラム）。

　その一方で、国・地方を通じた地方創生の取組みが進められるなかで、人口ビジョンを踏まえた地方版総合戦略という新たなタイプの計画が策定され、その運用が進められています。

1　自治体計画の出発点

　従来、ともすれば政策は、中央各府省が縦割りで立て、そこから法令や補助金のかたちで下りてくるものであって、それらを国の定めた基準に即し、わからないことがあったら国の「指導」を仰ぎながら執行すること、それが自治体の行政と考えられがちでした。したがって、自治体に問われたのは、国からいわれた施策や事務事業をこなす「執行能力」だったのです。

　このような自治体の行政の捉え方は、国が一番上で偉く、次は都道府県で、市区町村は最下位で末端であると位置づける発想に立っています。

　しかし近年、地方分権改革も進み、その意義が浸透するにつれて、自治体の仕事とは、それぞれの地域の特性を捉え、自らの政策課題を選び取り、それらを創意工夫によって解決していくことだという認識が次第に定

着してきたといえます。国や自治体の一部では旧来の発想にとどまり、意識改革がまだまだ不十分だという面も残っているかもしれませんが、確実に変化は生じています。

　もう一つ大切な認識は、地域が人、自然、物、そして出来事が結び合って一つの全体をなしていることです。地域のことを「まち」と呼ぶこともあります。その場合の「まち」は「街」とも「町」とも漢字であてることができますが、単なる市街地や商店街のことではなく、地域におけるくらしの全体を指す意味からすると、「まち」とふくよかなひらがな表記がよいでしょう。

　自治体をどう捉えるか、地域をどう見据えるか、これが自治体計画の出発点です。

　現在のように都市化した社会は、人と物と情報の自由な移動を特色としています。それらは、さまざまな方向へ、それぞれの都合で動こうとします。そのような遠心的な動きは地域に活力を生み出しますが、一方で自治体の統合能力が問われるときでもあります。こうした動きを一つの望ましい方向に向かってまとめあげて、どのような地域をつくるのかについて自治体は意思を持つ必要があります。自治体が地域づくりの主体となり、主体であり続けようとする努力こそ地方自治を担うにふさわしい自治体の姿です。表現は違いますが、「まちづくり」「村興し」「島興し」「都市を拓く」といった言い方も同じ趣旨です。

　地域にくらす人々が住んでいたい、住み続けたいと望むような地域、すなわち個性と魅力のある地域を自治体、特に基礎的自治体が形成していく場合、その地域づくりの諸活動はバラバラに行われるのではなく、一つのまとまりのある全体として結びつけられ、統合されていなければならないのです。

　そのような地域づくりの原則として、次の諸点が考えられます。

　①　自然及び歴史環境、街並み、景観、祭りなど良きものを「保存」すること。

② 公害、乱開発など悪しきものを「規制」すること。

③ 地域の物的・人的資源を最大限に有効に「活用」すること。

④ 安全で、健康で快適な住民生活にとって必要不可欠なものを「整備・拡充」すること。

⑤ これらの活動がよい効果を生み出せるよう全体に「結合」すること。

　地域づくりが一つのまとまった活動であるとすれば、その担い手が役所に限られるはずがないのです。従来、「まち」や「むら」などの地域は役所のもの、「お上」のものであり、住民は、その役所の活動の単なる協力者か受益者としてだけ考えられていました。人々が現に住んでいる地域を自分の地域と感じとり、その地域をよりよいものにしていく活動に参加しない限り、住民の知恵と活力を地域づくりに結集することはできないのです。

2　自治体計画の策定

　以上のような意味で、地域づくりのための方針となるのが、自治体計画です。通常の意味では、自治体計画とは地域社会に関わる将来を予測し（見通し）、目標年次ごとに達成すべき行政水準と達成手順を明示したものということができます。計画は、夢を描いた単なる作文でもないし、あれやこれやの施策・事務事業の羅列的な寄せ集めでもないのです。

　自治体計画には、少なくとも、達成すべき目標なり水準なりが計測可能なことばで表現されていること、施策・事務事業間の関係が具体的に示されていること、一定期間は修正されない安定性を持つことが必要です。

（1）政策の総合化の必要

　今日、どこの自治体でも、出来る限り住民の要望を客観的に把握し、自治体として取り組むべき課題や政策を整理して関係づけ、達成すべき目標とその手段・手順を明確にした総合的な計画をつくり、それを行動の指針

として行政を展開する必要があるというのは、ほぼ共通の認識になっています。

　そのような総合計画を持たなければ、現状と将来の見通しに関する大局的な判断を欠き、視野の狭い受動的な行政になり、変転する現実への適応力を失ってしまうからです。さらに、住民はもとよりさまざまな行政部門を担う個々の職員にとっても、行政運営の方向や施策の全体的な姿が示されることは、地域づくりに意欲や力を注ぎやすくなります。地域における行政を自主的で総合的に展開するためには（⇒第 3 章第 2 節）、政策の総合化が必要なのです。

（2）自治体計画の体系

　計画は、体系づけられた（関連・優先順位づけられた）政策の内容であり、抽象的なことばでつづられた目標理念から具体性を帯びた事業の内容まで、何段階かで表現することができます。

　自治体が策定している計画のかたちと種類はさまざまですが、概ね次のような計画体系となっています。

①　基本構想

　まず、地域社会全体の将来像、それを実現するための根幹的な方策、住民と行政の役割分担などを示した基本構想です。市町村では、1969（昭和44）年の地方自治法改正に基づき、「議会の議決を経てその地域における総合的かつ計画的な行政の運営を図るための基本構想を定め」ることとされました。以降、ほとんどの市町村で基本構想が策定されるようになりました。この規定は、国による自治体への義務づけの見直しの一環として、2011（平成23）年の地方自治法改正で廃止されましたが、義務づけが廃止された後も、ほとんどの自治体は自主的に基本構想を策定しています。

　なお、都道府県では市町村のように基本構想の策定の義務づけがなされているわけではありませんが、総合計画や長期計画のなかで、基本構想に

相当するものを提示しているのが通例です。

②　基本計画

次に、基本構想に基づいて定められるのが、一般に基本計画（マスタープラン）と呼ばれるものです。実質的に当該自治体の総合計画として取り扱われているものも含まれ、基本構想で定めた目標を達成するために、施策大綱を示している計画です。

③　実施計画

基本計画に掲げられた体系的施策を実現するために、行政活動を通して実施していく事務事業から構成されるもので、多くの場合 3 か年程度を計画期間として定めたものです。実施計画は、各自治体の財政収支見通しや予算編成や既存の行財政制度との関係がより強いものですが、実施計画に計上されない事業は、原則として予算化されないようになってきています。実施計画は、行政運営の実効的な指針となるものですから、事情の変化に応じ定期的に手直しされます（これをローリングといいます）。

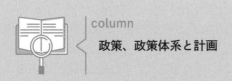

column
政策、政策体系と計画

　「政策」は新聞・テレビ・ネットなどメディアでもよく用いられる社会一般に流通し定着したことばですが、いざ定義するとなると、実は難しく、研究者の数ほど定義があるといってもよい状況です。一般には、「公共的な課題の解決に向けた活動方針」を意味しますが、より広く、「（政策の）目的と（その目的達成のための）手段の関係」とシンプルに捉えることができます。このことから、政策は目的と手段の連

鎖構造で成り立つともいえます。というのも、ある政策の目的を達成するための手段は、それ自体がより下位の政策の目的であり、それを達成するための手段は、さらに下位の政策の目的である、といった関係があるからです。これらの関係全体を指して政策体系と呼びます。人口減少問題に直面するある自治体が打ち出す政策を例にみてみましょう。

①　目的「人口減少問題に対処する」─手段「移住政策を推進する」

②　目的「移住政策を推進する」─手段「都市部の若年ファミリー層向けに移住促進の PR を行う」

③　目的「都市部の若年ファミリー層向けに移住促進の PR を行う」─手段「関係機関や事業者と連携して移住促進の PR のためのイベント活動を展開する」

④　目的「関係機関や事業者と連携して移住促進の PR のためのイベント活動を展開する」─手段「イベント活動の準備を進め実施する」

①は一般に最上位の「政策」次元、②は自治体政策の基幹となる「施策」次元、③は自治体の仕事の基礎単位である「事務事業」次元と呼ぶことができ、それぞれは前述の自治体計画の体系に照らせば、基本構想、基本計画、実施計画で規定されます。④は日常的な「業務」や「作業」の次元といえるでしょう。これを図示すれば図表4-1のようになります。

政策の連鎖構造の目的と手段は必ずしも１対１の関係とは限りません。例えば、「人口減少問題に対処する」ための手段としては、「移住政策を推進する」ほかにも、「合計特殊出生率を向上させる」「若者の就労の場を確保する」などが考

えられます。

　政策体系を考えることで、ある目的を実現するためには選択可能な複数の案のなかからどのような手段を選ぶべきかを考慮しなければいけないことに気づかせてくれます。また、一見無意味そうにみえる業務や作業も、政策体系全体のなかに位置づけて考えることで、その意義を浮き彫りにできます。

図表4-1　政策の連鎖構造と政策体系

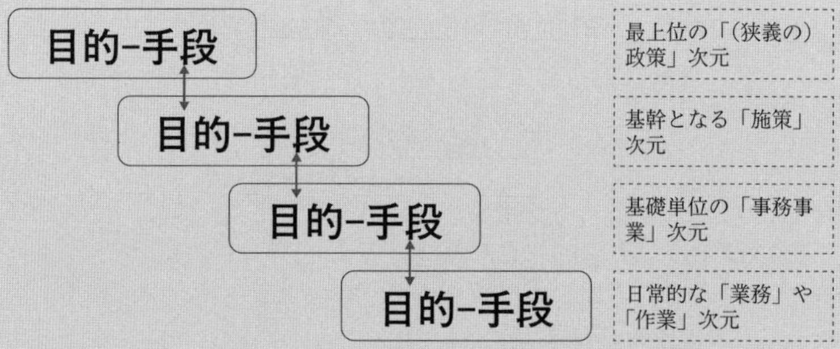

目的−手段	最上位の「(狭義の)政策」次元
目的−手段	基幹となる「施策」次元
目的−手段	基礎単位の「事務事業」次元
目的−手段	日常的な「業務」や「作業」次元

3　計画行政の徹底

　低成長経済への移行は、国と自治体を通じ、その財政資金の伸びを著しく低下させています。自治体財政についてみれば、地方税収入の伸びが停滞すると同時に、国に持続的に財源依存することも期待し難くなってきたことを意味します。高度成長期やバブル経済期のように新規施策を年々追加することはできなくなる一方で、未曾有の少子・高齢・人口減少社会への移行にともなう財政需要は急増することが確実に予想されます。

　このような事態に自治体が対処していくためには、各種施策に関わる後年度の財政負担の見通しと、投資的経費にまわせる一般財源の把握が重要

な課題になるとともに、施策の必要性や優先度などを判断して選択を行い（選択と集中）、年度を越えて計画の進行管理を行うことが不可欠となっています。

　総合計画の政策・施策・事務事業の各段階に適宜有機的に行政評価システムをリンクさせることができれば、自治体計画を客観的に捉え、必要とあらば軌道修正を図るうえでの有効なツールになると考えられます。予算・計画・評価を適切に連携させた、効果・効率的な自治体経営の確立が重要になっています。

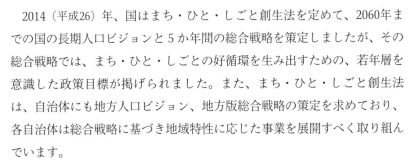

第 2 節　地方創生と地域力の向上

　2014（平成26）年、国はまち・ひと・しごと創生法を定めて、2060年までの国の長期人口ビジョンと 5 か年間の総合戦略を策定しましたが、その総合戦略では、まち・ひと・しごとの好循環を生み出すための、若年層を意識した政策目標が掲げられました。また、まち・ひと・しごと創生法は、自治体にも地方人口ビジョン、地方版総合戦略の策定を求めており、各自治体は総合戦略に基づき地域特性に応じた事業を展開すべく取り組んでいます。

　これら国・地方を通じた一連の取組みを地方創生と呼んでいますが、地方創生は広い意味での地域づくりの一環として位置づけて考えることができますので、その時代時代に応じて議論され実践を積み重ねられてきたこととも通じます。

人口減少社会の到来と地方創生

　人口減少といえば、かねて高度成長期以来、農山村部の人口が流出し都市部へと人口集中が加速する「過疎と過密」が問題視されてきましたが、2000年代後半には日本社会全体が人口減少期に突入し、現在では多くの中核的な地方都市でも人口減少に転じています（図表4-2参照）。

　そして、現時点では人口が増加傾向にある東京圏でもやがて人口減少に転じることは確実であり、また高齢化が急ピッチで進行していることから、大都市部での高齢者福祉への対応は近い将来大きな課題となることが懸念されています。

　日本創成会議が「消滅可能性自治体」のリストを公表し、「地方消滅」をとなえて警鐘を鳴らしたのもこうした状況を背景としており、人口減少問題に真摯に向き合うべきだという認識が急速に広まりました。国がまち・ひと・しごと創生法を定めて地方創生に取り組む後押しをしたといえます。

　国の総合戦略では、まち・ひと・しごとの好循環を生み出すために若年層を意識した政策目標として、①若年雇用の創出などによる「地方における安定的な雇用を創出する」、②地方移住や企業の地方立地の促進による「地方への新しいひとの流れをつくる」、③「若い世代の結婚・出産・子育ての希望をかなえる」を掲げ、好循環を支える「まち」の活性化として、④地域特性に応じた地域づくりなどによる「時代にあった地域をつくり、安心な暮らしを守るとともに、地域と

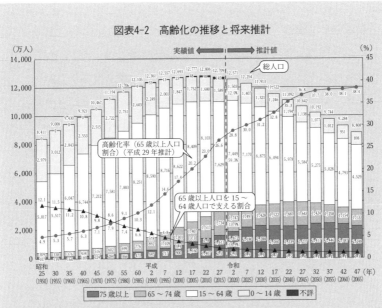

図表4-2　高齢化の推移と将来推計

（出典）　令和 3 年版高齢社会白書（厚生労働省ホームページ）

　地域を連携する」考えが掲げられています。

　自治体も国と同様に将来人口の推計を基とした地方人口ビジョンを打ち出し、それに基づく地方版総合戦略を策定してきました。策定の際には、地域の総意を挙げた態勢として、いわゆる“産官学金労言”（地元経済界、行政、教育・研究機関、金融機関、労働団体、マスコミ）のメンバーを加えた会議体で検討されています。

　ところで、国・地方を通じて将来の人口ビジョンを打ち出し、総合戦略を実践する地域づくりが地方創生の名のもとに進められてきましたが、実は、こうした政府による取組みは、それ以前から地域づくりの実践を重ねて成果を出してき

た活動を模倣・吸収した面が認められます。

　全国的に著名な、やねだん（鹿児島県鹿屋市柳谷集落の通称）の取組みもその一つです。やねだんは、土着菌を活かした土壌で栽培された芋から焼酎を製造・販売し、その収益など自主財源で地域活動を行ったり各世帯にボーナスを配布したりと、行政からの補助金に頼らない活動で注目を集めた地域です（図表4-3参照）。

　まだ国が地方創生に取り組みはじめるまえのことですが、やねだんの拠点である自治公民館を筆者が訪問したとき目にしたものは忘れられません。玄関入りぎわの壁一面に、地域の過去からの人口推移や将来推計などがびっしりと貼られていたのです。その後地方創生の一環として国・自治体が取り組むことになる人口ビジョンづくりをやねだんでは先んじて行っていたわけで、やねだんはこれらのデータに基づいた活動を展開していたからこそ成果をあげたのだといえるでしょう。

　なお、補足すれば、学校区や集落など比較的小さな単位で移住政策などの地域づくりを進めると効果的であることは、藤山浩さんが提唱する「田園回帰1％戦略」という理論的に裏づけられた研究があります。「田園回帰1％戦略」とは、人口減少が進む地域でも毎年地域人口の1％ずつ移住者により人口を取り戻せば、人口減少傾向から人口維持の定常化に移行するという考え方です。この考え方の前提には、地域の人口を的確に捉えるという発想がありますが、やねだんはまさにそれを実践してきたのです。

図表4-3　やねだんの活動拠点である柳谷地区自
治公民館入口

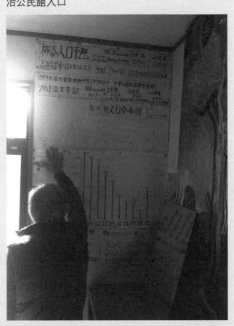

〔参考文献〕

・増田寛也『地方消滅』中公新書、2014年

・豊重哲郎『地域再生』あさんてさーな、2004年

・藤山浩『田園回帰１％戦略』農山漁村文化協会、2015年

1　地域の個性と内発的な創造力

（1）「地域資源」を磨く

　地域の実態は、地勢的環境（地の利）、公共施設の整備具合、人口動態
の模様、緑地面積、都市化の進展度、財政状況など千差万別です。そうし

た条件のなかには、どうすることもできない宿命、逆境、重荷と思えるものも少なくないのです。あるいは、地域の人々から見過ごされ、見捨てられ、埋もれてしまっている素材もあるでしょう。地域づくりとは、そのようなマイナスの条件をプラスに転化し、あるいは放置されている素材をよみがえらせ、地域のくらしに新たな価値を生み出していくことであるといってよいでしょう。

　こうした地域の実態そのものを「資源」と捉え直し、マイナス面や見過ごされてきた面を含めてあらためて向き合うこと、すなわち、地域資源を発掘・再発見し、「地域資源磨き」に取り組むことが地域づくりの核をなすといえます。地域資源磨きの重要さ・必要性を認識し、実行に移すまでにはそれ相当の発想や、きっかけが必要です。

　なかでも誰が地域づくりを担うのかは最も枢要な点ですが、地域を内側から活き活きとしたものにしていくためには、地域で暮らし、地域の実情を肌身で感じ、知っている、地域に住み活動している人々以外にその担い手はいないと考えてよいでしょう。地域が貧しく遅れているというならば、その原因の一つは、地域の人々が自分たちの本当の力に気づかず、その持てる力を十分に発揮していないからではないかということになります。

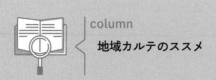

column

地域カルテのススメ

　地域資源を磨くには、多様な立場・視点からさまざまな人々が関わりを持つことが望ましいのですが、立場や視点が異なれば地域資源を磨く活動をどう進めるのか、当然ながら

難しい面も出てくるでしょう。その際、共通の基盤として地域情報の共有化を図ることが重要なポイントとなります。その手法の一つとして、地域カルテを取り上げましょう。

　カルテとはカード（紙）のことで、医師の診療記録を指して使われることばです。したがって、地域カルテとは、地域についての情報を記載した記録ということになります。既に全国さまざまな地域で独自の地域カルテを使って、地域情報を集約しています。喩えを用いて四つのタイプに分類してみましょう。

①　「身体計測」型

　身長や体重を計測するように、地域の人口（男女別、年齢層別など）、世帯数やそれらの推移・将来推計などの数値データや地域の歴史、地形など、客観的な情報を取りまとめたタイプのカルテ。最も一般的なタイプのものだといえます。

②　「健康診査」型

　血液検査やレントゲン撮影などで健康状態を確認するように、地域の状況を確認した結果をまとめたタイプのカルテ。例えば、豊田市（愛知県）では「身体計測」型の「地域情報カルテ」とともに、「自治力見える化カルテ」を作成しています。後者では、アンケート調査に基づいて、住民参加型のまちづくりの進捗状況や地域会議（地域ごとに設けられた住民参加の会議）の意見集約機能の状況、地域への誇りと愛着度を示す指標などのデータや、地域での分野別取組み状況（健康、福祉、観光・産業など10分野について自主グループ・団体数や活動例）をカルテに記載しています。

③　「診断治療」型

　医師の診断記録と同様に、地域の課題や困りごとは何か、それがどのように対処され、現状ではどのような状況かを記録するタイプのカルテ。例えば、明石市（兵庫県）では、市長懇談会などで出された地域からの要望や課題を学校区単位の地域カルテにまとめ、受け付けた課題内容に対して市の対応状況を時間の経過とともに記録しています。市役所の担当部署や現状がわかりやすく示されているので、課題解決に至るプロセスも見える化されているのが特徴です。

④　「ケア・プラン」型

　地域の課題や困りごとはもちろん、地域のプラス面を活かす取組みも含めて、将来のビジョンや目標、具体的活動やそれに充てる費用などを含めた計画としてのカルテ。一般に地域計画などと呼ばれます。

　四つのタイプに分けて説明しましたが、いずれのタイプが優れているとか、このタイプを選ぶべきだということではありません。実際、各地で作成された地域カルテをみると、複数のタイプの特徴を兼ね備えていることが多いようです。

　住民が自主的に地域カルテづくりに取り組む場合でも、充実した内容に仕上げるためには、データ収集などでは行政の協力をえる必要があるでしょう。また、行政が一方的に地域カルテをつくるのではなく、住民参加の手法でつくることで住民にとってなじみやすくすることが期待されます。活用にあたってはもちろんのこと、つくる段階からの住民と行政の協働が肝要だといえます。

　　最近では国も地域が主体的に未来予測を手掛けることを後押しする動きを示しています。例えば、第32次地方制度調査会「2040年ごろから逆算し顕在化する諸課題に対応するために必要な地方行政体制のあり方に対する答申」（2020年6月）では、将来深刻化する人口減少・高齢化などに備えた方策の一環として、多様な主体が資源制約のもとで何が可能か、どのような未来を実現したいのか議論を重ねてビジョンを共有することが重要だとして、市町村、さらに広域連携を視野に入れた取組みとして、「地域の未来予測」の整理を勧めています。

〔参考文献〕
・大杉覚『コミュニティ自治の未来図』ぎょうせい、2021年

（2）変化への対応力

　今日の地域は、ネットワーク型社会ということばに示されるように、閉じて停滞している社会ではなく、人と物と情報が活発に流出入する開かれた社会です。地域に人や物や情報が流れ込んだり、あるいはその逆に流出したりすることによって、地域のくらしに次々と新しい変化をつくり出していきます。それらは地域に生気を吹き込み、新たな活力となることもあれば、人々の意識と行動を変容させ、さらなる物や人の流出を促すことで、地域を衰退に導くこともあるのです。そして、こうした人や物や情報の行き来に対して、現代の地域社会は無力に近い存在だといえます。

　都市型生活様式の一般化（便利で快適だが他の人々や機関が提供する物やサービスに依存しなければ円滑な日常生活が成り立たなくなったこと）、自動車の普及（モータリゼーション）、道路・通信網・物流の全国化、IT をは

じめとする新しい技術革新の波、どれをとっても、地域の望ましい発展にとってなかなか思うようにはならない力を持っています。

　その結果、人々は一面では思い思いに振る舞いながら、一方で他の地域の人々と同じようなものの考え方や行動様式をとるようになっています。この意味で、画一化ないし全国共通化、さらにはグローバル化の勢いは強大だといえます。地域の人々のくらしはどんどん変わっていきます。これを押しとどめることは不可能であり、しかも有益だとも言い切れません。

　しかし、新たな変化を受け入れるにしても、それは押し寄せてくる外からの力に押し流されることではないでしょう。ちょうど個人について、単に生存を維持するための「衣・食・住」があるのではなく、それなりの着方、食べ方、住み方の選択があってよいように、地域にも個性的なスタイルがあってよいのです。

<u>2</u>　地域らしさの追求

（1）地域らしさの形成

　ある地域が、他の所とは置き換えることのできない、あるいは同じ尺度では計れない、その地域だけが持っている独自の特色とは何か、それはどのようにすれば発見したり、つくり出したりできるのか、そしてそのような個性を、そこに住む人々の喜びと誇りにするにはどうすればよいか、またそれを外部の人々を惹きつける手段として活かすにはどういう工夫をすればよいのか、こうした一連の地域としての自己確立の試みを「地域らしさの形成」ということができます。

　地域らしさとはある意味でイメージ戦略の問題です。地域イメージは、その地域に住んで活動している人々にとって本質的な価値があるのです。地域の動向をみていて、「やっぱりここにいたらダメだ」という衰退のイメージを持ってしまえば、それはその地域から出ていく心の準備状態ができていることになります。他の人は何といおうと、自分の地域の良さと可能性は自分が一番よく知っているのだと考えるならば、それは地域に踏み

とどまり、そこで頑張る心の準備状態となります。

　もともと居住と職業の選択の自由があるのですから、外に出て行きたい人間を無理にとどめておくことはできません。たとえ不本意でも、ある地域にとどまって生活しようとする人々が、誰のためでもなく、自分のため、自分たちのために少しでも住みよい、住み続けたいと思えるまちをつくることです。

（2）地域らしさと居心地の良さ

　地方創生の取組みが進められるなかで、それぞれの地域に応じた、暮らしやすさ、働きやすさ、子育てしやすさなどがめざす方向性として取り上げられるようになってきました。これらをまとめて「居心地の良さ」と呼ぶことができます。居心地の良さは価値観の違いや置かれているライフ・ステージなどによっても受けとめられ方は違ってきます。地域との関わりのなかで居心地の良さを求める動きがあることもまた確かなのです。

　これまでも、地域づくりやまちづくりの思想として「アメニティ」ということがいわれてきました。アメニティとは〝ここちよさ、快適さ、暮らしやすさ〟ですから、居心地の良さとほぼ同義だといえます。「快適環境」と訳されることもありますが、その構成要素として、安全、健康、利便、美観、個性が挙げられます。

　アメニティは、地域における「くらしの技」の問題でもあります。地域らしさの追求は、このくらしの技の文化的表現ではないでしょうか。この場合の「文化」とは、地域に住む人々の欲求、願望、意図、感性、考え方などが具体的なかたちとなって表現されたものです。ブルドーザーによる地ならしのような現代文明の力に直面して、地域社会はどのように個性的なくらしを守り形成していくのか、それが地域づくりの思想的基礎といえないでしょうか。

　必ずしも大都市部にあふれる機能的な利便性や美観だけがアメニティであったり、居心地の良さであったりするわけではありません。東京一極集

中傾向が根強いのも確かですが、その一方で「田園回帰」現象といわれる
ように、若者を中心とした田舎ぐらし志向が着実に高まってきているの
も、「くらしの技」を磨き上げようと全国各地で頑張る地域があるからで
しょう。

（3）新しい「地域の差」

　国の政治家や役人が、頑張らない地域には手を差し伸べないと突き放し
たかのような態度をとるのは疑問があるとしても、地域の差は、頑張って
いるところと、そうでないところで歴然と存在し、また、頑張り方によっ
て拡大しつつあるのもまた確かです。頑張らないでいて、また頑張り方に
工夫がないのに、格差があるから何とかしてほしいといった考え方はもは
や通用しないのです。

　過疎をはじめいわゆる条件不利地であることを逆手にとって、何とか頑
張ろうとしている地域の原動力となっているのは、その地域に住む人々が
愚痴をいわず、不平をもらさず、他の地域を単純にうらやましがらず、知
恵を出し合い、歯を食いしばって積み重ねている地域づくりの努力以外の
何ものでもないのです。

　そのような地域はますますよくなり、そういう努力を怠っている地域
は、どんどんおいてきぼりになっているといえます。それは地域の潜在的
可能性を引き出し、地域を鍛えないとよくならないことを意味していま
す。こうした努力を懸命にしている地域が、よくみられるような全国で何
番目というような安易なランキングづけで、自分たちの地域を価値づけて
一喜一憂するはずはありません。もし競争するというのであるならば、そ
れは同じ価値尺度のうえで何番目になるかを競うのではなく、いかにそこ
に住む人々が誇りうる個性的なまちを自前で創っているか、その堂々とし
た自信あるいは自立精神の旺盛さの程度で競うということになるでしょ
う。

「地域のけじめ」と
シティプロモーション

　最近では、地方やローカルということばはプラスの価値を
持つと受けとめられるようになってきましたが、かつては
「非文化の別名」のように使われていたと玉野井芳郎さんは
著作で指摘しています。玉野井さんはヨーロッパではローカ
ルとは誇りと伝統とともに用いられるのが普通であるとし
て、生活のなかで地域の重みをつくづく感じとることができ
るといいます。くらしにおける地域差がまずあって、そし
て、生活に一種の「地域のけじめ」ができあがっているとい
う指摘は重要です。例えば、ドイツの古い都市に住んでいる
人たちが日常生活で使う商品には、何らかの地域のけじめが
生きていて、その都市伝来の商品、都市近郊で生産される商
品、ドイツ全土にわたる商品、といった区別があるというの
です。

　地元の味噌や醤油がふだんの食生活で使われ、家の造りも
その土地の気候にあわせた造りをし、地域の伝統的な祭礼が
受け継がれているなど、地域のけじめは日本でもまだかろう
じて残っています。地域資源といいますと、世界遺産など公
式的な機関から認定を受けたものを思い浮かべがちですが、
そういったものばかりではなく、いわゆる身近な地域のなか
で昔から大切にされてきた"世間遺産"も当然含めて考えら
れなければならないでしょう。前に述べた地域カルテを作成
する際にも地域のけじめを意識して考えてみることが重要で

す（⇒第 4 章第 2 節コラム）。

　そして大小さまざまな地域資源について、まずはその地域の住民自身がしっかりと認識していなければ、それを地域づくりにつなげて成功に導くことはおぼつかないでしょう。観光を地方創生の取組みの目玉に据える動きが盛り上がってくるなか、シティプロモーション（地域の PR）を積極的に手がける自治体も増えてきました。こうしたシティプロモーション策でも、功を焦って外向けのアピールばかりをするのではなく、住民がまずしっかりと地域の良さを認識する取組みを着実に進めているかが問われます。

　例えば、朝来市（兵庫県）では、「外向きの差別化」よりも「内向きの主体化」をめざすとして、労力をすり減らすような自治体間競争にむやみに乗り出すのではなく、まずは未来の地域を担う中高校生など若者世代をターゲットに、シビックプライド（まちへの愛着・誇り）を育むことを核とし、現に住みくらす人々をターゲットとしたシティプロモーションから着手しています。朝来市のような取組みは「地域のけじめ」をわきまえた重要な取組みだといえるでしょう。

　読者のみなさんも自分たちにとっての「地域のけじめ」とは何か、ぜひ考えてみてください。

図表4-4　朝来市 ASAGOiNG ゼミ U-18（中高生のための学びのサード
プレイス）の取組み風景（朝来市提供）

〔参考文献〕
・玉野井芳郎『地域分権の思想』東洋経済新報社、1977年

（4）「都市と地方」を超えて

　地域差のなかでもしばしば論議の的となるのが「都市と地方」の格差問題です。まち・ひと・しごと創生法第1条には「我が国における急速な少子高齢化の進展に的確に対応し、人口の減少に歯止めをかけるとともに、東京圏への人口の過度の集中を是正し、それぞれの地域で住みよい環境を確保して、将来にわたって活力ある日本社会を維持していくためには、国民一人一人が夢や希望を持ち、潤いのある豊かな生活を安心して営むことができる地域社会の形成、地域社会を担う個性豊かで多様な人材の確保及び地域における魅力ある多様な就業の機会の創出を一体的に推進すること」が重要だとしています。人口減少社会の本格的な到来を見据えた地域づくりとともに、その一因とされる人口の東京一極集中に対する問題意識の強さが端的に示されています。

　「都市と地方」問題というとき、「都市」とは人口が流入する大都市、なかでも東京（圏）を、「地方」とは東京（圏）などに人を送り出す地域を意味しており、こうした人口構成・動態の違いが税財政力の違いに反映され、そのことがまた格差を助長している側面を捉えた表現だと考えられます。確かに、「東京圏への人口の過度の集中を是正」するという問題意識は重要であり、具体的な施策をもって対応すべきでしょう。しかし、その一方で、東京圏も近い将来、人口減少に転じ、超高齢社会に移行することは確実です。先んじて人口減少、少子化・高齢化が進んだ「地方」を、東京（圏）など「都市」が後追いするという「都市と地方」の別の構図を直視するならば、「都市」「地方」の違いをことさら対立を煽るかのように捉えるのは決して望ましくないことに気づくはずです。

　地域らしさの大切さに気づき、「都市」の自治体と「地方」の自治体が相互の魅力を活かして協力し合い、それぞれの地域づくりを進めるような連携・交流の取組みの例もあります。連携・交流という新たな「都市と地方」の地平が切り拓かれることは、人口減少時代の地域づくりにとって重要な意義を持つといえるでしょう（⇒第3章第2節）。

第 **3** 節　行政の範囲と民間の活動領域の見直し

1　行政の不断の見直し

　行政のあり方を見直すべきだとか、改革が必要だという議論は、選挙公約などに限らず、今や日常化した感があります。行政は、その本来果たすべき役割や使命の遂行とともに、自らの活動のあり方をセルフ・チェックすることも通常業務のうちに含めて求められているといっても言い過ぎではありません。特にニュー・パブリック・マネジメント（NPM）という考え方が影響力を持つようになってからは、新たなタイプの行政規律のあり方を求める傾向が強まってきました。

（1）NPM の普及

　NPM とは、政府のマネジメントに関して、民間に委ねられるものは民間に委ねる一方で、行政が取り組むべき活動についても、市場原理を導入するなど企業経営的手法を適用しようとする試みの総称です。新公共管理論あるいは新行政経営論などと訳されることが多いようです。

　NPM の特徴としては、①これまでのような行政全般にわたって一律に統制・規制するよりも、マネジメントの単位となる組織の権限と責任を明確にすることが望ましい、②事前にこうしてはいけないとか、こうすべきだというように行動様式を規制するばかりではなく、マネジメント単位の責任者（マネジャー）に権限と行政資源を与え、あらかじめ明示した成果目標を達成できたかどうかに照らした結果志向型の（事後的な）統制を重視する、③そのためには成果・結果がえられたかどうか、えられなかったとしたらなぜかなどを明らかにする必要があることから、説明責任（アカウンタビリティ）を重視する、そして、④国民・住民を「顧客」に見立て

た顧客主義の考え方を徹底する、というものです。

　NPM は、もともとイギリスで誕生したもので、1980年代から1990年代にかけてサッチャー首相らが手がけた民営化等の改革を基礎とした、いわば実践のなかで構築されてきた理論です。国により置かれている状況や制度が異なり、また、同じ国のなかでも中央の政府と地方の政府では違いがありますが、現在では何らかのかたちで影響を受けているという意味で、NPM は世界的に普及した行政理論です。

　日本でも行政改革会議（1996〜1998年）で提起され、その後、2000年代には、国・地方を通じた行政改革の方針として推進されるようになると、民営化・民間委託、PFI、エージェンシー化（日本では独立行政法人制度）、官民競争入札制度（市場化テスト）、あるいは、行政評価システムなど、NPM の理念を踏まえた具体的な手法が次々に導入されました（⇒第4章第4節3）。

（2）「行政の守備範囲」論再考

　実は、NPM が“輸入”される以前から、日本では独自に、行政の責任領域や負担の公平化、優先順位の設定等をめぐる、いわゆる「行政の守備範囲」論が展開されてきました。オイル・ショックを直接のきっかけとして経済の低成長期に入り、財政事情の悪化が進んだ、1970年代末から1980年代にかけてのことです。

　国民の要求に応えるといっても、行政はどこまで応えられるのか、応えるべきなのか、限られている財源をどのように優先順位をつけて配分すべきか、特定の国民に直接利益をもたらす事業やサービスの提供に必要な経費を、どのように、誰が負担すべきなのか、行政は国民生活のどの側面にどこまで関わるべきか、現行の関わり方に問題はないか、といった諸問題が「行政の守備範囲」論では提起されたのです。これらは、行政のあり方の本質に関わる議論であり、かたちを変えて NPM をベースとして展開される今日の行政のあり方にも密接に関わっています。

　こうした「行政の守備範囲」をめぐる論議がかつて提起され、そして、今日でも焦点となる背景には、現代の行政が国民生活に広く深く関わりすぎているのではないか、逆に国民も行政に依存しすぎているのではないか、行政の責任分野とそうでない分野の再線引きをすべきではないのか、という問題意識が働いていることは確かです。

　その一方で、「行政の守備範囲」を再検討すべきであるという議論に対しては、財政悪化の"つけ"を国民にしわ寄せするもので、行政責任の放棄ではないか、国民に犠牲や負担を強いるものだ、という批判があることにも留意する必要があります。

（3）自治体の現場での困難

　実際、自治体では、こうした「行政の守備範囲」の見直しを求められても、「行政の守備範囲」を確定する基準をどこに置いたらよいのかとまどってしまいます。今まで行ってきた施策や事業には、それぞれ理由と経緯があり、それに結びついた住民のくらしや活動があります。「その施策や事業が『行政の守備範囲』を超えていたので、とりやめにしますから、後は勝手にどうぞ」とはなかなかいえず、一般論としてはともかく、個別具体的にそういうふうにいうことを正当化するのに便利な理論も見出せません。場合によっては、「今までやってきたのは間違いだというのか、それではその責任をとれ」ということになりかねません。自治体における行政改革で最も難しいのは、現に行っている施策を廃止したり削減したりすることです。

（4）住民の反発

　各行政組織の事務経費や人件費などは、総量としては削減しやすいかもしれませんが、直接、住民の便益に影響を及ぼす施策の予算を削減したりゼロにしたりすることは難しいのです。それも、不特定多数の住民でなく特定の人たちや、団体、地域向けの既存施策をカットすることはきわめて

困難です。反対運動の組織化が容易であるからです。一般に、外に向かって削減合理化を吹聴する人が、自分が利害関係を持つ行政改革に対しては強く抵抗し保身性をあらわにするのは珍しくありません。総論賛成、各論反対というわけです。

　しかしともかく自治体で施策の選択がなされている以上、そこに選択の基準があり、自治体行政を通じて責任を持って取り組むべきであると決定しているはずです。その際、現実に選択され実行に移されてきた施策をみると、警察、消防など少数の分野を除けば、むしろほとんどが民間の活動でも行っているものばかりです。

（5）民間活動との競合

　民間の活動と競合しているということからは、民間でもできるものをなぜ行政の活動で行わなければならないのかという疑問が生まれてきます。最も単純明快な回答は、行政が実施するというように政治（首長と議会）が決めたからだという政治決定論です。この点で、「行政の守備範囲」論は、建前からいえば、行政固有の課題というよりも政治が何をどの程度まで行うかを決定する基本的考え方（公共哲学）の問題です。

　そして、政治のあり方についていえば、できるだけ民間と競合する分野では直接行政が活動主体とならず、せいぜい助成と誘導にとどまり、民間活動の自主性に任せるべきであるというのが一つの立場です。これに対して全体として税の負担が増えても、民間と競合する分野にもあえて行政は踏み込んで、できるだけ多くの住民にできるだけ均等なサービスの供給を実現すべきであるというのがもう一つの立場です。

2　「公平」の観念と行政活動の限界

　仮に民間と競合していても、ある活動を行政が行うからには民間とどこかに違いがあります。その相違をつきつめていけば、「公平」という観念に求められるのです。

（1）対人サービスの例

　今、Ａ、Ｂという二人の住民がいて、ある自治体が対人サービス事業（例えば、福祉のケースワークや保健事業、相談業務など）を行うとします。Ａ、Ｂ二人はそれぞれに個別性を持っています。サービス行政を担当するＳさんとすれば、このＳさんも、生身の人間として個別性を持っています。個別性とは、好み、利害関心、価値観、生活条件、物事の感じ方・考え方、習慣など、十人十色の個性の総称です。

　Ｓさんからみて、Ａさんは感じのよい人で、Ｂさんは感じのよくない人とします。Ｓさんが生身の人間としては、Ａさんにより親切になり、Ｂさんにより素っ気なくなりやすいのは理解できるでしょう。この場合、Ｓさんの個別性とＡさん及びＢさんの個別性とが合致し、その結果、サービスの提供の仕方に差異が生まれてくることになります。

　しかし、行政の担当者としては、このように対応することは厳密にいえば公平原則に違反することになります。公務を担当する職業人としてのＳさんは、Ｂさんがたとえ感じのよくない人であっても、Ａさんに提供するのと等しいサービスをＢさんにも行わなければなりません。細かいことをいえば、Ａ、Ｂ二人に接する場合の「にこやかさ」にさえ、出来る限り差異をつくらないように注意しなければならないわけです。

（2）公平さと行政の冷たさ

　住民の生活条件の多様性を考えるならば、その多様性に応じるためのきめの細かい、より充実した施策を共通に実施する必要があることは間違いないのですが、それは住民個々の個別性に根ざす注文や要望に個別に応じることではないのです。

　その個別性に個々に応じるとすれば、それは現場の行政担当者と対象者との間に、個別性が呼応する関係を認めざるをえなくなります。個別性に応じるべきであるとするのは、一見して対象者の実情に即した「温かい」「血の通った」行政となり、決して悪いとは思えないかもしれません。し

かし、それは異なった対象者の実情に即して逆に「冷たい」行政になる可能性でもあるのです。

　ここに、あくまでも公平さを原則としなければならない行政活動の良さと同時に限界もあります。

（3）守るべき公平さ

　現実の自治体行政ではひそやかに、ときには公然と、さまざまな理由で、対象者の個別性に個々に応じているような不公平な施策が行われていないかどうかを、是非とも点検し是正していく必要があります。Cさんたちは同情に値するから、Dグループは地元有力者の口利きがあるから、E団体は市長の後援団体だから、F地域は有力議員の地元だから、G団体は役所に協力的だからなど、ほかとは不公平な扱いが生まれる条件は少なくありません。

　公務や公共の「公」という漢字は、もともと「私に背くこと」という意味です。ここで「私」とは生身の人間としての個別性のことですから、職業人としてはこの個別性を抑制することを求められているのです。一視同仁（すべての人に同じ処遇をすること）の公平さこそ行政担当者が守るべき行動原則です。

3　「民間」独自の活動領域

　自分の、自分たちの個別性に応じてほしいと考え、それを要求してくる住民に対しては、公平の原則で対処することこそ行政の良さですが、それは同時に、行政にはできない、またやってはならない限界があることを物語っています。もし行政に守るべき一線があるとすれば、それはこの意味での限界ではないでしょうか。この限界をいとも簡単に、しかもおおらかに突破できるのは誰かといえば、それが民間、「民」と「民」とが結び合う関係（民際）なのです。

（1）個別性への個別対応

　先の例でいえば、同じ対人サービス事業の活動を地域のボランティア・グループが「民間」活動として実行する場合を考えてみればよいでしょう。民間活動は、行政のような公平の原則にしばられません。ボランティアは、対象となる人の個別的で具体的な要望にどんなに応じてもかまいません。相手方の了解があれば民間活動ですから、誰に対して、どのような内容の活動を、どのようなやり方で行っても自由です。あるいは、家事代行サービスを行う民間企業の場合であればどうでしょうか。相手方の希望をかなえるかどうかはその支払う料金によって差別化されることになりますから、やはり公平さにとらわれる必要はないでしょう。

（2）民間活動の固有の価値

　こうした民間活動は、できるだけ行政の経費を安上がりにするために行政を補完するとか、本来は行政でやらなければならないのに財政難を理由に、行政の肩代わりをするために行われるものではありません。行政ではできない対象者への具体的で個別的な情感あふれる対応ができる点にこそ、「民」と「民」の結び合う本当の良さがあるのです。

　行政に組み込まれることなく、行政の限界を超えて広がっている活動分野で、自由にのびやかに、「民」と「民」とが結び合い、肩を組み合う仕組みづくり、それが地域における「民間活力」の真の意味ではないでしょうか。民間活動には、それ自体で独自の価値を持つ活動分野があることを力説し、その活動の輪を広げていくことこそ、これからの地域社会の成熟化の基本といえます。

第 **4** 節　民間活用の進展

　自治体について、一般には、公選の首長のもとに正規職員がいて、その職員が事務や事業を直接実施するものと思われています。正規職員による事務や事業の執行、つまり直営こそ自治体行政らしい姿であるとながらく考えられてきました。例えば、施設の場合、その施設の企画、設置、運営、管理のそれぞれにあたる主体はすべて自治体の正規職員ということになります。これを直営の純粋型と呼ぶと、自治体というのは、できるだけすべての行政分野でこうした直営を実現するのが本来のあり方であると考えられてきたのです。

　実際にはどうでしょうか。施設で働く職員、例えば、図書館のカウンターで本の貸し出し手続きを行う職員、あるいは公園で植栽の手入れや清掃を行う職員は、今日では自治体の正規職員ではないことが多くなっています。行政改革を議論するある住民懇談会の場でのことですが、住民の一人が、「行政の効率化を進めているといっているが、先日訪れたある施設では以前よりもそこで働く職員数が増えているじゃないか、おかしいではないか」と指摘しました。その住民にとってはみかけ上、職員数が増えたようにみえたのかもしれませんが、実はそこで働いていた職員のほとんどは自治体の正規職員ではなく、非正規職員だったのです。

1　民間活用の背景

　民間活用とは、自治体の事務や事業の一部を契約などによって民間企業など行政以外の民間主体に行わせることです。アウトソーシング（外部発注）と呼ばれることもあります。

　学校などの公共施設の建築とか道路工事などにみられるように、主として工事施工では「請負契約（一定期日までに完成させ一定の報酬を受け取る

約束で全責任を負って仕事を引き受けること）」のかたちがとられてきました。この請負契約による工事の実施は、実質的には今日の民間委託とほとんど変わりませんが、これについては特に反対論はなかったといえます。こうした請負契約に関わる入札をめぐって、しばしば汚職が発覚することもありましたが、契約によって行政の一部を民間企業などに行わせる方式そのものは特に新しいわけではないのです。

　しかし、これまで正規職員が行ってきた事務や事業の実施を民間企業などに委ねることによって直営を民間委託など民間活用方式に変えていく、あるいは他の自治体では直営で行っている事業を最初から民間活用で行うといったケースが増えるにつれて、さまざまな論争が展開されるようになりました。当然ながら職員組合を中心に委託反対の動きが出されました。

　民間委託化が積極的に進められるようになったのは、1973（昭和48）年のオイル・ショック以降、財政難が明確になるにつれて、主として経費（人件費）削減の観点からでした。民間委託をはじめとする民間活用の促進は国（自治省、総務省）からもたびたび指導されてきました。多くの自治体でさまざまな分野で多様な手法を用いて、直営から民間に切り替えるようになってきたのです。

　特に2000年代以降、国・地方を通じた行財政改革が推進され、なかでも公務員数の抑制・削減が図られるようになると、それでも必要なサービスを提供するために、民間の力を利用しようという動きが加速しました。現在では、正規の自治体職員が直営で行政サービスをすべて担うという自治体のイメージは、既に実態から大きくかけ離れています。

　実際、自治体の職場は、単に民間活用に対して反対をとなえていればすむ段階をはるかに越えて、既に民間と行政が密接に結びついて仕事が進められる、いわば「行政民間複合体」とも呼べるような状態だといえます。

2　民間活用への視点

（1）直営の見直し

　こうした実態を踏まえて、直営については一般に次のような問題点が指摘されることがあります。

　①　直営が住民にアピールする力を弱めたこと。例えば、ごみ収集、保育、学校給食にしても、直営の実態は民間委託等と同じかあるいはそれ以下の仕事しか行ってこなかったのではないか。

　②　直営に対する住民の支持がえられなくなったこと。例えば、労働の時間や期間の実態など現実に即さない直営の欠点が大きすぎ、直営であるべきだと主張する人々が民間活用の欠点として指摘した点（(a)営利本位で住民サービスにかける心配がある、(b)住民から苦情が多い、(c)緊急時または臨時的なものへの迅速な処理が難しく、住民からの要望にただちに対応できない、(d)責任の所在が不明確になり、秘密事項がもれやすい）が住民から信用されなくなったばかりか、むしろ直営の方にこそ、そうした欠点があるのではないか。

　③　直営による経費が高すぎたこと。もし「直営は経費が高くて当たり前」というのであれば、それを裏づける何らかの長所がなければならないのではないか。

　直営が見直されるようになった背景には、民間が力をつけてきたことも無視できないといえます。受託する民間企業が欠点といわれてきたことを克服する努力をしてきましたし、行政も計画から執行まで指導や監督を厳しく行うようになったため、直営と同じことを民間を通じて実施できるようになったのです。むしろ、NPMの考え方が浸透するなかで、民間のノウハウを取り入れることで、行政では思いつかなかったり、手を出せなかったりしたことを行うことで、住民のニーズに応えてサービス水準を高めようと、民間活用に前向きになってきた点も無視できません。

（2）民間活用に向けた姿勢

　このような「行政民間複合体」の実態には、解明しなければならない点も多いのですが、ひとまず次の3点を指摘しておきましょう。

① 　民間を見抜く力を強める。

② 　民間の行政化に気をつける。

③ 　別の民間を圧迫しないようにする。

　まず、民間を見抜く力を強める必要があることです。さまざまな分野で民間活用が進めば、直接事業を執行する正規職員の数はそれだけ不要になりますが、民間活用の対象となる事業の企画、契約、監督指導といった管理業務を担当する職員の能力が問題となります。委託先等となる民間の技術水準や執行態勢を的確に評価し、適切な民間事業者を選定できなければなりません。委託費等の経費が高いのに、質の良くない仕事しかできない民間を選択してしまうようなことは避けなければならないからです。民間に委ねたサービスであっても、それは安定して提供されなければ住民生活に支障をきたしますので、選定された民間が事業を進められなくなって撤退したり、経営が行き詰まったりするようなことが起きないか、経営の安定性についても目を光らせる必要があります。

　さらには、直営をやめて民間に委ねることで、これまでであれば自治体の職員が現場で携わることで蓄積されてきたノウハウが行政から薄れていく可能性があります。ノウハウを持たないようになった自治体の職員が、民間を適切に管理監督していくことができるのかもやがて問われるようになります。こうした点も勘案し、民間活用にともなう新たな管理業務の人的・組織的態勢づくりを周到に進める必要があります。

　次に、民間活用の進展は、正規の職員が行う必要のない事務や事業が増えていることを意味しています。そのことは、そうした事務や事業自体が自治体の仕事として不必要になったことを意味しているのではありません。つまり、民間活用する領域が拡大していることは行政活動そのものの責任範囲の縮小とは必ずしもならないのです。むしろ、民間を実施主体に

組み込むことによって、行政の責任範囲は拡大する場合も出てきます。また、委託先の民間企業などが業務の内容や執行方法などに関する契約を遵守すればするほど、また管理業務の担当職員がそのように指導すればするほど、その仕事の仕方が役所風になるのかもしれません。

　そして、ある民間の活用が別の民間を圧迫しないように注意することも重要です。「民間」と一口にいっても、利潤ベースの民間営利企業、非営利で採算ベースの経営を行う各種民間法人、実費弁償程度で行政の末端業務を担う協力員、一定の報酬をえてパートで働く住民、さらに無報酬のグループなど、さまざまです。また、全国あるいは広域的に事業展開する規模の大きな企業や民間法人もあれば、比較的手近なある一定の地域内で活動を展開するグループや事業者などもあります。民間のノウハウを活用したいのか、できるだけ経費を安くとどめたいのか、地元の事業者や活動グループを支援する意図を込めるのかなど、どのようなねらいで、どのような業務や事業を、どの民間に委ねるのかによって、検討・留意すべき事項も大きく違ってきます。あらかじめきちんとした見通しを立てずに民間活用を進めると、別の民間の活動を阻害しかねないこともあるのです。

3　民間活用の手法

（1）第三セクター

　行政直営ではなく民間活力を利用するサービス提供方法としては、民間委託以外にもさまざまあります。その一つが、行政（特に自治体）と民間とが共同出資した株式会社や公益法人などによる、いわゆる第三セクターと呼ばれるものです。

　第三セクターが急速に普及したのはバブル経済期にあたりますが、背景には、1986（昭和61）年「民間事業者の能力の活用による特定施設の整備の促進に関する臨時措置法」（民活法）や「総合保養地域整備法」（リゾート法）といった国からの後押しがありました。公共性の高い事業に行政の信用力と民間の資金力や合理性をあわせて活用し、官民双方の長所を生か

そうというのが第三セクターの基本的な発想だったのですが、現実には、バブル経済崩壊後、多くの第三セクターがその運営に行き詰まりをみせたのです。破綻した第三セクターの処理で自治体の財政本体までもが窮地に追い込まれた例も少なくなかったのです。

（2）PFI

　民間資金を活用する方式として、PFI（プライベート・ファイナンス・イニシアティブ）を活用することがあります。PFIとは、社会資本など公共サービスの整備・提供を政府が直接行わずに計画策定に特化し、具体的な設計・資金調達・建設・運営は民間企業に委ねて、政府がそのサービスを購入することでサービス提供する手法のことです。運営形態や政府の関わり方によってPFIにはいくつかのタイプがありますが、基本的には、政府の事業計画をベースとして、民間の経営・技術・資金を活用し効率化を図る、広義の民営化手法です。PFI先進国と呼ばれるイギリスでは1992年から導入されはじめ、病院・学校・刑務所・道路の建設など幅広く利用されています。

　日本では1999（平成11）年に「民間資金等の活用による公共施設等の整備等の促進に関する法律」（以下「PFI法」という）が成立し、自治体が大型の施設整備を進める際などにPFI方式が採用されるようになってきました。2011（平成23）年改正PFI法で、公共施設運営権を与えられた民間事業者が公共施設の運営を行うコンセッション方式が導入されました。この方式は、空港や有料道路などに適用されています。厳しい財政運営を強いられる自治体にとってPFIは公共事業を進めるうえで有望な手法ですが、第三セクターの轍を踏むことのないように厳正な運用が求められることはいうまでもありません。

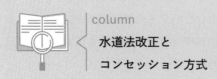

水道法改正と
コンセッション方式

　私たちの毎日の生活に欠かせない水に関わる自治体の事業
も（⇒第 1 章第 4 節）、PFI など民間化の対象と考えられてい
ます。

　2018（平成30）年改正水道法が成立し、広域連携の推進な
どとともに、水道事業へのコンセッション方式が導入されま
した。コンセッション方式によって、自治体は水道事業の運
営権を民間事業者に売却して運営を委ねる民間化が可能にな
りました。こうした法改正がなされた背景には、人口減少で
水の需要が減少したこと、水道施設の老朽化が進んでいるこ
と、水道事業に携わる人材不足が深刻化していることなど、
水道事業が直面するさまざまな課題が指摘されています。

　しかしながら、「生命の源」となる水を営利本位の事業者
の手に委ねてよいのか、水道料金の高騰につながったりはし
ないのかなど、日常生活に直結するサービスであるだけに、
コンセッション方式導入に対しては慎重な意見も少なくあり
ません。海外ではいったん民間事業者に委ねてはみたものの
トラブルが続いて再び直営方式に戻した例もあります。ま
た、災害など緊急時の給水は適切に対応されるのかとか、水
メジャーと呼ばれる海外事業者が積極的に国際的な事業展開
をしており、そうした海外事業者の手にくらしの基盤となる
水道事業を委ねてもよいのかなどといった不安の声もありま
す。水道事業者である自治体は住民の声に耳を傾け、慎重に

判断を下すことが求められます。

（3）指定管理者制度

　指定管理者制度は、2003（平成15）年地方自治法改正で導入された、公の施設に適用される仕組みです。公の施設とは、「住民の福祉を増進する目的をもつてその利用に供するための施設」（地方自治法第244条）ですが、体育館や競技場などのレクリエーション・スポーツ施設、産業振興施設、駐車場・駐輪場や公園などの基盤施設、図書館や公民館などの文教施設、特別養護老人ホームなどの社会福祉施設など、多岐にわたります。

　法改正以前は、これら公の施設の管理主体は自治体による直営のほかは、管理委託先には自治体の出資法人、公共団体、公共的団体といった公的性格の強い団体に限定されていたのですが、法改正によって特段の制限を設けず、株式会社やNPOなどの民間事業者にも広く門戸が開放されたのです。これにより、民間のノウハウを活用したサービスの向上や、費用対効果や効率性の向上が期待されました。また、指定管理者は議会の議決により指定されることとされ、その選定にあたっては公募制の積極的な導入が促されるなど、管理主体の選定手続きの透明化が図られました。

　多くの自治体では行革の一環に指定管理者制度の導入を位置づけていますので、ややもすると財政面からの要請に応えて施設管理コストを抑制しようとしがちです。コスト抑制が行き過ぎると、民間ならではの持ち味である柔軟なサービス提供を期待どおりに行うことができず、かえってサービス水準を落としてしまいかねません。他方で、施設運営に営利性が持ち込まれることに対して抵抗感を持ち、施設本来が持つ目的の実現や基本的なサービスの提供が損なわれてしまわないかという懸念が示される場合もあります。いずれにしても、公の施設は住民の日常生活とも関わりが深いものなので、指定管理者制度を導入するのか、それとも行政直営で行うの

か、指定管理者制度を導入する場合にはどのような管理運営を民間に委ねるのかについて、住民の意思を適切に反映する必要があります。

（4）民間活用の広がりと協働

　最近自治体の間では、パートナーシップ、あるいはコラボレーションといった、「協働」を模索する動きが普及し定着しつつあります。この協働で想定される行政の相手方は、営利企業のほかに、ボランティアですとかNPO など非営利の団体、場合によっては個人が想定されることもあります。これら協働の相手方が行政とともに第三セクターや PFI に出資したり、指定管理者に指定されたりすれば、協働は民間活用と同一視できる面があります。

　他方で、民間活用によるサービス提供の責任や役割の分担関係と、協働を通じた公民連携とは論理的には明確に区分して考えられるべきです。例えば、図書館や体育館などの公共施設を、行政が直営で行う場合もあれば、民間事業者が指定管理者として管理運営を行う場合もあり、それぞれサービス提供の責任や役割の分担の関係は当然に異なりますが、いずれの場合にあっても、利用者や利用者によって組織されるグループ（例えば、図書館で子どもたちに読み聞かせ会を行うボランティア・グループや体育館を活動拠点とするスポーツ団体など）との連携や協働を不可欠なものとして考慮しなければ施設設置の目的は達成できないでしょう。言い換えれば、民間活用は協働の一部とはなったとしてもイコールとは限らないのです。行政直営のときよりも民間活用された方が、かえって協働が制約されてしまったと指摘されることがあるのも、民間活用さえすれば協働をしたことになると取り違えているからだといえます。

第 **5** 節　IT 時代の情報政策

1　自治体における情報管理の視点

（1）行政の情報化

　何かを企画し、意思決定を行う場合、その成否や適否は、関連情報の量と精度に大きく依存します。特にIT（情報技術）時代といわれる昨今、自治体の仕事のありようも大きな変容がみられます。

　行政における企画と決定の基礎が情報処理にあることは、いつの時代でも共通していますが、この情報処理の技術に飛躍的な進歩が起こりました。マイクロエレクトロニクスの発達とともに、各種の情報機器が開発され導入されるようになるまでは、行政における企画と決定は、生身の人間の記憶と計算に頼らざるをえなかったといえます。

　しかし、今日、経験と勘ばかりに頼って行政の企画や決定を行っていたのでは、動きと変化の激しい世の中に適応して、地域社会の安定と発展を図るための適切な施策を企画・発案することなど望むべくもありません。とりわけインターネットの爆発的な普及とそれがもたらしたIT革命は、新たな情報管理の仕組みづくりを否応なく促してきたといえます。

　健康、消費生活、教育、防災などに関する情報を正確かつわかりやすく伝えること、各種の証明事務や福祉サービス事務をシステム化して住民サービスの向上を図ること、行政の質的充実のための住民生活に関わるデータを蓄積・加工・公開・更新し、それをもとに的確な意思決定を行っていくことなどは、既に多くの自治体で進められている行政の情報化です。

（2）流れとしての情報

　自治体における情報管理のあり方を考える場合、まず情報の意味、機能、表現様式について検討する必要があります。

　情報というのは、意思決定に影響を与える意味のある通信内容のことです。その通信内容は、通常は、書きことば、話しことば、数字、図表、映像等のかたちで表されます。この場合、「馬の耳にも念仏」ということわざが示しているように、いかに大量の通信がなされても、受信者の側に関心がなければ意味を持たず、意思決定には作用しないのです。情報を一つの流れとして考えると、流入・収集→整理・管理→公開・活用という段階に区別することができます。このうち、公開・活用については次節以降に述べることにして、まず流入・収集、整理・管理の段階についてみてみましょう。

（3）情報の集め方

　情報の集め方に関する問題点は、既存の役所のあり方をそのまま放置しておけば、入ってこない地域情報がたくさんある一方で、多くの情報を抱え込んだまま整理がなされず死蔵されてしまっていることです。役所内部でも、どのような情報がどこにどれだけあるのか、その情報に関わる担当者ですら把握していないことがあります。役所側に新しい地域情報を収集するうえでの工夫がなければ、役所内に今管理され保存されている情報をそのまま住民に出しても、それほど意味を持たない可能性があります。地域情報の収集について基本方針を示したうえで、収集すべき情報の目的、収集方法（収集対象、時期などを含む）や保存・管理の仕方を整理しておく必要があります。

　国では、公文書等の管理に関する法律を定め、「国及び独立行政法人等の諸活動や歴史的事実の記録である公文書等が、健全な民主主義の根幹を支える国民共有の知的資源」であると位置づけ、「主権者である国民が主体的に利用し得るもの」であることから、「行政文書等の適正な管理、歴

史公文書等の適切な保存及び利用等を図り、もって行政が適正かつ効率的に運営されるようにするとともに、国及び独立行政法人等の有するその諸活動を現在及び将来の国民に説明する責務が全うされるようにする」としています。国の法律制定をきっかけに、現在ではほとんどの自治体が公文書管理条例（規程や要綱等を含む）を定めていますが、公文書館を設置している自治体はまだ一部にとどまります。

　もっとも、法律や条例等を定めたからといって、収集された情報が適切に管理・保存・提供されるとは限りません。国民・住民がしっかりと注視しなければならないことは、公文書をめぐる不祥事が国や自治体でたびたび生じていることからも明らかです。

（4）役所ことばの見直し

　次に、情報の整理・管理の段階について大切な問題点を考えておきましょう。自治体でつくられる文書は、書式と記載事項が定まっており、そこで用いられることばや表現形式もほぼ規格化されています。毎日つくられる文書は、仕事の処理のうえで必要とされているにしても、それらのなかには、住民の生活感覚になじまず難解なものも少なくありません。住民が知って役に立つ情報とは、お役所用語としての便利さによるものではなく、住民が生活上の体験や感覚から簡単にわかる表現形式をとっている場合です。

　この点で、いわゆる「役所ことば」の見直しと改善を図る意義は少なくありません。親しみやすいことばを用いる、現代的なことば遣いにする、わかりやすい具体的な表現をする、相手の気持ちになったことば遣いをする、外来語を乱用しないで、日本語を大切にする必要があります。住民にとってわかりやすい文書づくりは、情報管理の基礎です。外国人住民や観光客などの一時的滞在者などが増えてくるなかで、外国語表記のあり方もあわせて考える必要があるでしょう（⇒第 1 章第 6 節）。

（5）IT 化のねらいと留意点

ところで、自治体の情報管理の仕組みを整備・充実していく傾向をかつては OA（オフィス・オートメーション）化と呼ぶのが一般的でした。OA化は、事務が「書く」「複写・印刷」「計算」「通信・連絡」「分類・整理」という作業としての性質を持っていることに着目して、そうした作業を正確、迅速、容易に行いうるように機械化することです。この意味で OAは、事務処理の合理化の手段でありますが、もう一つのねらいは、機械に置き換えられるならば、そのような作業を職員にさせないことです。

重視されるべき職員の能力は、記憶のファイルに収録されている知識を取り出してくる「頭脳」（ブレイン）の能力ではなく、将来に関わる行動や事態を活き活きと想像し、新しいアイディアなり解決策なりを創造しうる「知力」（マインド）なのです。人間らしい人間の能力は、機械に置き換えられる「頭脳」の能力ではなく、想像し創造する思考の力です。

このような「知力」を大切にするためにこそ、事務作業の機械化を積極的に進める必要があるのです。また、機械化によって節約できる人力を、人（＝職員）が担わなければできない対人（＝住民）行政にあてることで、自治体行政を充実させていくことが望ましいといえます。

IT 革命と呼ばれるより一段の技術進歩を迎えた今日では、職場での仕事のあり方は大きく変容し、より「知力」を向上させる効用を発揮しつつあります。これまで関係者間を回り文書にハンコを捺印してもらいながら組織内部の意思決定を行ってきた決裁の仕組みが、コンピュータ上で電子署名により処理される電子決裁システムに置き換えられつつあることは既に述べました（⇒第 3 章第 4 節 4）。文書で事案を決定し、整理・活用・保存することを重視する行政では、おびただしい書類が職場を占拠しがちですが、それらを電子化することで職場をすっきりさせるだけではなく、職員間の情報のやり取りや共有も電子ベースが基本になりつつあります。近年では RPA（ロボティック・プロセス・オートメーション）と呼ばれる複数の定型業務を自動処理する仕組みを導入する自治体が急速に増えてきたの

も、こうした傾向の延長上にある動きだといえます。

　情報の共有という点では、役所の内部にとどまりません。一般家庭や個人にもパーソナル・コンピュータやスマートフォンが普及し、インターネットや電子メール、SNS（ソーシャル・ネットワーク・サービス）の利用が一般化してきた今日では、これらを活用して役所からのお知らせや案内を掲載・通知するなどの情報提供が行われるだけでなく、これらを介して役所が地域情報を収集する手段としても活用されるようになってきました。また、ときに談合などの批判を浴びがちな公共事業などの入札の手続きに、電子入札の仕組みを取り入れることで、公正かつ透明な手続きを確保しようという取組みもみられます。いわゆる電子政府化と呼ばれる一連の取組みは、その活用次第では住民自治を豊かにするうえで無限の可能性を秘めたものといえるでしょう。最近では、将来の人材・財源不足などを見据えて急速な技術発展が見られる AI をはじめ、IT を活用したスマート自治体構想が国の研究会などで提起されています。

（6）IT 化の副作用とその対応

　情報処理の機械化を進める場合、しばしば副作用をともなうことに注意しなければなりません。情報処理装置を導入した結果、これらの装置を持続的に動かす職員に、単調な業務にともなう生理的・精神的な苦痛が生じることもあります。今日ではデスクワークを行う職員に一人一台パーソナル・コンピュータが行き渡り、会議資料もタブレットで閲覧する、あるいは、デスクワークから離れて現場業務に従事する職員でも、あるいはそうした職員だからこそ電子機器を使用するのが当たり前になり、IT 抜きでの業務処理はもはや考えられないほどに依存しつつあります。

　だからこそ、災害時やシステムダウンなどの非常時に、電源の確保やシステムの維持・復旧に適切かつ迅速に対応できなければ、アナログ時よりもかえってダメージが大きくなりかねません。また、コンピュータ・ウィルス感染やサイバー・テロへの対策を考慮に入れる必要もあります。

　今日、IT 化の推進は避けられない潮流といえますが、労務管理からシステム管理にまでわたる安全管理の体制を整えることも並行して行わなければなりません。

2　情報公開と個人情報保護

（1）標準装備の情報公開制度

　情報の公開を広く考えれば、「政府機関（国と自治体の双方を含む、また理論的には行政機関だけでなく立法機関、司法機関も含みうる）がその保有する情報を外部の者に供する一切の行為」ということができます。この定義によれば、どこの自治体でも行ってきた広報・相談活動、あるいはインターネットによる公式サイトの開設のような役所の判断で行っている「情報提供」や、公示・告示・縦覧のような義務的な「情報公表」も、きわめて重要な情報の公開に関する活動であると考えることができます。

　しかし、こうした活動と区別して今日「情報公開」という場合、自治体が保有する情報について、広く住民などの不特定多数の人に「開示請求権」という権利を保障し、開示請求のあった情報を請求者に原則開示することを自治体に義務づける、条例・要綱によって創設された制度として捉えられます。

　住民があれこれのことを知りたいと役所に請求した場合、それを知らせるか、知らせないか、知らせるとすれば、いつ、どこまで知らせるかの判断のなかに、できるだけ関連部門の職員の独断が入り込まないように、基準を定めたうえで、正当な理由がある場合を除いて、つまり原則、必ず請求した住民に知らせることを自治体に義務づけるのです。

　こうした情報公開の取組の制度化は1980年代はじめから各地で情報公開条例・要綱の制定というかたちで進められてきましたが、1999（平成11）年に国もようやく「行政機関の保有する情報の公開に関する法律」（情報公開法）を制定し、これまで未実施であった自治体にも条例制定の動きが加速的に進み、情報公開制度は今や自治体の行政にとって標準装備すべ

き仕組みになったといえます。

（2）情報公開制度の目的

　住民が役所の保有している情報を、権利として知りうることに、どのような意味があるのでしょうか。これは情報公開制度の目的をめぐる問題です。住民は、自分に関わる事項に関する役所の処置や決定に対して疑問があり納得がいかない場合、そのような処置や決定の経緯、根拠、理由、判断資料などを問いただし、筋の通った説明を求めること（開示請求）が制度上できることになります。

　既に決定済みの施策の内容を知り、それに異議を申し立てても手遅れではないかという批判が出てくるかもしれません。しかし、既に決裁済みの文書のみならず、事案を決めるまでの意思形成過程のメモ等を含めて組織で共用された文書の公開を、住民が開示請求する権利を保障されることは、単に文書管理の確立を促すだけではなく、開示請求に耐えうるだけの内容を持ち、適切な手続きを踏んで施策を形成する努力を役所に求めることにほかなりません。住民の請求により判断の根拠がオープンになり、オープンになってもきちんと筋を立てて説明でき、そして、住民が納得しうるものにしておく、そうした手堅い意思決定の努力が要請されることになります。

　開示請求制度が、「開かれた政府（オープン・ガバメント）」を確立し、役所に対する住民の信頼と結びつけられるようになるのは、つきつめれば、この制度が役所の責任を確実なものにする有効な手だてとなりうるからです。

　開示請求制度のもとで住民の請求に応じて開示される情報とは、①記録され、②公文書などに属し、③保存され、④検索可能になっている情報ということになります。①〜④までの条件をそなえている、つまり管理されている情報であれば技術的には開示できるのですが、そのなかには⑤プライバシー保護などの見地から開示できない情報もありますから、これを除

いたものを開示することになります。この点で、開示請求制度を創設すれ
ば、自治体とその職員が保有している情報のすべてが公開されるというわ
けではないのです。

（3）住民参加と開示請求制度

　情報公開制度は、しばしば役所の施策過程における住民参加の促進と関
連づけて論じられることが少なくありません。「情報なければ参加なし」
といわれます。しかし、参加の機能を高めるための情報を住民が入手する
制度として、開示請求制度はどれほどの効用を持っているのでしょうか。
　住民が施策過程で効果的な参加活動を行いうるためには、少なくとも、
①決定手続きの日程を事前に知っており、②検討や判断のための資料や材
料をあらかじめ入手しており、③質疑応答を繰り返す機会を保障されてい
る必要があります。
　このような、効果的な参加が可能になるための条件が確保されるか否か
は、役所が広報活動を含め、積極的に事前に情報を提供し、また公聴活動
などで、どのように住民の意見を吸収する機会と場を提供するかに大きく
依存しています。開示請求制度を通して住民が入手しうる情報は、どちら
かといえば、既に提供ないし公表された情報の裏づけないしは補強資料と
なる情報ということになるでしょう。

（4）電子情報化と個人情報保護

　情報公開の制度が進んだことで、役所の「お上」意識や秘密主義が徐々
に打破される効用が認められるのは確かでしょう。
　しかし、開示請求をすればどのような情報でも出てくるかといえば、出
せないものもあります。それを適用除外事項といいます。
　適用除外事項に関しては、個人情報の保護の規定がきわめて大切であ
り、現在では、自治体は、情報公開条例と並んで個人情報保護条例を定め
るのが通例です。

　役所は、住民とその活動について大量の情報を保有しています。思いつくままに個人情報をあげれば、出生、結婚、死亡の戸籍、住民登録、学籍、納税記録、各種相談記録、団体活動記録、行政サービス受給記録など、さまざまです。こうした個人情報は、役所の仕事の処理からみれば、関連行政部門にバラバラに散在させておかずに、個人ごとに集中させて管理した方が検索・活用に便利であり、省力化にも役立つことは確かです。

　しかし、この個人情報の集中管理方式に関しては、プライバシー侵害への懸念から住民のなかに反発する動きもないわけではありません。こうした反発を技術の進歩に心理的に追いつかない少数の人々のアレルギー症状であると決めつけたり、行政運営の合理化に反対する頑固者であると批判したりするのはたやすいのです。しかし、このような役所の保有情報の管理をめぐるあつれきは、そもそも役所が、住民に関する情報を何の目的で集め、処理し、活用するのかという基本政策に関連しており、これについて役所は、情報化の以前に明確な態度を決めておく必要があるはずなのです。

　住民のプライバシーをいかに保護するかは、自治体の基本政策に関わっています。個人情報の電子情報化が進み、またいわゆるプライバシーの観念が単なる「保護」から「自己統制」を含むものへと拡大してきています。プライバシーの権利は、従来の考え方では、私生活をみだりに公開されない、あるいは自分の知られたくないことに触れないでおいてもらうといった、「そっとしておいてもらう権利」という消極的な意味で捉えられていました。

　これに対して、今日では、自分の情報が勝手に収集され、蓄積され、自由に利用されることを防ぐとともに、誤った情報が記録されているときには、それを訂正するなど「自己に関する情報の流れを管理する権利」として積極的なかたちで捉えられています。

3 情報の活用

(1) 住民基本台帳ネットワーク

　第1章で住民基本台帳について触れましたが、住民基本台帳は、かつては誰でもどの市区町村に行っても、みせてほしいといえばその内容をみること（閲覧）ができ、住民票の写しを請求できることになっていました。つまり、住民基本台帳は原則公開とされていたのです。

　ところが、この公開制度が個人のプライバシー侵害という問題を生じさせたため、台帳の閲覧や住民票の交付を制限する仕組みが導入されました。さらに、DV（家庭内暴力）やストーカー行為などから被害者を保護するために、原則非公開とする法改正が2006（平成18）年から施行されています。

　この法改正により、本人による請求の場合以外では、住民基本台帳の写しの一部を閲覧するには、①統計調査、世論調査、学術研究その他の調査研究のうち、総務大臣が定める基準に照らして公益性が高いと認められるものの実施、②公共的団体が行う地域住民の福祉の向上に寄与する活動のうち、公益性が高いと認められるものの実施、③営利以外の目的で行う居住関係の確認のうち、訴訟の提起その他特別の事情による居住関係の確認として市区町村長が定めるものの実施、といった活動目的で、その申出が相当であると市区町村長が認めた場合のみに制限されました。

　IT革命といわれる目覚ましい高度情報化の進展（コンピュータと通信技術の飛躍的発達による情報の大量・集中・高速処理）は、住民基本台帳に関するサービスにも変革をもたらしました。住民基本台帳ネットワーク（住基ネット）の導入です。1999（平成11）年の住民基本台帳法改正により、住民票の記載事項として新たに住民票コードを加え、この住民票コードをもとに、年金等の支給、パスポートの交付申請などに際しての行政機関に対する本人確認情報の提供や、市区町村の区域を超えた住民基本台帳に関する事務処理を行うために、全国市区町村の住民基本台帳をネットワーク

接続したものです。住基ネットが整備されたことで、全国どこでも住民票の写しの交付が可能になり、全国共通の本人確認が容易になるなど、住民負担の軽減や行政の効率化が実現されるメリットがもたらされました。

　しかし、利便性が向上する反面、個人情報を全国一元的なネットワークで管理すると、万が一情報漏洩や悪用がなされた場合には、これまでよりもいっそう大きな被害が生じることが懸念されます。そのため、住基ネットの運用にあたっては、都道府県や指定情報処理機関が保有する情報は 4 情報（氏名・住所・性別・生年月日）、住民票コード、そしてこれらの変更情報に法律で限定されています。また、情報提供を行う行政機関の範囲や利用目的を法律で具体的に限定し、目的外利用を禁止するとともに、民間部門が住民票コードを利用することを禁止しているのです。

（2）個人番号（マイナンバー）制度の導入

　勤務先や契約先から、あるいは行政手続きを進める際などに、個人番号（マイナンバー）の提供を求められる機会が増えてました。これは、2013（平成25）年に制定された「行政手続における特定の個人を識別するための番号の利用等に関する法律」（マイナンバー法）に基づくものです。マイナンバーとは日本に住民票を持つ全員に割り振られた12桁の番号のことで、原則、マイナンバーは生涯を通じて同じ番号を使用します。なお、個人だけではなく法人にも法人番号が割り振られます（法人番号は13桁）。特定の個人・法人を番号により識別し、それによって異なる分野に属する情報を照合して同一者であるかを確認する情報システムを運用することで、効率的な情報の管理・利用、国や自治体間などでの迅速な情報の授受ができるようにするという趣旨に基づく仕組みであり、行政運営の効率化、公正な給付と負担の確保、手続きの簡素化による負担の軽減や本人確認の簡易化などによる利便性の向上を図るものだとされています。

　住民票や基礎年金番号、健康保険被保険者番号などは異なる機関によって異なるコード番号などが付されて分散して保管されていますので、それ

らを照合するためには氏名や住所などから個人を特定しなければならず、大変な時間と労力が費やされてきたのですが、分野横断的な共通のマイナンバー制度が導入されることでこうした負担は解消されることが期待されています。国（内閣府）のホームページをみますと、「行政事務を効率化し、人や財源を行政サービスの向上のために振り向けられること」、「社会保障・税に関する行政の手続で添付書類が削減されることやマイナポータルを通じて一人ひとりにあったお知らせを受け取ることができることや、各種行政手続がオンラインでできるようになることなど、国民の利便性が向上すること」、「所得をこれまでより正確に把握するとともに、きめ細やかな社会保障制度を設計し、公平・公正な社会を実現すること」などをメリットとして掲げています。また、マイナンバーカードは行政サービス以外にも民間事業者を含めてさまざまな用途で活用することが想定されています。

　他方、メリットが大きいだけに、個人情報の外部漏洩、なりすましなどのマイナンバーの不正使用がないよう、安全対策にはよりいっそうの厳格さが問われます。マイナンバーの目的外使用は禁止され、法律違反には罰則が適用されます。

（3）ビッグデータ、オープンデータの活用

　行政情報を利活用しようという動向は、住基ネットやマイナンバーのような個人情報に直結するものに限るわけではありません。しばしば「霞ヶ関は日本最大のシンクタンク」とたとえられることがありますが、中央府省が膨大な情報・データを保有していることは間違いなく、同様に、地方においては自治体の役所が地域に関する情報を蓄積しているといえそうです。ただし、霞が関にしろ、自治体の役所にしろ、それらの情報をいつでも活用できるように適切に整理されているか、実際有効に活用されているかといえば、充分だとはいえないでしょう。

　IT の進化で、かつてでは想像もつかないような巨大な情報（ビッグデー

タ）を駆使して社会的な課題を解決しようとしたり、ビジネスに役立てたりしようという動きが急速に高まり、こうしたニーズに政府部門は応えるべきだという声が高まっています。こうした声を受けて、例えば、行政機関等が保有するデータが広く一般に活用されるように、機械判読可能な形式のデータで提供する取組み（オープンデータ化）が政府を挙げて推進されており、自治体についても計画的に進めることとされています。

　これら一連の動向は当然ながら日本に限ったことではなく、「開かれた政府（オープン・ガバメント）」という世界的な潮流に根ざした取組みだといえます。ビッグデータやオープンデータといいますと、ビジネスでの活用や経済活性化の手法とばかり考えられがちですが、「開かれた政府」の取組みを積極的に進めている国々では民主主義の健全な発展のためのツール（手段）だという考え方が強調されていることにも注目すべきでしょう。また、地域課題を解決するためには、客観的な視点から「証拠に基づく政策形成」（evidence-based policy making。EBPM と略されます）が求められるわけですから、身近な政府である自治体こそ「開かれた政府」の取組みを積極的に進めるべきだといえます。

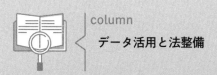

column

データ活用と法整備

　IT 時代にあっては流通する膨大な量のデータにどう対応するかが問われます。IT 活用の局面が広がり、急進展しているため、法制面の整備は後追いとなりがちですが、徐々に基盤が整えられつつあります。

　2016（平成28）年に成立した官民データ活用推進基本法は、

インターネットなどを通じて流通する多様かつ大量の情報を適正かつ効果的に活用することで、急速な少子高齢化の進展への対応などわが国が直面する課題の解決に資する環境をよりいっそう整備することが重要だという認識から制定されたものです。国・自治体等のみならず民間の事業者によって管理・利用・提供されるデータ（官民データ）を対象とし、AI（人工知能）や IoT（インターネット・オブ・シングス）、クラウド・コンピューティング・サービスなどを視野に入れた包括的で基盤となる法律です。この法律では、国だけでなく都道府県、市区町村にも官民データ活用推進基本計画の策定が求められており、国の施策との整合性を確保することとされています。

　データ活用にあたって注意を要するのは、既にみた個人情報保護との関係です。

　改正個人情報保護法（2015（平成27）年）では、一定のルールのもとで本人の同意をえることなく、事業者間でのデータ取引やデータ連携を含むパーソナルデータの利活用を促進することを目的として、特定の個人を識別できないように個人情報を加工し、復元できないようにする仕組みが導入されています（この仕組みで加工された情報を匿名加工情報と呼びます）。国の行政機関が保有する個人情報についても同様の法改正（2016（平成28）年）がなされました（行政機関等の場合は非識別加工情報と呼びます）。国では個人情報の適正な取扱いを確保するために設けられた独立性の高い機関である個人情報保護委員会が重要な役割を担います。

　なお、2021（令和3）年5月に成立したデジタル改革関連

法により、3つの法律に分かれていた国の個人情報保護法制の統合とあわせて、"2000個問題"といわれた自治体ごとに異なる条例で定められ運用されてきた個人情報保護制度は、国の個人情報保護委員会の所管に一元化され、標準化されることになりました。国の個人情報の保護に関する法律に規律されることで、これまで個別の自治体ごとに独自に積み上げ工夫されてきた個人情報保護に関するルールの少なからぬ部分が廃止・修正されることになります。自治体ごとの裁量の余地は従前に比べて著しく制約されるなか、新たな法制との関係でどのように調整するのか、地域で考える必要に迫られているのです。

　急速に進むIT化にあって、ビッグデータやオープンデータを適切に活用することで、私たちの生活をより豊かにし、望ましい社会の実現につなげていくには、法制度を整備すればそれだけですむのではありません。むしろ、地域社会のあり方が密接に関わりを持ちます。

　身近な地域の課題解決にITを活用することを「シビックテック」（市民を意味するシビックと技術（テクノロジー）を意味するテックからなる造語）といいます。アメリカで生まれた、ITを活用して地域課題を解決する非営利組織、コード・フォー・アメリカは代表的な存在で、そのめざましい活動に刺激を受けて、日本でも各地で「コード・フォー○○（地名）」を称するコード・フォー・コミュニティが誕生し、住民と行政、事業者等をつなぐプラットフォームを提供する重要な役割を果たしつつあります。こうした取組みは、「開かれた政府」づくりをめざす、新たな市民参加の形態だともい

えるでしょう。

　そして、コロナ禍のもとでは、コード・フォー・コミュニティなどシビックテックの力が遺憾なく発揮されたことは、東京都の新型コロナウイルス感染症対策専用サイトに最新感染動向がわかりやすく情報提供されて好評を博したことからもうかがわれます。同サイトの情報はオープンソースで開発されたことから、台湾のアグネス・タンIT担当大臣が参加したことでも話題となりました。国内では各地のコード・フォー・コミュニティや有志によって派生サイトが立ち上げられ、瞬く間に普及したのです。

〔参考文献〕
・稲継裕昭編『シビックテック』勁草書房、2018年

4　自治体行政のデジタル化（DX）

　2020（令和2）年から世界的に大流行（パンデミック）したコロナ禍で浮き彫りとなったのが、行政のデジタル化（DX：デジタル・トランスフォメーション）をめぐる問題です。

　前項のコラムで述べたように、検査数、陽性者数、発症者数、確保病床数など日々発生するデータを的確に把握し、共有する必要があります。ところが、実際の現場での情報のやりとりは、紙ベースや、デジタル化されていない方式（ファクスなど）などが主流で、効率的なデータ処理が妨げられたことが指摘されています。

　また、コロナ禍対策では、感染症の予防・拡大制御と並んで、コロナ禍でダメージを受けた事業者や社会的弱者に対して、適切な補償・支援など社会・経済対策を迅速かつ機敏に実施することで、住民の日々のくらしを

守ることが喫緊の課題となりました。

　例えば、一人10万円の特別定額給付金が、住民基本台帳に記録されている人を対象に給付されました。財源は国庫による国の施策ですが、給付事務は法定外の自治事務として市区町村が主体でした。自治体が給付対象者を確定し、通知し、通知を受けた受給者が申請し、自治体が振り込みをして、受給者が実際に受給するという一連のプロセスでは、長時間を要し、また、事務が煩雑でわかりにくかった点などが指摘されました。類似の給付金制度は他の多くの国々でも導入されたこともあって、奇しくも各国政府の対応が比較されましたから、行政のオンライン化が進まず、そもそもマイナンバーカードの普及が低水準であることなど、日本の行政のデジタル対応の遅れがあからさまになったのです。

　実はコロナ禍以前に、国は「世界最先端デジタル国家創造宣言・官民データ活用推進基本計画」（2019（令和元）年）で、Socity5.0時代にふさわしいデジタル化、デジタル・ガバメントの実現が掲げられ、「電子政府」から「デジタル政府」へと舵が切られていたはずでした。しかしながら、自治体を含む現場レベルではその内実が十分にともなっていなかったのです。

　そこで、国は、ポストコロナ社会の実現に向けてデジタル改革を打ち出し、これまでの IT 基本法にかえてデジタル社会形成の基本的枠組みを示す「デジタル社会形成基本法」や「デジタル庁設置法」などからなるデジタル改革関連法を成立させました（2021（令和3）年5月）。これらには、自治体行政のオンライン化や基幹系情報システムの標準化、そして、自治体ごとに異なる個人情報保護制度を国の個人情報保護委員会の所管に一元化する施策なども盛り込まれており（⇒本節3コラム）、いずれも自治体の活動のあり方に直結する内容です。

　ところで、自治体も独自に DX に関わる施策を取り組んできましたので、それらをあわせて自治体 DX の全体像を示しておきましょう。図表4-5は情報の流れ（収集・入力→整理・管理→公開・活用）と情報管理の次

図表4-5　自治体 DX の全体像

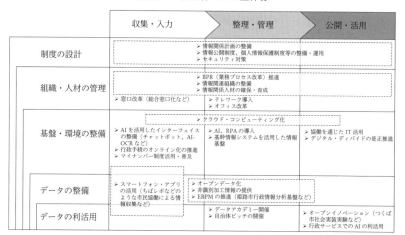

（出典）大杉覚「デジタル社会の到来を見据えた技術革新と都市自治体の対応」、公益
　　　財団法人日本都市センター『人口減少時代の都市行政機構』2020年、217頁、
　　　図表11-1を一部修正。https://www.toshi.or.jp/app-def/wp/wp-content/up-
　　　loads/2020/05/report187_11.pdf

元（制度の設計→組織・人材の管理→基盤・環境の整備→データの整備→デー
タの利活用）とで示したものです。

　デジタル化を進める際には、そのメリットがしっかりと発揮できるよう
にするためにも、身近さ・現場性・透明さ・先端性といった自治体行政の
特質（⇒第２章第２節）が損なわれることなく活動できるのか、変革の過
渡期に必ず生じがちなデジタル化の恩恵から取り残される層（そこには多
くの社会的弱者が含まれる可能性があります）に対するケアは十分であるの
か、などを見極める必要があります。

　デジタルという先端的な技術を身近な行政サービスに有効活用できれ
ば、それだけ住民の利便性が高まるのは確かです。しかし、例えば、ス
マートフォンの操作ひとつとっても誰もが柔軟にこなせるわけではなく、
そもそもスマホを所持していない人も少なからずいます。デジタル化に
よってこうしたデジタル弱者から自治体行政の身近さを奪い取ってしまう

のは適切ではありません。他方で、日常的にスマホ操作に長け、むしろス
マホでなければ行政にアクセスする余裕がない若年層、子育て層などに
とって、DX はまさに身近さや透明さを高めることを意味します。DX を
万能ツールと過信することなく、そのうえでその可能性を最大限活かす自
由な発想が求められます。

学びのガイダンス

☑ 1. 自治体が策定している計画を調べてみよう

　自治体はさまざまな計画を定め、それに即して行政を展開しています。その意味で計画行政は自治体行政にとってその活動基盤となる手法の一つですが、本章で特に言及した総合計画や総合戦略のように、自治体の施策全般ないし広い分野にわたる計画もあれば、特定の行政分野や政策に焦点をあてた計画も定められています。私たちがくらし、活動している自治体にはどのような計画があるのか、計画が定められている分野、計画期間、その目標や計画の進捗状況などもあわせて、調べてみましょう。

☑ 2.「地域資源」がどのように捉えられているかを確認しよう

　地方分権時代には、地域の実情に即した自治体行政の展開が望まれますが、そうした地域の実情を特徴づけるのは、地勢や歴史、風土や文化状況を含め多様な条件が考えられます。そして、そうした条件のなかで、地域の人々が愛着を感じ、誇りに思えるような「地域資源」も形成されます。くらしを営む地域のなかで、どのような「地域資源」があるのか、「地域資源」としてさらに磨きをかけられそうなものはないかなどを考えてみましょう。

☑ 3. 身近な公共施設の管理運営がどのようにされているかを確認しよう

　一口に行政といっても、そのサービス提供にあたっては行政による直営とは限らず、現在では多様な手法があることを本章では検討してきました。例えば、図書館、体育施設をはじめ、身近な公共施設の管理運営がど

のようなタイプの主体によって担われているのかを確認してみましょう。
行政以外の主体が選定されている場合（例えば、指定管理者）、そうした主
体はどのような手続きを経て選定されているかについても留意してくださ
い。

☑ **4. 自治体がどのように IT を活用しているかを調べてみよう**

　IT はそのめまぐるしい発展がみられるだけに自治体が行政活動に活用
しようというときに、慎重になりすぎてようやく導入したときには陳腐化
していたり、あるいはそうなってしまうと無駄遣いだったと批判されるの
ではと消極的になったりしがちです。その一方で、住民福祉の向上という
自治体が果たすべき役割をしっかりと見据えて、災害や子どもの見守りな
どに SNS による情報発信をうまく活かすとか、観光分野でのアプリケー
ションの開発を後押しするなどの動きも出ています。また、学生が自治体
の提供する情報（オープンデータなど）を活用して政策づくりを競い合う
ようなコンテストを実施する自治体などもみられるようになってきまし
た。自治体の情報公開やオープンデータ化の進捗度、地域での活用方法な
どについて調べてみましょう。

第5章
住民参加と地方自治

第1章では、自治体の活動がくらしに身近に展開されていることを、第2章と第3章では自治体がどのような仕組みで成り立っているかを、そして第4章では近年の社会変化に対応して自治体の行政活動にも変化が生じていることを確認してきました。以上では、自治体に焦点をあてて地方自治について考えてきましたが、本章では地方自治の主体である住民の側から考えてみましょう。

地方自治の基本は一定の地域に住む住民が住民の意思と責任とによって自らの共同問題を処理していくことですから、住民がどのようにして自治体の運営に参加していくのか、その意思をどのように反映していくのかということは、実は地方自治の仕組みとあり方の根本になっている一番大切な事柄です。

住民が、どのような根拠で、またどのような制度を通して自治体の運営に参加できるのかをみていきます。

第 1 節　行政運営の根拠と職員行動への理解

　私たちが、役所のやり方に合点がいかなかったり、こうしてほしい、こうできないかと考え、さまざまな機会に現場の職員にその再考なり、変更なり、実現なりを求めて役所に問いかけたりしたとします。問いかけを受けた職員は、役所がなぜこのような具体的措置をとったのか、とらなかったのか、その理由を答えなければなりません。

　そうした応答の際、言い古された回答の仕方の代表例は、「法令や規則でそうなっておりますから」とか、「今までのやり方と同じですから」とか、「上の方で決まったことですから」とか「議会が決定したことですから」という具合です。このような応答の仕方で住民が納得するかどうかはともかくとして、現場の職員にしてみれば、役所の処置には何か客観的な根拠があるという言い方をせざるをえません。そのような根拠が法規であり前例であり公式の手続きを経た決定なのです。役所との対応関係では、まずこのような法規、前例、決定手続き等、自治体職員の行動を枠づけている行政運営の根拠を理解しておくことが必要です。

1　制度としての法規

（1）たくさんの法規類

　自治体職員は、職員になると、またなってからも、折に触れ、地方自治の基本諸法、国の各府省所管の個別法令、判例、行政実例、自治体が制定した条例や規則、規程や要綱等、各種の法規類を参照します。職員研修のテーマにも法解釈の実際を教えるものが多いです。また役所のどの職場にも法規の解説書が並んでいます。仕事の内容と運び方の多くが、こうした法規類によって定められているからです。

　ところで、ある目的なり目標なりを実現するための手段としてとられる

行動の仕方のことを広く「制度」と呼ぶことができます。制度とは、ある社会で通常は正当であると考えられている、少なくとも大多数の人々が了解し使っているという意味で通用力を持つ行動様式のことです。法規類は、この意味での制度の典型です。

（2）制度の学習と惰性

自治体行政の職場では、各種の法規だけでなく、文書の様式やことばづかい、事務処理の手順や手続き、会議の仕方等、いわゆる実務上の先例や慣行も、自治体職員の行動を枠づけているものは制度ということができます。役所のなかでは、こうした諸制度に即して物事を運んでいます。

最初は居心地の悪そうな新任職員も半年なり1年なり経ると次第に落ち着いてくるのは、こうした諸制度を学習し、その運用に慣れてくるからです。と同時に、担当している仕事が、さまざまな法規や前例に細々と規定され、次第に現行以外のやり方はとてもなさそうに思えてくるのです。

2　「カ行」型職員の制度運用

従来のやり方をそのまま何ら疑うことなく受け入れ、それに忠実にしたがって行動し続けると、職員イメージでいえばそこに「カ行」型職員が生まれるといえます。「大過なく、大危なく、大苦なく、大競なく、大考なし」です。「休まず、遅れず、働かず」というのを「三ず主義」というのですが、それが小心でズルのサラリーマン職員のモットーであるとすれば、「カ行」型は、無事と退屈に安住するマンネリ職員の実像であるといえるでしょう。

（1）平穏無事ではいられない

もっとも、最近のように、ものをいい、自己主張する「うるさ型」の住民（ときに自治体職員はそうした人々を「クレーマー」と呼んだりします）が少なくなく、何かにつけて既存「制度」解釈に逃げ込もうとする職員を追

及することが多くなると、そうそう平穏無事でいられないのも事実です。

　昨日のごとく今日がある職員は、自分が依拠している制度の解釈の一面性あるいは不合理性を住民から指摘され、従前のやり方の是非をあらためて考えてみざるをえなくなります。最初は従来の解釈で強弁していても、次第に自信がなくなり、「上司に相談してみます」ということになるし、都道府県や国にも照会してみることになります。

（2）国によるしばり

　ところで、実際、自治体の仕事の内容とその処理の仕方は、国会が定める法律や施行規則のみならず各府省が定めて送ってくる通達、政令・訓令に基づく基準や要綱、事前協議など、さまざまなかたちで限定や制約を受けています。

　このうち、機関委任事務制度のもとで包括的指揮監督を行う場合に行使された通達については、地方分権改革により、通達概念自体が消滅し、それまでの通達はその効力を失うことになりました。従前の通達は、廃止されるか、さもなければ、新たに処理基準として示されたり、技術的助言や勧告と位置づけられたりしました。また、国による自治体に対する関与も、一般ルール化され、その類型が明確にされたことは既に述べたとおりです（⇒第 3 章第 1 節）。

　とはいえ、ある自治体で法令の運用上の解釈疑問が生じると、関係府省に問い合わせることになります。当該府省は、その「問い」に対して「お見込みのとおり」とか「……と解せられる」といった回答を示し、それを「行政実例集」とか「例規集」に加えて、他の自治体の参考に供したりするのです。こうして、自治体が処理している仕事は細かく、隅々まで規制を受けていることが少なくありません。「分権一括法」という名のもとで法令改正を重ねて地方分権改革が現在も進行中であるのはこうした事情によるのです（⇒第 3 章第 1 節コラム）。

3　制度の最大限有効な活用

　しかし、自治体の行動をしばっている既存の法規等のすべてがなかなか改革されないからといって、自治体の自主性を拡大できないわけではありません。既存の制度を最大限に活用して新しい自治の可能性を拓くには、どのような着眼点が考えられるでしょうか。

　自治体職員は法規等の制度の枠組みのなかで活動を行い、事実、自治体行政のなかには同一のやり方で反復継続する型にはまった仕事も少なくありません。こうしたやり方があまりにも当然と考えられているために、一つのきわめて大切なことが忘れられがちになっています。それは、およそ法規というものが特定の解釈なしには生きて人々の行動に作用しえず、しかもその解釈はいつも一義的に確定してはいないということです。

（1）制度再解釈の可能性と意義

　その何よりの証拠に、すべての法規には解説書があります。それは、ある法規を誰かが何らかの基準で解釈していることを意味しています。法規に解釈が不要なら、全国の大学の法律学者も裁判官も不要ということになります。しかも、人によって多かれ少なかれ解釈は分かれるものです。もちろん、解釈には限界はあるのですが、その枠内での解釈の相違によって実際にとりうる行動に幅が出てくる点が重要なのです。法規の内容がより抽象的になればなるほど解釈の振幅も大きくなり、それまでは実際にとりえないと考えられた行動も可能になるかもしれません。

　ある法規が定められても、そのとおり100パーセント守られず、規則主義に対して運用主義の必要が主張されるのも法規というものの本来の性質に由来しています。法規の厳格な解釈に基づく行動の形式主義もあれば、法規の弾力的な解釈による運用の妙も出てくるわけです。

　つまり、解釈する人と基準が違ってくれば、現実に具体的にとりうる行動に新しい可能性が生まれてきます。したがって、重要な問題は、誰が、

いかなる基準で解釈しているのかということになります。

　そこで、住民の対応に出た自治体職員が、法規に基づいて実際に仕事をするうえで、一体誰の解釈に依拠しているのかが問われることになります。国の役人や法律学者の解釈をそのまま鵜呑みにして、それらが動かし難いものと思い込んではいないかどうかが問われるのです。住民の立場に立ち、一歩でも自治の可能性を広げるという観点から、自らの頭で解釈し、新たな行動の余地を絶えず探っているかどうかです。

（2）各種の文書

　よく自治体の職員は「法令に定まっていますから」といいます。実は、この「法令」がくせものなのです。

　国が新たな施策を法律によって実施しようとする場合は、政令や省令などの「命令」のほか、先ほど述べたように、以前は都道府県知事や都道府県の担当部門の長宛に種々の通達が発せられていましたし、現在も、処理基準をはじめとする技術的助言等が通知されています。さらにこれを受けて都道府県から市区町村宛にさまざまな文書が出されます。住民の生活に直接関係する実際の仕事を受け持つのは市区町村であり、市区町村はその仕事を行う根拠として、これら法律、命令など、さまざまな文書を参照し、また市区町村なりの判断を加えて、市区町村としてのさまざまな規程をつくるわけです。

　この場合、法律や命令は法の目的、対象、内容等、ごく大まかなことが規定されているだけであり、実際の施行や実施の基準、具体的な仕事の手順は、さまざまな文書で示されるのが普通です。

　これらの文書には、何とも捉えどころのない性質のものも数多く見受けられます。「通知」「事務連絡」「依頼」「参考」「質疑応答」「回答」「会議資料」等々、名称もさまざまです。

　ところが、通知や事務連絡といいながら、その内容は市区町村の仕事の仕方を事実上決めてしまう、きわめて拘束力の強いものであることも少な

くありません。会議資料などという文書のなかにしか具体的な仕事の手順が示されていないということもあります。極端な場合には、その会議資料の配布された会議の場での口頭による質疑応答のなかで、市区町村のとるべき仕事上の手順がはじめて明らかになることもまれではありません。

　このように、実際には法令以外のさまざまな形式の文書によって仕事を進めざるをえないのが自治体行政の実情です。住民としては、具体的な仕事の内容と手順を決めている「文書」が何か、それがどういう根拠を持っているのか、なぜ職員はその「文書」に疑問なくしたがうのか、そうすることで地域や自分たちの問題を解決するのに本当に役立っているのか、などを問う必要があります。

　また、現行の解釈と運用が行政の独りよがりとならないためにも、前章で情報公開について述べたように、行政が仕事を進める根拠としている法令等のすべての情報を住民に公開し住民があらかじめ知ることができるような配慮が必要なのです。

第 2 節　住民参加

　今日では、ほとんどすべての自治体で「住民参加」をその行政運営の基本に位置づけています。住民参加は、それ自体プラス・シンボル（積極的意味を持つ象徴）として受け入れられ、少なくともことばとして定着したといってよいでしょう。

　住民参加がこれほどまでに普及したことは、自治体の運営のあり方が反省され、また変化せざるをえなかったことを意味しています。「由らしむべし、知らしむべからず」といった運営方式は無効となったといえます。以下、住民参加をめぐる理論上の問題を検討したうえで、住民参加の実際と意義を述べることにします。

　第3章で述べたように、もともと「代表」というのは目にみえない住民の意思を目にみえる人で表すという擬制（選挙で当選した人を民意の代表者とみなすという意味）を前提として成り立っています。ですから、代表者は、選ばれた後も、できるだけ自らの代表性（民意と適合性）を高めるため、民意を吸収する手立てを講じ、公選の首長も議会の選挙以外に住民参加のチャンネルを多く設けることは当たり前のことです。

1　民主的自治の原則と住民参加

　地域に暮らし活動している人々が、私人（個人と家族）としての営みを超えて発生する共通の諸問題のうち、自分たちの負担と責任において共同処理をしようとしても手にあまる規模と性質を持った問題を、自分たちが選んだ専門の機関に解決してもらう、その機関が地方政府としての自治体であるということができます。この意味で、地域社会における主人公（プリンシパル（principal）ともいいます）は住民であり、議会や首長は、主人公としての住民の信託を受けて行動する住民意思の代行機関（エージェント（agent）ともいいます）であるといえます。単一主権制をとっているわが国では主権は国民に存するのですが、ここでは住民が主人公であることを強調するために、これを地方自治における「住民主権」（government of the people）の原則と呼ぶことにします。

　この「住民主権」の原則が現実に意味のある住民の行動として具体化されるためには、役所の政策過程—政策課題の設定ないし発議・原案策定・公式決定・実施ないし執行・評価・見直し—において、住民が発言し実際に影響力を行使しうる機会が保障されなければなりません。これが「住民参加」（government by the people）の原則です。「住民参加」とは、「役所の政策過程に対して役所以外の住民が実際に効果のある影響を及ぼそうとする活動」のことです。

　そして、役所が住民の自治機関であり、しかも「住民参加」の機会を保障する以上、その政策は住民のためにならなければならないはずです。こ

れを「住民本位」ないし「住民福祉」（government for the people）の原則と呼ぶことができます。役所は住民のために存在し活動しなければならないわけです。

　以上のような「住民主権」「住民参加」「住民本位」の諸原則は、いわば三位一体となって分かち難く結び合って民主的自治の原理を構成しています。何が住民にとって「ために」なる政策かどうかは住民が参加して決める、その根拠は住民が主権者であるからです。「住民参加」の基礎理論は、この論理的結びつきのなかで確固たるものになるわけです。

　住民参加がどの程度まで実現しているかは民主的自治の成熟度を測るバロメーターであるといってよいでしょう。住民参加は、やむをえず、あるいは「うるさ型」住民をなだめるためにとられる便宜的、消極的な住民対処の手段ではなく、住民自治を充実するために役所と住民がともにめざすべき行動理念です。

2　住民参加の制度的保障

　住民参加をめぐってしばしばいわれることの一つは、「住民参加というが、実際に参加する住民はごく限られた一部の、それも役所に反対や異議を申し立てる住民ではないか」「呼びかけても参加してこない多数の住民、沈黙している多数（サイレント・マジョリティ）をいかに参加させるかを考えなければならない」といった苦情ないし議論です。

（1）参加と動員

　しかし、住民参加とは、参加してこない人々まで無理に参加させることなのか、参加したいと思わない人々まで参加させようとすることなのかを再考してみる必要があります。参加したくない人々、参加してこない人々まで参加させるには、参加を義務や強制にする以外にありません。そのためには不参加には社会的非難を浴びせかけるとか、罰則を課すとかいった制裁手段をとらざるをえません。しかし、これは参加ではなく動員（モビ

ライゼイション）です。

　住民参加とは、個々の住民が、参加、不参加を任意に選ぶのに必要な意味のある情報が提供されていることを前提にして、参加したいと思う人は誰でも参加する機会が実質的に保障されている必要があります。参加したいと思っている人にさえ、参加の機会と場が保障されていない役所の政策過程自体を改革することなしに参加は進まないのです。したがって、ここで大切な問題は、参加者が現実に一部の住民に限られていることではなく、いかにして参加の機会や場をつくり、それを制度的に保障するかです。

（2）参加制度の活性化と充実

　そのためには、まず役所は既存の参加制度の活性化を図る必要があります。審議会・委員会・懇談会等、首長の諮問機関のメンバーの人選にあたっては「惰性」に陥らず、絶えず新人の発見と登用にも留意し、またそこでの審議を実質的なものにすることです。最近では、これら諮問機関に公募を募り一般の住民を委員に加える方式が定着してきましたし、審議とその議事録の公開も積極的に進められています。

　また、テーマ別ないし政策課題別の「住民委員会」方式などを導入して、政策の企画段階から住民の意向を吸収するとか、「点」（例えば施設立地）や「線」（例えば道路）の開発に際し、狭くそこの地権者のみに参加者を限定せず、「面」的考慮が可能になるように周辺住民が意見を反映させられるような場を設けるなどの参加形態の実行も強く求められるようになってきました。

　さらに、例えば「水」「緑」「交通」「福祉」「ごみ」「景観」「歴史環境」「公共施設」「産業振興」といったまちづくり・地域づくりのテーマを地区別に把握し、問題点とその解決策を探る「コミュニティ」単位の参加方式も考えられてよいですし、また、実践例も積み重ねられてきました。

　こうしたさまざまな参加方式を、1回で終わってしまう単発のものでは

なく、持続的な参加機会を保障する自治体運営の基本制度として定着させ
ていく必要があります。

（3）条例による参加制度の保障

　第4章でみたように、自治体は基本構想や総合計画などの自治体計画を
策定することでまちづくりの基本的な方針を示すのですが、その方針の中
身ももちろん重要ですが、自治体がそうした中身をどのようなものにする
のかを決めたりする決め方や、まちづくりの方針を実現させる際にどのよ
うな手続きにしたがって進めるのかという取組みの仕方、姿勢もまた重要
であり、そこに住民がどのように関わることができるのかが参加制度のあ
り方として問われます。行政の役割や責務を明確にするとともに、地域社
会を構成する住民の権利を明確にした、いわゆる自治基本条例の策定の必
要性がとなえられる理由の一つです。

column
自治基本条例

　自治基本条例の先駆けとなる例として、北海道のニセコ町
の「まちづくり基本条例」（平成13年4月施行）が有名です。
ここでいう「まちづくり」は、道路や上下水道の整備、市街
景観形成などの目にみえる「ハード」の側面だけではなく、
情報共有や住民参加などの仕組みづくりといった目にみえな
い「ソフト」の側面も含んだ、町民の共通ルールと呼べるも
のです。現在、多くの自治体が自治基本条例を策定していま
すが、ニセコ町条例は一つのモデルを提示したものだといえ

ます。

　「自治基本条例」「まちづくり条例」など名称こそ自治体に
よってさまざまですが、憲法や地方自治法の理念をその地域
にふさわしいかたちで実現させようという趣旨で制定される
ものですから、住民主体で自治基本条例案を作成し、役所側
に投げかけるというような住民自治的な制定プロセスを重視
した取組みがふさわしいでしょう。そして、条例のなかで
しっかりと住民参加制度について規定するのが一般的で、ま
た、必須だともいえるでしょう。なお、自治基本条例を踏ま
えてより詳細に参加制度を保障するための住民参加条例を制
定したり、あるいは、自治基本条例を定めずに住民参加条例
のみを制定したりする自治体もあります。

（4）住民参加の有効性

　住民参加が有効に機能する条件について一言しておきます。自治体行政
の現場ではさまざまな形態での住民参加が試みられてきました。住民参加
は、代表民主制を補い、住民共通の利益を擁護することにより、民主的な
自治の推進に寄与するものと考えられているからです。

　しかし、一般に府県政（都道府県の政治・行政）のように広範にわたる
事項の意思決定に関しては、普通の住民が個別にあるいは集合的に直接参
加することは手続き的にも技術的にもきわめて困難です。住民による参加
行動が有効になるためには、前に述べたように、少なくとも、①決定手続
きの日程を事前に知り、②検討や判断のための資料や材料をあらかじめ入
手しており、③質疑応答を繰り返す機会が保障されていなければなりませ
ん。しかも、普通の住民にとっては参加行動に必要な手間暇があまり負担
の重いものでなく、しかも参加の場が身近にあることが必要です。そし

て、住民の間に利害が対立するような計画・事業について住民が他人事の
ような傍観者の立場をとることなく、また単に反対するのではなく積極的
に調整に乗り出して住民自治の実をあげる点に、住民参加の真の意義があ
るといえます。

　このような意味での住民参加は、都道府県では採用がかなり困難である
といえるかもしれません。なぜなら対立する利害関係者が一堂に会して討
論できる範囲においてこそ住民参加は有効でありうるからです。したがっ
て、こうした限界を持つ住民参加を安易に府県政域にまで拡大するのは無
理がありすぎます。もちろん、少なからざる府県で行っているように、県
民会議あるいは県民懇談会のような、府県内のブロックごとに県民相互の
理解と協力を深めるための討論の場を設定する試みは有意義です。しか
し、それは主催者の府県にしてみれば、広く問題の所在や批判、要望の強
度を確かめ、政策アイディアを吸収するための広聴機能を超えるものには
なりにくいのです。

（5）都道府県政への市区町村参加

　こうした諸点を考えれば、都道府県政への住民意思の反映は、地域住民
の意思を代表し、地域社会のまとめ役である地方政府としての自治体を通
じて行うことの方が手続き的にも技術的にもより容易であり現実的です。
都道府県政への市区町村参加は、市区町村レベルでは代表民主制を補う直
接民主主義的な住民参加に期待される機能を都道府県政レベルで発揮させ
る仕組みであると考えられます。参加主体を市区町村の代表者及びその連
合組織（市長会や町村会）とするのは、それらが地域社会の要求や利益を
総合的に代表する地位にあるものと認められるからです。こうした市区町
村参加を経由することなく、都道府県と関係住民が直接厳しい緊張・対抗
関係に陥ってしまうような事態は特定地域の発展にとって必ずしも望まし
いことではありません。

　「市区町村の都道府県政参加」あるいは「都道府県政への市区町村参加」

というのは、自治体職員にとってもまた普通の住民にとっても聞き慣れないことばでしょう。それは、都道府県政のいろいろな段階と側面に対して、市区町村の代表者あるいはその連合組織が一定の制度上の保障のもとに直接参加し、市区町村の意向を都道府県政に反映させる参加制度をイメージしているからです。

　こうした制度構想がとなえられてから歳月がたちましたが、現実の仕組みになっていないという点ではまだ着想の域を出ていません。平成の合併で市町村の再編が進み、また、広域連携の必要性が強調されるようになった今日こそ、都道府県政への市区町村参加の可能性を検討すべきでしょう。

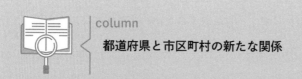

column

都道府県と市区町村の新たな関係

　市区町村の都道府県政参加が盛んに議論されたのは1970年代半ばごろに遡ります。「地方の時代」の提唱者であり、のちに地方分権推進委員会委員を務めるなど第1次地方分権改革で主要な役割を演じた長洲一二元神奈川県知事は、県民参加は二つの柱からなるとし、第1の柱である県政への県民自身の参加とともに、県政への市町村の参加を第2の柱に据えました。長洲知事は、県政への市町村参加について職員向け庁内放送で次のように述べています。

　　基礎的自治体である市町村の自治を尊重し、助成するとともに、制度上本来は対等平等の関係にありながら、機関委任

事務や補助金等の関係でややもすれば上下関係にあるかのようなユガミを呈しがちな県と市町村との関係を改善し、是正し、県民福祉のいっそうの向上のために、県と市町村との連帯と協調をより緊密にしようとするものであります。こうしたことを通じて「市町村連合としての県」という、広域自治体としての県の新しいイメージを創造したい。

　当時の貴重な研究成果に、神奈川県庁職員による研究グループがまとめた報告書『県政への市町村参加の理論と実態』があります。同報告書では市町村参加の意義として、第1に、「住民→市町村→県→国という上昇型政治行政システムの一環であり、市町村を通じて主権者である住民の意思を県政に反映させるという意義」、第2に、「市町村―県を通ずる広義の行政効率の向上に資すること」が指摘されています。後者については、県行政と市町村行政との競合などによる混乱に対して、十分な情報交換・協議を通じて、重複行政や依存関係などを解消し、整合性を図ることを可能にするというのです。

　さて、今日では別のかたちで都道府県と市区町村とが協力関係を結び連携する事例が現れはじめています。代表的なものとしては、「奈良モデル」と呼ばれる奈良県と県内市町村との連携があります。奈良モデルとは、「『市町村合併に代わる奈良県という地域にふさわしい行政のしくみ』であるとともに、人口減少・少子高齢社会を見据え、『地域の活力の維持・向上や持続可能で効率的な行財政運営をめざす、市町村同士または奈良県と市町村の連携・協働のしくみ』」と定義

されるものです。知事と市町村長が一堂に会して意見交換を行う「奈良県・市町村サミット」の開催などユニークな取組みがなされ、消防・医療・道路インフラなどでの成果が注目されています。

　また、2014（平成26）年地方自治法改正で、指定都市と都道府県の事務処理を調整し、いわゆる「二重行政」を解消するための協議の場として「指定都市都道府県調整会議」が設置されることとなりました。指定都市と府県という部分的なかたちですが、両者を架橋する仕組みが制度化されました。

　しかしながら、今日みられるいずれの取組みも行政効率化の要請に力点が置かれており、「市町村を通じて主人公である住民の意思を県政に反映させる」視点が希薄になっていないか、注意する必要があります。住民の都道府県への直接参加に代替するという意味での市区町村の都道府県政参加については、現時点にあっても着想の域を出たものではないといえそうです。

［参考文献］
・『県政への市町村参加の理論と実態―研究チーム報告書』神奈川県自治総合研究センター、1980年

（6）議会と住民参加

　従来、住民参加といえば、もっぱら首長とその下の行政機関の意思決定への参加を意味しており、首長による住民参加の推進は議会の権限を侵害するものだといった批判が議員の間からとなえられることもありました。しかし、これは二元代表制に関するまったくの無知と誤解に基づくものと

いわなければなりません。

　住民参加は、議会にとって、首長の場合と同じく、選挙によって選ばれた代表者としてその代表性を高め、しかも合議体としての意思決定の社会的統合力（地域社会における異なる利害や対立する意見を調整して合意を形成する能力）を強める手段とすることができるのです。議会が公聴会制度等を活用して住民参加を図ることで自らの代表性を高める努力を怠りながら、首長の参加推進を非難するのは筋違いです。

　議会が主催して住民との討論や対話集会を試みれば、それは単に民意の具体的な吸収に役立つのみならず、議会側も住民が提起する問題に対応して説明し、説得する能力を試されることになります。議会審議のときのようにもっぱら執行機関側に質問して答えさせるといった質問能力だけでなく、責任ある応答能力を高めるのに役立つでしょう。まちづくりの将来に関わる基本構想案などは議会主催の討論集会で取り上げるのに格好のテーマといえます。

　また、従来の施策の大幅な変更や将来にわたって大きな財政支出をともなう新規施策といった重要な案件、あるいは、地元や関係諸団体の間で利害・見解が分かれる問題の多い事項については、公聴会や参考人の意見聴取を行う制度が大いに活用されてよいでしょう。学識経験者や利害関係者の意見を常任・特別委員会など議会審議の場を通じ公にし、広く住民の関心を高める工夫を積極的に試みるべきです。また、そうした公聴会は、夜間や土曜日の午後、日曜日に設定し、住民の傍聴を促進すべきです。

　さらに通常の議会審議についても、例えば、請願・陳情の審議にあたっては当該の常任委員あるいは特別委員は必ず現場・現地の視察を行い、実情を目と耳で確かめるとか、請願者・陳情者を委員会に招いて直接発言する機会を提供し、事の理非や必要性を直接聴取するとかいった運営上の工夫も望まれますし、実現もたやすいはずです。

　また、議会審議に関心を持ち傍聴したいと思っている住民にとって審議日程の事前公表は不可欠の情報ですが、議会事務局を含め議会側は、住民

参加を促すこうした情報提供活動に熱心でなく、むしろ、そうした住民の傍聴を歓迎しないことをあからさまに態度で示すことすらあります。住民にとって議会が「みえず」遠い存在なのは、このような議会側の住民離れに一因があるといわなければなりません。

　議会が発刊している議会報（議会だより）にしても、無難で都合のよいもののみを出すのではなく、議会審議の真の姿を伝えるよういっそうの努力が必要でしょう。選挙で選ばれたことに安住せず、また労をいとわず、議会は住民に近づき、住民のなかへ入っていくべきです。

（7）行政担当者と住民参加

　自治体の政策過程の実際をみると、一般に住民がその選出にまったく関与できない行政担当者が、各局面で重要な役割を演じていることがわかります。自治体職員は、「能力の実証」によって任用され、強い身分保障が与えられています。首長や議員と違い選挙で落選することによって失職するような危険からも免れています。その行政担当者が、単に施策・事業の執行局面のみならず、政策過程の他の局面でも裁量的判断を下していることに住民が気づけば、さまざまなかたちで行政担当者に注文をつけることが影響力を行使するうえで有効であるということを知るようになります。

　この場合、住民参加は、住民にとって、選挙という手段を通じては責任を問うことのできない行政担当者に対し、直接、批判や要求をつきつけることによって、その決定の内容と手順を自分たちの意向に適合させようとする行動であるといえます。この意味で、住民参加は、住民にとって行政担当者の責任を確保するための手段なのです。

　他方、行政担当者にとって、住民の参加行動は、自分たちの判断や決定の根拠、適切さ、妥当性が問い直されるという意味を持っています。そうした住民からの追求に対して、前節で述べたように、行政担当者は一応、例えば「法令や条例・規則でそうなっていますから」とか「今までのやり方どおりですから」とか「議会や首長が決めたことですから」という応答

をすることはできます。しかし、法令・条例というものが一定の解釈を
まって、はじめて現実に力を発揮することを住民が見抜けば、住民はその
解釈の基準や根拠を問いつめることができますし、職員が前例どおりに事
を処理することは新しい事態への適応力を失っている証拠だと批判するこ
ともできます。また議会の審議や首長の決定のための原案が、実際には行
政担当者によって作成されていることも明白な事実です。したがって、行
政担当者が紋切り型の対応をすることだけでは、現実の執行活動に対して
住民の協力ないし黙認さえもえられない事態が出てきてしまうのです。

　行政担当者にとっては、執行段階になってから反対がにわかに沸き起こ
り立ち往生してしまうようなことを避け、円滑に施策・事業を実施できる
ようにするためには、その施策・事業の計画・決定・実施の過程に少なく
とも利害関係住民の参加を求めて同意をとりつけておくことが必要なので
す。通常、行政担当者にとって住民参加が切実な課題となるのは、こうし
た意味で関係住民からの個別的な支持や同意を確保するためであるといっ
てよいのです。行政担当者は、自分が担当する執行活動が滞ることを最も
嫌う傾向を持っているからです。

3　住民参加の意義

（1）住民参加と決定過程の変容

　役所が地域住民のくらしに影響を及ぼす施策を決めたり事業を実施する
場合、一定の手続き・手順があり、その手続き・手順の各段階で相談にあ
ずかったり、意見を述べ、あるいは「圧力」をかけるなどして決定過程に
参加する利害当事者がおり、その結果、一定の内容を持った施策の決定が
なされます。住民参加は、この手続き、権力構造（決定参加者間の勢力関
係）、施策内容に、ある変化を引き起こすことを通じて地域社会に革新（イ
ノベーション）をもたらせるのです。

　実は、各自治体が具体的にとっている参加方式が、この手続き－権力構
造－施策内容のうち、どの点までを射程に入れているか、あるいはどの点

まででとどまっているかを見定めることは、「住民参加」を促進すると表明していることと「住民参加」の実際とのギャップを識別するうえで必要なのです。

　例えば、今日でこそ当たり前となった公聴活動（相談窓口、地区懇談会、住民意向調査等）は、これまでなら流入しなかった住民の声を施策過程へ積極的に取り入れるために必須の手続きです。この手続き自体が今日では常識化したことは確かに住民参加の一つの前進です。しかし、この「御用聞き」型参加の手法は、民意把握の新しいチャンネルを開きはしましたが、地域社会の権力構造を大きく変えるほどの手続きとはならなかったはずです。多くの自治体で住民参加の施策といえば「広報広聴の充実」と考えられてきたのは、この手法が基本的に権力構造自体に変化を迫らず、決定の実権を既存の勢力に確保しておくことができるからです。

（2）運動型の参加

　これに対して、特定の施策をめぐって、抗議とか阻止といった直接行動というかたちで出てくる運動型の住民参加を役所が好まないのは、こうした住民運動が、役所の規定や手続きをしばしば無視し、事実上、交渉を強要することで、既存の決定参加者を一挙に拡大し、その結果、施策の変更を余儀なくされることがあるからです。

　従来であったならば、いわゆる地元有力者に「根回し」をし同意を取れば円滑に運んでいた公共事業が、「もう一つの地元」の台頭で滞り、ついに中止のやむなきに至った事例などがその典型です。議会や首長によって公式には承認済みの施策や事業が、実施の段階で住民の強い反対や抵抗に直面して実施が行き詰まり、延期され、中止され、さらに撤回され、その過程で膨大な経費（＝執行コスト）がかかってしまった事例などは、施策事業の発案・計画・決定段階における住民参加の大切さを物語っています。

4　住民参加と地域社会の革新

　このように手続きの変更が決定参加者間の勢力関係や施策内容の変化につながっていく可能性を考えるとき、地域社会のあり方との関係で、次の2点に留意する必要があります。

（1）根強い従来の住民組織

　その第1は、地域の権力構造としての既成の町内会体制がいかに根強いかという点です。町内会（地域によっては、区、自治会、部落会などと呼ぶこともあります）、PTA、これらを実質的な土台としている社会福祉協議会や公民館運営審議会、さらに民生・児童委員、保護司、各種相談員等のいわゆる行政委嘱員などといった地元役職者は、地域社会の住民組織の上層部を形成し、さまざまなかたちで支配的な影響力をふるってきました。町内会の特色は、世帯単位制を基礎に、全戸加入を組織の目標理念とし、整然と地理的な区割りができている点にあります。

　住民参加の必要が提唱されて以来、住民参加は、この全戸加入主義をとる町内会体制の再編強化と結びつく可能性が強かったといえます。自治体のなかには、新しい参加のチャンネルを設け、新しいタイプの住民層の参加を促すのではなく、むしろほとんどもっぱら旧来の地域組織を活用し奨励することで、既存の地域権力構造の温存強化を図ってきたところも少なくはなかったのです。新たな住民の声を一つ一つ掘り起こしていくのは大変なため、既存の住民組織にのったかたちで住民参加の一応の形式を整える方式に走りがちです。自治体の予算編成の前に町内会連合会が各地区の要望を取りまとめて役所側に提示し、役所側がその実現可能性について答えるといった参加形態はその典型です。

　しかし、その結果、「住民参加」を掲げながら、皮肉にも、既成チャンネル以外に参加を求める住民を排除するといった事態さえ生まれました。既存の地域秩序が崩れ、新たな方式によって地域をまとめていく必要があ

り、住民参加の必要が提唱されたにもかかわらず、その既存秩序の補強の
ために「住民参加」が逆用されるというこの現象は、参加が消極的な手続
きの変更にとどまる限り、権力構造の革新には必ずしも結びつかないこと
を示唆しています。

　また、NPO や多様な地域グループが活動を展開するようになり、その
一方で人口減少や高齢化が全戸加入主義を掲げる町内会体制の基盤を掘り
崩しつつあるのですが、このような傾向に対して、とりわけ東日本大震災
をはじめとする災害の頻発もあって、地域の絆づくり、コミュニティの再
建を強調するあまり、行政がさまざまな支援策を打ち出し、崩壊しつつあ
る既存秩序を補強することで対応しようという動きもしばしば見受けられ
ます。

　地域コミュニティの再編のあり方として、地域内分権（あるいは都市内
分権）と呼び、例えば、学校区レベルを単位として、町内会（あるいはそ
の連合会）のみならず、当該地域内の多様な組織を包摂する協議の場を設
ける取組みが近年盛んに取り入れられるようになりました。こうした新た
な仕組みを設けたとしても成果を生み出せるかは、単なる町内会体制の拡
張版にとどまるのではない、地域権力構造の革新に結びつく取組みとして
機能するかどうか次第だといえます。

（2）参加者としての女性

　第 2 は、こうした町内会体制とも関連して、意思決定の地位から女性が
排除されがちなことです。今日、実際に手足を動かす地域活動の中核的な
担い手となっているのは女性です。PTA、創作・学習活動、公民館活動、
福祉ボランティア、町内会活動等、地域の実践活動は女性を除いては考え
られません。しかし、こうした活動の団体や組織をみると、役職、特に
トップ・リーダーの地位はほとんど男性が占めているのが多くの実態で
す。そこには根強い女性蔑視観が今なお残存しており、それと同時に決定
権では男性に従属することをよしとする女性自身の考え方が根強い場合も

少なくないのです。首長、議員、行政職員等役職についても同様の傾向が
みられます。さらにいえば、民間企業などを含めて広く日本社会に当ては
まることであって、世界のなかでも日本は女性の社会進出がきわめて遅れ
ていることは周知のとおりです。

　男女や年齢を問わず多様な立場の人々が広く決定の場に関われる機会を
えることで、さまざまな地域生活に革新をもたらしていく可能性が本格的
に考えられるべきでしょう。日常のくらしの感覚や常識が、地域や役所の
意思決定過程にもっと反映することで、従来、手つかずであった分野での
改革が進むはずです。

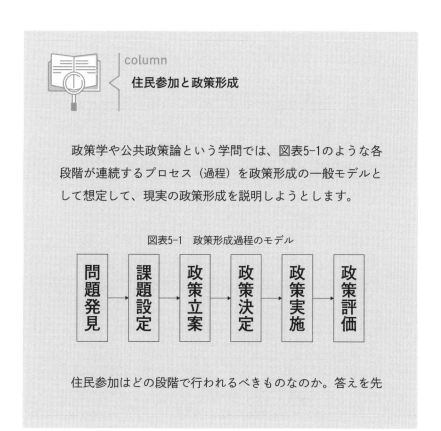

column

住民参加と政策形成

　政策学や公共政策論という学問では、図表5-1のような各
段階が連続するプロセス（過程）を政策形成の一般モデルと
して想定して、現実の政策形成を説明しようとします。

図表5-1　政策形成過程のモデル

問題発見　→　課題設定　→　政策立案　→　政策決定　→　政策実施　→　政策評価

住民参加はどの段階で行われるべきものなのか。答えを先

取りすれば、理論的にはすべての段階で考えられるのです。
現実にはどうでしょうか。

　ともすると、政策形成は政治家（首長や議会とその議員）
や行政（自治体職員）が担うものでは、と思われがちです。
確かに政治家は、住民のニーズに耳を傾け（問題発見段階）、
望ましい政策の方向性を示し（課題設定や政策立案段階）、最
終的な決断を下す（政策決定段階）という重要な役割を担う
ことが期待されますが、すべての政策に同じ比重で関わるこ
とができるわけではありません。政治家は重大かつ新規の政
策をめぐっては枢要な役割を担うとしても、例年どおりの定
型的な施策・事務事業などは行政の事務的な判断に委ねざる
をえないからです。

　他方、伝統的な見方からは、政治によって決定された事項
を粛々と実施するという意味で、行政の役割はもっぱら政策
の実施のみ（政策実施段階）とみなされてきました。しかし
ながら、上述のような事情から、政策立案や条例・規則の制
定をともなわない簡易な案件では、政策決定段階でも行政が
重要な役割を果たすことは少なくありません。そして、政策
実施段階の研究が進むにつれて、実は政策決定段階で政策の
大枠が決められたとしても、政策実施段階で実践とともによ
り重要かつ詳細な詰めがなされることが少なくなく、そし
て、そういった詰めの段階で行政に委ねられた裁量次第で
は、人々の生活に大きな影響を与えうることが明らかにされ
ています。

　しかしながら、留意すべきことは、地方自治の理念からす
れば、行政のみによって政策形成過程が独占されることはあ

りえないということです。

　住民参加という語感から、政治や行政のプロが進める政策形成に住民は外野から関わりを持つ程度に捉えられがちですが、住民自身が政策形成過程の確固たる主体＝プレイヤーであることは強調されるべきでしょう。

〔参考文献〕
・秋吉貴雄『入門公共政策学』中公新書、2017年
・大杉覚「自治体政策マネジメントと地域発自治創造」大森彌ほか編『人口減少時代の地域づくり読本』公職研、2015年、第3章

第3節　選挙への参加

　高度で複雑な都市型社会では、多様な住民からの要望を処理するのに、いちいち住民が一堂に会して相談して決めることは不可能です。そこで、住民が選挙によって自分たちの代表者を選び、その代表者を通じて自分たちの意思を自治体の運営に反映させるかたちがとられます。これが間接民主政治です。そして、その代表者を選ぶ方法が選挙であり、選挙に参加することが住民の参政権の最も基本的な権利であるといえます。そこで、地方選挙への参加についてみていきましょう。

　選挙権年齢に達した場合、男女を問わず、等しく一人1票の選挙権を持つことができます。選挙権やその行使の仕方は公職選挙法という法律に定められています。2016（平成28）年に施行された改正公職選挙法によって

選挙権年齢が20歳以上から18歳以上に引き下げられたことは記憶に新しいでしょう。この法律に即して選挙の仕組みを簡単に解説しますが、その前に、この選挙の実施と運用を担当している選挙管理委員会について基本的なことを知っておくと理解に役立ちます。

1　選挙管理委員会

間接民主政治の基本となる選挙が、中立公正な機関によって正しく実施されなければならないことは説明するまでもありません。戦後は、都道府県知事も市町村長も、住民による直接選挙で選ばれるようになりましたが、旧制度のように首長が選挙の管理執行の権限を持つことは選挙の公正確保のうえで適当ではありませんから、首長から独立した執行機関として選挙管理委員会（以下「選管」という）が設けられ、選挙の管理執行にあたることになりました（⇒第2章第3節）。

選管は都道府県と市区町村とにそれぞれ置かれていて、いずれも四人の委員によって構成されています。任期は4年です。委員のなかには二人以上同一政党に属する人がいてはならないことになっています。

選管は、その置かれている自治体の選挙を管理執行するほか、国会議員や他の自治体（例えば、市区町村選管は都道府県の知事、議員）などの選挙に関する事務を処理し、あとで説明する直接請求の署名審査や投票の執行に関連のある事務も処理しています。また選挙が明るく正しく行われるように選挙について啓発活動を行い、住民の政治意識の向上を図っています。

2　選挙権

自治体の議会の議員と首長の選挙権を持つには条件が必要です。①日本国民であること、②年齢満18年以上であること、③引き続き3か月以上その市区町村の区域内に住所を有すること、という三つの要件を満たす必要があります。市区町村の選挙権を持つ人は、その市区町村を含む都道府県

の選挙権も同時に持ちます。

　このような選挙権を持っている人が他の市区町村に住所を移したとき
は、自治体の選挙権がなくなり、新住所地で引き続き 3 か月以上たったと
きにあらためて新たな選挙権が生じることになります。ただし、移転先が
同一都道府県内の市区町村であるときは、市区町村の選挙権はなくなりま
すが、都道府県の選挙権はなくなりません。しかし、このような人でもさ
らにもう一度住所をほかの市区町村に移すと、移転先の市区町村がたとえ
同一都道府県でも、こんどは都道府県の選挙権もなくなります。

3　選挙人名簿

　選挙権がある人が、実際に選挙のとき投票するためには、選挙人名簿に
登録されていることが必要です。選挙があっても選挙人名簿に登録されて
いない人は投票ができません。

　選挙人名簿は、市区町村の選管がその市区町村の住民について選挙権の
有無を調査し作成した名簿で、そこには選挙人の住所、氏名などが記載さ
れています。日本では、アメリカのように有権者が自ら登録するのではな
く、選管が親切にも名簿に登録してくれます。選挙人は、いったん選挙人
名簿に登録されると、死亡とか他の市区町村に住所を移して 4 か月を経過
したときなど定められた理由によって抹消される場合のほかは、その登録
はずっと効力を持ち続けています。このことから、これは永久選挙人名簿
と呼ばれます。

　この選挙人名簿は、衆議院議員選挙や参議院議員選挙にも使われます。
衆議院議員や参議院議員の選挙権は、日本国民の年齢満18年以上の人が持
つこととされ、住所に関する要件は必要とされていませんが、選挙人名簿
に登録されるためには市区町村の区域内に住所を有し、引き続き 3 か月以
上その市区町村の住民基本台帳に記録されていることが必要ですから、実
際には自治体の選挙権の行使の場合と同じになります。

4　被選挙権

　被選挙権は、議員や首長などの公職の選挙に立候補し当選するための資格です。被選挙権は、次のように選挙の種類によって違います。

①　都道府県と市区町村の議会の議員は、選挙権を持つ者で、年齢満25年以上の者（引き続き 3 か月以上その自治体に住んでいることが必要）

②　都道府県知事は、日本国民で年齢満30年以上の者（住所要件は必要なし）

③　市区町村長は、日本国民で年齢満25年以上の者（住所要件は必要なし）

　このように、都道府県知事と市区町村長については、その自治体の区域内に住所がなくてもさしつかえがありません。これは住民が望むならば広く人材を全国から求めることができるようにしておくためであると考えられています。しかし、実際には、その地元に住んでいるとか、その地元の出身者であるとか、何か緊密な関係があったということでないと、なかなか選挙での当選は難しいようです。

5　選挙の種類

　自治体の公職に就くために住民による選挙が必要とされるのは、議員と首長のほか、都道府県にあっては海区漁業調整委員会の委員などがあります。

　議会の議員の選挙には、①任期満了や解散などによって議員全員を改選する一般選挙、②当選人が一定数に満たなかったり、法定得票数に足りなかったりする場合などに行われる再選挙、③議員の欠員が一定数に達したとき、その欠員を補充するために行われる補欠選挙、④市町村合併などにより議員の定数を増加する必要が生じたとき行われる増員選挙があります。

　首長の選挙には、①任期満了による選挙、②再選挙、③首長が欠けた場

合や退職の申出があったことによる選挙があります。

6　選挙運動の方法

　これらの選挙の方法や、選挙運動などのやり方については、公職選挙法に詳しく定められています。

　選挙が明るく正しく行われるためには何よりも一人ひとりの有権者が民主政治の担い手としての自覚を持つことが望まれます。特に実際の選挙運動に関わる場合には「選挙運動の手引き」を頭に入れ、違法行為にならないよう十分注意する必要があります。

　現行の公職選挙法は選挙運動について戸別訪問を禁止するなど事細かにいろいろ規制をしています。インターネット等を利用した選挙運動についても徐々に解禁されてきていますが、ネット社会の実情にそぐわない規制が残されているのではないかとの指摘もなされています。わからないこと、あいまいな点があるときには、選挙を手がけた経験者や選管に聞くことが賢明です。市区町村議会の議員選挙では、女性や若者のグループが、あまりお金をかけずに、創意工夫によって、素人運動を行い成功した例もあり有用です。

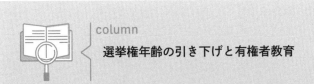

column
選挙権年齢の引き下げと有権者教育

　公職選挙法が改正され、2016（平成28）年6月から選挙権年齢がそれまでの20歳以上から18歳以上に引き下げられました。国政では、同年7月10日に行われた第24回参議院議員通常選挙（及びその期日前投票）が18歳以上の有権者が選挙権

を行使する最初の機会になりました。それに先立ち新制度の
もとで行われた地方選挙もありました。ちなみに、民法も改
正され、2022（令和 4 ）年から成人年齢は18歳以上に引き下
げられます。

　選挙権年齢の引き下げにともない、有権者となる若い人た
ちの政治や選挙への関心を高め、政治的教養を育む教育が
いっそう必要になったという認識から、有権者教育がにわか
に注目されるようになりました。総務省・文部科学省では高
校生向けの副教材を作成したり、高校などでは地元自治体の
選挙管理委員会などと連携して、有権者教育の時間を設けた
り、模擬投票が行われたりしました。

　選挙権年齢の引き下げが検討される以前から、地域の未来
を担う10代の若者が積極的に発言できる機会を設けようと、
中学生議会・高校生議会などの若者政策に熱心に取り組む自
治体もあります。

　新城市（愛知県）では、若者議会条例を制定して高校生を
主体とした若者議会を自治立法により根拠づけし、若者議会
の提案に市は予算措置ができる仕組みとしています。若者議
会の提案によって、若者主体の市民活動の場を創出するため
にリノベーションを実現させるなど、既に多くの実績をあげ
ています。

　また、可児市（岐阜県）の高校生議会は、全国的にも珍し
く市議会が地元高校や大人とともに地域課題に取り組むキャ
リア教育を展開するなかで実施されているもので、ワーク
ショップなどでは、高校生や地域の大人とともに市議会議員
も積極的に参加しています。これらの取組みは、単なる選挙

や政治に関する知識の提供にとどまるものではなく、自らの生活に密着した「政治」を実践する自治そのものだといってよいもので、若者に求められる有権者教育とはどのようなものなのかを考えさせる好材料を提供しているといえるでしょう。

ところで、ポリティカル・ライフ（political life）ということばがあります。直訳すると「政治生活」となり、日本語ではなじみの薄い表現かもしれませんが、「政治生命」と訳し直してみると、例えば、「政治生命を賭けて」とか「政治生命を断たれた」などとよく耳にすることばになり、印象は一変します。ただし、もっぱら職業政治家の命脈を指す際に用いられるのであって、いずれにしても、一般の住民にとっては疎遠なことばのように思われるかもしれません。

ところが、英語圏でこのことばを耳にするときには、むしろ、一般の人々が日常生活の一コマとして政治に関わる局面を指して、「政治生活」という語感で用いられる印象が強いように思われます。選挙の際に投票所に行き一票を投じたり、ある主張や利益の実現をめざして市民活動やデモに参加したり、あるいは、地域課題の解決のためにワークショップに参加してルールづくりに関わったり、ごく普通の人々の日常的な営みとして「政治生活」があるのです。

有権者年齢が何歳からかにかかわらず、私たち自身が主権者であり、有権者であることの意義をあらためて噛みしめる必要があります。政治を日常に取り戻し、私たち一人ひとりが当事者として政治生活を生きるという積極的な意識や意志を持つことができるかどうかは、デモクラシーの要請に見合

うように政治的教養を高める有権者教育の課題として問われ続けなければならないはずです。ちなみに、教育基本法には、「良識ある公民として必要な政治的教養は、教育上尊重されなければならない」（第14条）という規定があります。本書の「はじめに」に「地方自治は民主主義の学校である」ということばを引用しましたが、この条文の実質化を図ることも民主主義の学校としての地方自治の重要な役割といえるでしょう。

〔参考文献〕
・穂積亮次『自治する日本―地域起点の民主主義』萌書房、2016年

第4節　議会との付き合い方

1　傍聴

　本会議は、普通、公開されていますから、誰でも傍聴することができます。傍聴は、議会活動を直接見聞できる身近な方法ですから、ぜひ出かけてみたいものです。最近では、インターネットやケーブルテレビなどで中継する議会もありますが、実際の議場で傍聴すると、カメラでは捉えきれない議場の動きがうかがえますし、臨場感を味わえます。

　傍聴席の数は、議会棟・議場のスペースによっても違います。傍聴を希望するときは、議会事務局に行って傍聴証の貸与を受けます。受付順に

なっています。傍聴者は、議場に入ることができませんし、委員会を傍聴するときは委員会の許可を必要とするのが普通です。

2　請願・陳情

　住民が、直接、自治体の施策や運営に関して、自分で議会に要望できる制度があります。これを請願あるいは陳情といいます。請願には手続き上議員の紹介を必要としますが、陳情では必ずしも必要としません。多くの自治体では議員の紹介のある陳情については請願と同じ扱いをしています。

　請願・陳情は住民の誰でも提出することができます。提出された請願・陳情は担当の委員会で審査され、本会議で最終的に採決されます。その結果は請願・陳情をした本人ないしグループの代表者に通知されます。

　議会で請願・陳情が採択されると、市長に結果を通知し、関係機関に意見書を提出したりします。

　請願・陳情は、採択されればすぐ実施されるものとは限りませんが、市民の要望を市政に反映させる有効な手段の一つといえます。

3　代表者としての議員

　議会を構成する議員のあり方については、地域全体の利益を考えるべきか地元の利益を考えるべきかをめぐって議論があります。

　多くの議員には選挙基盤としての支持母体があり、地元があります。議員が議会審議中に、支持母体や地元利益に関係ある問題について、とりわけ深い関心を示して、活発に発言することは自然です。しかし、議員は住民の代表機関である議会の構成メンバーとして、重要な案件を自治体全体のことを考えながら全住民に代わって審議すべき立場にあります。

　議員に対して、全体の利益だけ考えろというのではかえって議論が抽象的で概念的な実りの少ない浮ついたものになるおそれがあります。しかし、部分的利益だけ考えてくれればよいというのでは、議会は常に利害が

衝突する場、互いに対立して合意のできない不毛な議論の場になるか、お互いの部分を配慮し合って取り引きする場になってしまうおそれがあります。

　議員は自治体全体のことと支持母体や地元のことに、7 分と 3 分ないし 8 分と 2 分といった比重をかけて考えるのがよいのではないでしょうか。

　よく「ドブ板議員」などと呼んで軽蔑することがありますが、議員の頭のなかに支持母体や地元のことが 3 分ないし 2 分の比重を持って常に考えられていることは、地域全体のことを考える場合の具体的なよりどころとなりますし、議員を通して表される住民の意向と行政側の考えの間に大きなズレを生じさせない、いわば"かすがい"の役割を果たすと考えることができます。

第 5 節　直接参政の制度

　代表者を選ぶことだけが自治に参加する方式では、住民がその意思を自治体の運営に反映できるとは限りません。明らかに、選挙のときだけしか住民は自分の意思を表明できませんし、いったん選挙が終われば、あとは代表者を信頼して任せるほかはないというのが間接民主政治の実際の姿です。そこで、真に住民が自治体の運営に参加していくためには、選挙で選んだ代表者が住民の意思に反する行動をとるようなときは住民が直接自分たちの意思を実現するための手段が保障されていなければなりません。このような考え方から設けられているのが直接参政の制度です。選挙という方式による間接民主主義に対して直接民主主義と呼ばれます。現行の地方自治制度では直接民主主義に基づく直接請求や住民監査請求など直接参政の制度を大幅に取り入れています。

　以下、その仕組みを簡単に説明していきましょう。

1　直接請求

　直接請求は、①条例の制定・改廃の請求（イニシアティブ）、②事務の監査の請求、③議会の解散の請求、④議員・首長・その他の主要役職者の解職の請求（リコール）の4種です。

（1）条例の制定・改廃の請求

　条例は自治体の議会が定めるその自治体の区域内に適用される地域法のようなものです。住民は自分たちの望む内容の条例を制定するように請求したり、今ある条例の内容を改めたりあるいは廃止するよう請求したりすることができます。ただし、地方税の賦課徴収や使用料・手数料・分担金の徴収についての条例の制定・改廃は請求できません。

　この請求は選挙人名簿に登録されている者の50分の1以上の署名により、代表者が行い、これを受けた首長は20日以内に議会を招集し、意見をつけて条例案を付議しなければなりません。しかし、議会は必ずしも請求どおり議決しなければならないものではなく、結局のところ住民からの請求は条例の制定・改廃の発案をするにとどまります。つまり、このようなかたちで多くの住民からその意思が示されることに大きな意味があります。この住民の発案が議会の審議に与える影響は決して小さくありません。

（2）事務の監査の請求

　自治体の処理している仕事について、その内容や方法の適否などを監査するように求めるもので、選挙人名簿に登録されている者の50分の1以上の署名により、代表者から監査委員に対し請求します。監査委員は、請求のあった事項について監査し、その結果を公表するとともに議会や首長などに報告しなければなりません。これは、住民自らの発意によって自治行政の公正と能率を確保するとともに、事務処理の責任を明確にさせ、その

正常な運営を期するためのものです。

（3）議会の解散請求

　住民の選挙した議員によって構成される議会が、住民の意思を反映した活動をしていないような場合に、議会を解散してもう一度選挙をやり直すように求めるものです。その請求の重要性から前の二つの請求よりも条件が厳しく、選挙人名簿に登録されている者の 3 分の 1 以上の署名により、代表者が選挙管理委員会に請求し、住民投票の結果その過半数が賛成したとき、はじめて議会が解散されることになります。なお、この請求は、選挙後 1 年間はすることができません。なお、人口・規模の大きい自治体の場合は署名を集めることが難しいと考えられるので、多少条件が緩和されており、選挙人名簿に登録されている者の総数が40万人を超えるときは、40万を超える数の 6 分の 1 と40万の 3 分の 1 を合計した数以上、80万を超えるときは、80万を超える数の 8 分の 1 と40万の 6 分の 1 と40万の 3 分の 1 を合計した数以上とされています。

（4）議員・首長・その他の主要役職者の解職の請求

　憲法で国民固有のものとされている、公務員を選定したり、やめさせたりする権利に基づいて、住民が直接あるいは間接に選任した自治体の主要な公務員の解任を請求するもので、いわゆるリコールと呼ばれる手続きです。

　議員または首長の解職請求は、選挙人名簿に登録されている者の 3 分の 1 以上（その総数が40万人を超えるときなどは、議会の解散請求の場合と同じです）の署名により、代表者が選挙管理委員会に請求し、住民投票の結果その過半数の賛成があったときは請求どおりその対象となった議員あるいは首長が解職されます。

　副知事、副市区町村長、指定都市の総合区長、選挙管理委員、監査委員、公安委員会の委員、教育委員会の教育長・委員についても解職請求を

図表5-2　直接請求手続き

	必要署名数	提出先	対応	その他
①条例の制定・改廃の請求	選挙人名簿登録者の50分の1以上	普通地方公共団体の長	請求受理後、直ちに公表、20日以内に議会を招集し、意見をつけて条例案を付議	
②監査の請求		監査委員	請求受理後、直ちに公表、監査を執行、公表、議会・長・関係委員会等に提出	
③個別外部監査契約に基づく監査の請求			請求受理後、意見をつけて長に通知、長は20日以内に議会を招集し付議、議決を経て契約締結、監査を執行、公表。議会否決の場合は②の手続きを適用	監査委員の監査に代えて契約に基づく監査によることができることを条例により定めている場合
④議会の解散の請求	選挙人名簿登録者の3分の1以上（その総数が40万を超えるときは、40万を超える数の6分の1と40万の3分の1を合計した数以上、80万を超えるときは、80万を超える数の8分の1と40万の6分の1と40万の3分の1を合計した数以上）	選挙管理委員会	請求受理後、直ちに公表、解散の投票を実施、過半数の同意により議会は解散	選挙後1年間は請求できない
⑤議員の解職の請求			請求受理後、直ちに公表、解職の投票を実施、過半数の同意により失職	
⑥長の解職の請求				
⑦主要公務員の解職の請求		普通地方公共団体の長	請求受理後、直ちに公表、議会に付議、議員の3分の2以上が出席し、その4分の3以上の同意により失職	副知事、副市区町村長、指定都市の総合区長は就職日から1年間、選挙管理委員などは6か月間、請求できない

することができ、この場合は選挙人名簿に登録されている者の 3 分の 1 以上（その総数が40万人を超えるときなどは、議会の解散請求の場合と同じです）の署名により、代表者が首長に対し請求します。首長は請求を受けると議会に付議し、議会において議員の 3 分の 2 以上が出席し、その 4 分の 3 以上の同意があったとき、対象となった者が解職されます。

なお、議員と首長とは選挙のときから 1 年間、副知事、副市区町村長、指定都市の総合区長は就職の日から 1 年間、選挙管理委員などは 6 か月間、それぞれ解職請求をすることができません。ある程度執務させたうえで、その解職が適当かどうかを判断すべきであるとともに、リコール制度の乱用を防ぎ責任ある請求が行われるようにするためです。

また、海区漁業調査委員会の委員についても、ほぼ同様の解職制度があります。

このような直接請求の制度は、1946（昭和21）年の地方制度の改正に際しはじめて取り入れられたものです。都道府県では人口・規模が大きく必要な署名数が集めにくいため、直接請求の件数は市区町村に圧倒的に多いのが現実です。この制度は、住民側が請求できるだけで条例の制定・改廃自体は議会の議決によるため、また、事務監査は監査委員の監査によって決まるため、請求自体は成立しても、要求どおりに実現するとは限らず、成功例は多いとはいえないでしょう。また政争の引き金となったり、そのためもあって中途で立ち消えになったりする例も少なくありません。

2　そのほかの直接参政の制度

直接参政の仕組みには、直接請求のほかに、特に重要な事項について直接住民の意思を聞くための住民投票の制度と、自治体の首長や職員が違法、不当な行為によって納税者である住民に損害をもたらさないよう、その行為を予防したり、是正を求めたりする住民訴訟の制度とが設けられています。

（1）住民投票

　住民投票は、①議会の解散請求、議会や首長の解職請求に基づいて行われるほか、②憲法第95条に定められている特別法の制定に関するものがあります。②について憲法第95条は「一の地方公共団体のみに適用される特別法は、法律の定めるところにより、その地方公共団体の住民の投票においてその過半数の同意を得なければ、国会は、これを制定することができない」と定めています。これは一言でいえば、国会といえども、それぞれの自治体の住民の意思に反してその自治体に不利益になる立法をすることができないことを意味しています。今までこの条文を具体化した例としては、広島平和記念都市建設法や長崎国際文化都市建設法などがあります。

　①のタイプの住民投票は、リコールと結びついたものです。現行の地方自治法には一方で直接請求制度制を保障しながら、自治体の重大な政策に対する住民の支持、不支持を問う住民投票の規定はありません。

　従来、リコールは首長・議員についてその役職上の適格性の判断に用いられることが多かったのですが、近年は、首長や議員の特定の政策への不信に対して活用されるようになりました。それとともに、住民投票制度の整備に向けた議論がなされてきましたが、法律上の制度としては、市町村の合併の特例に関する法律に基づく合併協議会設置に関する住民投票と、大都市地域における特別区の設置に関する法律に基づく特別区設置に関する住民投票を除けば、実現していません。

　これに対して、住民投票条例を自治体が独自に制定して、住民投票を実施する例が広くみられるようになりました。この条例方式の住民投票がはじめて実施されたのは、1996（平成 8 ）年、原子力発電所建設を争点とした新潟県巻町（現新潟市）の住民投票です。同年、米軍基地問題を争点として沖縄県で行われた住民投票は都道府県レベルでははじめてのものでした。以降、原発建設、産業廃棄物処理問題、公共事業などを問うために住民投票条例を制定する事例が続いています。そして、2019（平成31）年には米軍基地移設問題を争点として沖縄県で再び住民投票が行われました。

　また、個別の争点ごとにではなく、常設型の住民投票条例を設ける自治体もあります。

　これら条例方式の住民投票は、政策に関する地域住民の意向を直接問い賛否を明確にする効果が認められる一方で、原発建設のような国の政策に関わるものや、ダム建設など公共事業のように当該自治体の住民だけが利害関係者とは限らないものなど、住民投票が行われる自治体を超えてその効果が波及する可能性が認められる場合に、その結果をどう取り扱うべきかという根本的な問題も指摘されています。また、公職選挙法など法律に根拠を持たない点も公正さを確保するうえで課題となっています。こうした点も、住民投票制度の法整備の必要性をめぐる議論を促すものだといえます。

（2）住民訴訟

　住民訴訟は、内容的には直接請求と似通ったところがありますが、直接請求の場合は選挙人名簿に登録されている者の50分の1の署名が少なくとも必要であるのに対して、この住民訴訟の場合は、一人ででも請求できる点に特色があります。また、請求の対象も直接請求の場合は自治体の処理している仕事の内容すべてについて監査の請求をすることができますが、住民訴訟の場合は、自治体の首長や職員などの違法あるいは不当な行為による損害の防止を目的としていますから、その対象となる仕事の内容は限定されています。しかし、いずれにしても、究極の目的は住民自治の保障にあるわけで、その意味では両者の違いは手続きや手段の違いにしかすぎないといえます。

　自治体の首長や職員について違法あるいは不当な財務（公金の支出、財産の取得や処分、契約の締結などの行為）及び事務執行があると認めるときは、住民は一人ででも、これらを立証する書面を添えて監査委員に対し監査を求め、これらの行為を防止し、是正し、あるいは必要な措置をとるよう請求することができます。これは住民監査請求と呼ばれます。請求を受

けた監査委員は60日以内に監査を行い、その結果を公表するとともに請求
に理由があると認めるときは議会、首長などに対して必要な措置をとるよ
う勧告します。

　さらに監査請求をした住民は、監査の結果や勧告あるいは請求の結果と
られた措置について不服があるとき、監査や勧告が定められた期間内に行
われないとき、監査や勧告にもかかわらず必要な措置が講じられないとき
には、裁判所に対して訴訟を起こすことができます。これが住民訴訟と呼
ばれるものです。これは米国の納税者訴訟制度をモデルにしたものといわ
れています。

（3）監査委員の制度と外部監査制度

　最後に監査委員の制度について概略を述べておきます。監査委員は、普
通地方公共団体には必ず置かれ、都道府県と政令指定都市では四人、その
他の市町村では二人とされています（ただし、条例で定数を増やすことがで
きます）。首長が議会の同意をえて、人格が高潔で、自治体の財務管理、
事業の経営管理、その他の行政運営に関して優れた識見を有する者及び議
員のうちから、任期４年で、選任します。

　近年ではガバナンス強化の一環として、監査委員制度の見直しが図られ
てきました。監査委員は自ら監査基準を策定して公表し、それに従って監
査を行うこととされています。監査の結果は公表し、特に措置を講ずる必
要がある事項については、理由を付して勧告することができます。また、
監査委員に加えて、常設または臨時の監査専門委員を置くことができるよ
うにしたことで監査体制の強化を図れるようになりました。なお、監査委
員のうち議員から選任されるいわゆる議選監査委員について、かねてから
議員間の役職のたらい回しではないか、行政の監視に最も力を発揮すべき
議選監査委員がむしろ行政寄りの判断を下しがちではないかと批判が根強
かったこともあり、条例により選任しないことができるようになりまし
た。実際、議選監査委員の選任をやめる自治体も増えています。議員の政

務活動費も監査対象であることや二元代表制の原理からすれば、議選監査
委員廃止の流れはすっきりしたものだといえるでしょう。

　また、自治体による不正な公金支出をめぐる問題が相次いだことから、
自治体が外部監査契約を結んだ外部監査人がその自治体の監査を行う外部
監査制度が設けられています。

　これらの仕組みは、単に内部統制の強化としてのみ捉えるのではなく、
他の直接参政とあわせた広義のガバナンス強化と捉えてこそ住民自治とし
ての意義を有するものだといえるでしょう。

学びのガイダンス

☑ 1. 住民参加がどのように制度保障されているかを調べてみよう

　住民参加はさまざまな形態が考えられますが、憲法、法令、そして自治体の条例等によって制度化された仕組みもあることを本章では紹介しました。自治基本条例や住民参加条例はどのような理念のもと、住民参加を自治の仕組みとして位置づけ、どのようなタイプの参加手法を制度保障しているのかを調べてみましょう。条例が制定されていない場合でも、指針やガイドラインによって示されていることもあります。また、例えば、自治体が設置する審議会に公募委員を加えているケースなど、具体的にどのような取組みがなされ、その参加手法が地域の自治にとってどのような意味があるのかを考えてみましょう。

☑ 2. 選挙について考えてみよう

　参政の究極の仕組みの一つは選挙です。首長や議会議員を選出する選挙で、どのような候補者が、どのような政策を訴えているのか、また、自らはどのような判断で投票を決めるのか、振り返ってみましょう。しばしば投票率の低下が問題視されますが、他の地域と比べて自分の地域の投票率はどのような水準にあるのか、過去の選挙と比べてどのように推移しているのかをホームページなどで調べてみるとよいでしょう。また、国政選挙などと比べて、同じ地域でも投票率に大きな差がみられる場合もあります。その原因は何か、そして、投票率を高めるためにはどうしたらよいのかについて考えてみましょう。

☑️ 3. 身近な地域で取り組まれてきた住民運動の事例について調べてみよう

　安全・安心なくらしが保障され、皆が幸せに暮らすことができれば何よりですが、災害や人災を含めて思いがけない出来事はつきものです。仮にそういったことがなくても、地域に暮らす人々それぞれの意見、立場、思いが異なることをきっかけとして問題が提起されることもあります。環境、教育、都市計画などテーマは多様で、問題の深刻さや影響の規模などにも大きな開きがあるでしょうが、こうした地域の問題状況に対して、今日では何らかの住民参加や住民運動がみられます。身近なところで、どのような住民参加や住民運動がみられるのか、その主な担い手や参加者はどのような人たちで、どのような広がりをみせているのか、また、それに対して行政はどのような関わりを持っているのかなどを調べてみましょう。

第 **6** 章

共生社会に向けた住民自治の可能性

私たちが地域で暮らす場合、他の人々との関係では自分の利益や意見を主張することが必要になります。しかし、主張したからといってすべてが満足のいくように通るとは限りません。ときには対立や争いも起きます。私たちは一方では、大勢に流されて、泣き寝入りしないという意味で、また、自主独立の主体であると同時に他の人々とともに生きるために折り合いをつけるという意味でも、秩序形成の主体でなければなりません。

この二重の意味で主体であり続けようとする住民の意欲と行動を、今、住民の「元気」と呼ぶとすれば、誰一人取り残されない共生社会の実現に、住民の「元気」をどう振り向けていくべきかが問われます。最終章では、その「元気」の主体としての住民の可能性を探ってみることにします。

第 1 節　都市型生活様式の普及と「私的自由」主義の定着

　住民の「元気」を検討するためには、まず、地域でのくらしや、住民の意識に生じた変化について触れておかなければなりません。

1　都市型生活様式の普及

　第1は都市化の進展とそれにともなう生活様式の普及です。都市化とは、単に日本人の大部分が都市部に住んでいるという統計数値で表されるような都市人口の増大を意味するだけでなく、より広く都市型の生活様式や意識の全般的な普及として捉えることが必要です。それを思い切って次のように特色づけてみます。

　都市社会はそこへ流入し、住み着き、あるいは住み替え、活動する多様な人々の集まっている場所です。ここに集まってきて暮らす人々は、自分の好みと選択に応じて自由に暮らしたい、あるいは自由に暮らすことができる、そうした自由の意識を持っているといえます。この場合の自由とは、自分がこういう人間でありたいとか、特定の行動をするときに、そのことに関して他人にわずらわされず、他人から干渉を受けない状態のことです。この意味で、この自由は消極的自由です。都市では、どのような職業に就き、どこに居住し、どんな暮らし向きか、いかなる関心なり考え方を持っているか等について他人に知られたり、他人からとやかく指図を受けたりすることなく、そこで暮らすのに何ら社会的・身分的な資格も要求されず、身軽に匿名で生きることもできます。都市は人々を自由にするといえます。

　土地に縛られ濃密な人間関係を基礎にして成り立つ「ムラ」社会は、よくいわれるように、生活の知恵として「和」や「協調」の心を育みました。しかし、反面、「ムラ」社会は、例えば「隣の不幸はかもの味」とか

「隣家に蔵が建てば腹が立つ」ということわざが示しているように、私欲と嫉妬に満ちています。「ムラ」の人情は、いうほどに温かくはないものです。そこには、体裁を気にし、騒がせてはならない「狭い世間」のしがらみがあります。自己主張は「わがまま」であり、「言挙げ」は和を乱すものとして疎んじられます。都市は、人々の心を、この「ムラ」から解放します。事実、向都離村（ムラを去ってマチへ出ること）の一つの動機が息苦しい「ムラ」からの脱出にあったことは周知のとおりです。

2　「私的自由」主義の起源と定着

　戦後日本社会が戦前のそれと異なる重要な点の一つは、よくいわれるように、人々が、「私」の趣味、「私」の意見、「私」の都合、「私」の利害、「私」の生活を公然と主張することは一向に差し支えない、むしろ当然であると考え行動するようになったことです。これは、「私」という本音をはっきり表すことが建前化したことであるといえます。

　先の「自由」の意識に、この「私」主義が加味され、そこに「私的自由」主義ともいうべき価値観と行動様式が普及したといえそうです。昭和30年代前半を通じて、折に触れ、「私」優先の風潮に対し、これを慨嘆する意見も出されましたが、「私」という本音を公然と主張する傾向は広く人々の意識と行動に根を下ろしたといってよいと思います。

　例えば、この意味での「私的自由」主義の定着ぶりは、1967（昭和42）年に全国的にヒットした『世界は二人のために』に象徴されていたといえます。「二人のために世界はあるの」と歌ったこの歌謡曲は「公」（＝世界）に先立って「私」（＝二人）があることを何のわだかまりもなく主張していたと解釈できます。この歌を多くの人々はおおらかに歌えたわけです。

　自分が私的に自由に暮らしうることが大切な価値であれば、他人の私的自由も尊重しようとする考え方も出てきますが、反面、他人がどのように暮らし行動するかは自由ですから、他人への無関心さも生み出しえます。

　他方、「私的自由」主義の定着は、自分の「私的自由」に対する干渉や

侵害に強く反発し抵抗する気風を育てるといえます。利害が複雑に絡み合っている都市社会ではなおさらのこと、各人が自由に暮らそうとすれば、必ず他人の自由と衝突するのです。消極的自由は、もともと、秩序形成の原理とはなりえないからです。

3　依存型の生活様式

　ところで、都市化した社会で暮らすことが私的自由を確保することであるようにみえますが、実は、都市住民の日常生活の基盤はきわめてもろいものでもあります。都市住民は日常のくらしを円滑に維持するうえでは、自給自足ないし自力救済がほとんど成り立たず、他人が提供してくれる各種のモノやサービスに依存せざるをえないからです。食糧、上水の確保、光熱、下水やごみ処理、交通手段、子どもの遊び場等、日常生活のどの局面をとってみても、ほとんど自前でまかなえない依存型の生活様式となっています（⇒第 4 章第 2 節 2 コラム）。

　この生活様式の普及は、都市と農村という従来からの対比をかなりの程度無意味にしています。農村部に暮らしている人々もまた都市型の生活様式になじんでいるからです。なるほど都市では、多様なモノやサービスがあふれるほど提供され、働き口があり、便利で、活気と新奇さにあふれています。しかし、この快適さの代償は、自立性に乏しい生活基盤なのです。

　こうして、意識における「私的自由」主義と円滑な日常生活を維持するうえでの依存性こそ、都市住民の基本特性といえます。おそらく、都市型社会における住民自治の困難は、この都市住民の特性に由来している面が大きいでしょう。というのは、自由で快適で便利な生活を円滑に維持するのに必要なより多様でより高水準の公共サービスを求める住民は、自治体が提供するサービスには注文や文句はつけても、自らは自治を担う関心も熱意もない多くの「登録型」（単にあるところに住所を有しているだけの）住民になりやすく、またその身軽さはもともと「引越し不可能」な自治体に

とっては対処の難しい問題を生み出しやすいからです。

第 **2** 節 「ボランタリズム」 ―自発と自前の「元気」

　昭和40年代末から50年代にかけて自発性と自前主義を原則とする新しいタイプの住民活動のグループが、「人間砂漠」とまでいわれた都市生活のなかから生まれはじめました。国や自治体の行政の援助と関与とを受けず、むしろ行政から独立し、地域に根ざし、地域になじむ住民のボランティア活動が、日本の地域の歴史にあまりにも乏しかっただけに、こうしたグループの台頭は、新しい住民の「元気」として注目に値するといえます。以下、主として社会福祉の領域におけるいわゆるボランティア活動を念頭に置きながら、この「元気」の意味と大切さを述べたいと思います。

1　ボランティア活動とは―四つの活動原則

(1) ボランティア活動とは

　ボランティア活動をどのように定義するかは、それ自体、議論の余地がありますが、ここでは、ひとまず、ボランティア活動とは、「動機においては自発性を、活動資源においては自前主義を、代価においては無償主義を、相手との関係においては了解を原則とする遂志の活動である」と定義しておきます。この定義は一面では事実を、一面では理念を表しています。

　「遂志」とは志（こころざし）を遂げることであり、この意味でボランティアとは「有志」の人であるといえます。その志は、何らかの重荷を背負っている他人に対して理解と支援の手を差し伸べることによって、その重荷を共に担い合おうとすることです。

　堅気のくらしの基本を守りつつも、堅気のくらしから一歩あゆみ出よう

とする人々がいます。玄関から出た先のこと、世間のこと、他人様のことにも関心を持ち、なにがしかの言動を行おうとするタイプです。そうした人々を「有志」と呼びました。

　ボランティアたらんとする人は、このような意味での有志のタイプであるということができます。「堅気」からみれば「奇特な人」とみえても不思議ではありません。

（2）自由な選択

　ところでボランティア活動の本質は、何よりも活動の担い手のあり方にかかっていると考えられます。それは、まず、そもそもある特定の活動を行うかどうか、行うとすればどのような内容の活動を、誰と、どの程度まで、いかに行うか、その判定と選択が個人の自由な意思に基づいていることです。

　ボランティア活動は、他から頼まれたとか、命令されたとか、規則で義務づけられているので、本心は嫌だが仕方なく、あるいはやむをえず行うような活動ではなく、そうしないではいられない個人の内発的動機に発する自主的な活動です。これを動機における自発性の原則と呼ぶことができます。

（3）自前主義と無償主義

　活動選択におけるこの自発性の契機と結びついて、ボランティア活動は、その活動に必要な資源に関する自前主義と活動の成果に対する無償主義を原則としています。

　ある特定の活動を選択し実行するためには、それ以外の活動を可能にしたかもしれない資源―時間、労力、技能、資金、情報等―の投入を必要とします。ボランティア活動における自前主義とは、この活動のための資源を他に依存せず自弁することを当然だと考えることです。端的にいえば身銭を切ることにほかなりません。

　活動資源について自前主義をとるということは、活動の対価を期待してはいけないということには直ちになりません。手間暇をかけ、身銭を切って活動する以上、一定の報酬を要求したり、受け取ったりするのは当たり前であると考えることもできるからです。けれども、ボランティアは、自らの意思で費やそうとする活動資源に対する金銭の報酬や名誉の顕彰を期待しないのです。この点で同じ民間活動でありながら、利潤の最大化を原則とする企業活動における仕事とは異なります。あえて活動の対価と呼べるものがあるとするならば、それは、自分の活動が相手から喜んでもらえたことへの内的な喜びです。そして、その喜びが活動を持続するバネとなります。

（4）ライフ・スタイルとして

　ここで注意すべきことは、この喜びが、特定の活動資源を費やしうる自分の経済的時間的な余裕に関する優越感とも、あるいは一方的な善意の押しつけを善行の証しと錯覚する自己満足とも無縁であることです。ボランティア活動を求める人の意向や要望に対する理解と配慮を欠いて、ボランティア活動はありえないからです。

　この意味で、ボランティア活動はお節介ではないのです。ボランティア活動を通して結ばれる人間関係は、相手の喜びをわが喜びとするボランティアの心情と、理解と支援の手を差し伸べてくれる活動に感謝せずにはおれない受け手の心情との交流として成立するといえます。しばしばボランティアは「社会奉仕家」と訳されますが、この訳語には本人における自己犠牲的な奉仕観と相手方における負い目意識とが混じり合った気重な人間関係が暗示されています。それよりも「ボランティア」というようにカタカナで表した方が適切なのではないでしょうか。ボランティア活動は、喜びと感謝の交流のなかに、人と人が共に人間らしく生きようとする意味で、「共生」の一つのあり方だといえます。

　しかし、現実のボランティア活動では、活動の提供者と受け入れ側とい

う、その限りでいえば対等でない関係があることも否定できません。この対等でない関係があることから、ボランティア活動は、結局、親切の押し売りであり、自己満足の偽善行為であると冷笑する人もいます。あるいは、欧米社会におけるボランティア活動が、キリスト教信仰とその教会活動と結びついて発展し、この活動が実はこの世からあの世へ行くときに神様からの問いに対して答えなければならない人間的行為の証しであることを指摘して、こうした宗教倫理が普及していない日本社会ではボランティア活動の発展は望み薄であるという人もいます。

　ボランティア活動において対等でない関係が存在することを無理に否定せず、しかも、ボランティア活動を世俗的倫理によって根拠づけようとすることは必ずしも容易ではありません。おそらく、ボランティア活動は、何らかの助力を求める人に無償の手を差し伸べないではいられないボランティアの心情と「共に生きる」ことを自分の生活様式（ライフ・スタイル）とするボランティアの生き方とを前提にせざるをえません。この意味では、自己の利害のために他人を手段化し、優劣の勝敗を争い、利害の取り分の不平等を当然に考える人々の間にはボランティア活動はありえません。

　ボランティア活動によって結ばれる人間関係においては、ボランティア活動の送り手も受け手も共に生き合うという「共同の企て」への参加者であるといえるのではないでしょうか。この点でボランティア活動とは担い手の方からみれば「喜びをもって共に重荷を担い合う活動」と定義することができます。

2　ボランティア活動の担い手

（1）主婦や高齢者の登場

　1970年代中ごろ以降、主として都市化の進んだ地域で、家庭の主婦と退職後の健康な高齢者を中心的な担い手とする比較的小規模なボランティア・グループが生まれはじめたことが注目を集めるようになりました。ボ

ランティアとしての家庭の主婦や高齢者の登場は、もともと特定の地域とは必然的な結びつきを持たなくても可能となるボランティア活動に地域性を与えたという意味で、きわめて重要な出来事だといえます。

一応子育てが終わり、家計と生活時間の余裕のある家庭の主婦や定年退職して健康で余生を送っている高齢者は、一方でいわゆる全日制住民であることから地域活動に出会い、参加する機会が多く、他方で、日常生活上の必要ないし制約からどうしても活動時間が昼間に限られ、行動範囲も無理のない身近な地域とならざるをえません。こうした主婦や高齢者の参加する地域活動は、趣味、スポーツ、学習、芸能、レクリエーション、子ども会、PTA、町内会、消費者運動など多様です。

ボランティア活動もそうした地域活動の一つとして台頭しはじめたといってよいでしょう。従来からの「施設ボランティア」活動に対比させていえば、「地域ボランティア」活動の新しい担い手の登場です。地域で暮らす主婦や高齢者にとってボランティア・グループとその活動は家族・親戚という血縁で結ばれた人間関係とは別に、あるいはそれを超えて、地域での活動として、心ふれあう付き合いの場たりうるのです。その付き合いを通じて、自分と他人、あるいは社会や自治体についてさまざまなことを学び、あるいはグループ活動の楽しさを体験しうるのもボランティア活動の付随的意義であるといえます。

（2）コミュニティ形成の結晶核

家庭の主婦や高齢者を中心的担い手とするボランティア・グループが生まれてきたということは都市的現象としても意義は小さくありません。都市社会における人々の日常生活のなかで「地」縁で結ばれる人間関係が、「血」縁や「社」（機能）縁で結ばれる人間関係に比べて、どのくらい重要性を持っているかは、「地」縁を契機とする地域社会のまとまりを大きく規定します。地域社会での活動に帰属意識を持ち、そこで生きることに安堵と喜びを見出している人々が存在してこそ、地域社会はあるまとまりを

持った意味のある実体となりうるからです。

　もし人々が、家族・親戚や職場での人間関係に関心を集中し、地域社会での付き合いに冷淡ないし無関心であれば、事実として地域で軒を接して暮らしながら、地域を共通に感じとり、共住のゆえに発生してくる諸問題を共同して解決していこうとする意欲は育ってきません。地域で暮らすことの意味を再発見し、そこに新しい共同の関係を形成していくことを「コミュニティ形成」と呼べば、地域社会のなかで重荷を背負っている人々との「共生」を模索する新しいボランティア活動は、そのコミュニティ形成の結晶核となりうると思われます。

3　「総ボランティア」論への疑問

　このようなボランティア活動は、都市型社会に生まれた運動として注目するに値する重要な意義を持っています。しかし、それは地域社会においては、現在のところ数では相対的に少数の人々の活動であり、これからも、それにとどまるかもしれません。ボランティア活動が喜びを持ってする自発性に徹した活動である限り、住民のすべてがボランティア活動に参加することなどありえないし、また期待すべくもないからです。重荷を背負っている人々と、そうした人々に力を貸したいと思う人々のふれあいと共感、理解と思いやりは、事実としての社会的強制からは決して生まれないからです。やさしさや配慮が希薄化する都市型社会を嘆くあまり、「住民総ボランティア」化のスローガンを掲げて動員しようとすることは、十人十色のボランティアの内発的動機、信念、気概を、型にはまった行動へいざなうことになりやすいのです。

　「住民総ボランティア」化の運動は、もしそれが住民すべてがボランティアになるべきであるという、義務や強制の意図を含むとすれば、ボランティア活動本来の趣旨にそぐわないといわざるをえません。ボランティア活動への参加を呼びかけても応じぬ無関心の人、ボランティア活動など性に合わぬと嫌がる人、ボランティア活動は偽善だと批判する人がいて

も、そのことゆえにそうした人々は社会的に非難されるべきではありません。少数者の活動であることが当たり前と考え、自分で自分たちで、おおらかに、無理なく、志を貫き続けること、そこにボランティア活動の真骨頂があるのです。

4　組織化の必要性

　ボランティア活動がボランティア活動をする人の自由意思とボランティア活動を求める相手の了解によってはじめて成り立つということは、次の二つの点で、この活動の困難さを示唆しています。

　もしボランティア活動が、例えば個人が偶然に街角や車中で行う「小さな親切」のような単発の行為ではなく、相手方にとって、ある持続性を期待しうる活動であるとするならば、ボランティア個々人の持つ特有な条件は、常にボランティア活動を不安定なものにします。一身上の都合、生活環境の変化、関心の変化等は、不安定化の原因となるからです。

　このようなボランティア個々人の条件変化を考慮しつつ、しかもボランティア活動の持続性を可能にするためには、同様な活動の交代要員を準備し、必要に即して対応できる態勢をつくっておくこと、すなわちボランティア活動の組織化が必要です。

　他方、ボランティア活動をある程度継続して要望する人もきわめて特有な条件を持っています。どういう内容の活動を、いつ、どの程度、どういう人に求める要望が、どこに、どのくらいあるのか、そうした具体的な要望に応えるボランティアは、いつ、何時間、どこでなら何人準備できるのかを絶えず発見・開発し、この両者を適切に結びつける必要があります。ボランティア活動を志す人々がいても、活動の場がみつからなければ、ボランティアの意欲は空転するほかないし、逆にボランティア活動への要望があっても、それに応じうるボランティアが確保できない、あるいはボランティア・サービスが不安定なものであれば、要望する側は失望し、要望してもだめだなと考えてしまうかもしれません。したがって、ボランティ

ア活動の展開には、ボランティアと要望を有機的に結びつける何らかの組織的な工夫が必要です。

　自治体のなかにはボランティア・センターを設けて、ボランティアを志す人に向けての情報提供やボランティア養成講座の開設などの便宜を図ることがあります。ボランティア・センターはボランティア・グループが活動を円滑に進めるうえで必要となる拠点としての役割を果たしたり、その他リソースを提供したりします。あるいは、ボランティア・グループ体間の媒介役としてネットワーク化を図る役割を果たします。この場合、ボランティア・センターは一種の中間支援組織の機能を担っているわけで、ボランティアが持続可能な活動であることの困難さからすると、重要な取組みだといえるでしょう。

5　ヨコに結び合う活動の意味

　ボランティア・グループは志で結ばれた対等者の集まりです。志は階層や地位を横断して水平的に作用します。このことは、ボランティア個々人を所得、学歴、身分、家柄、年齢等、社会・経済的な序列によって位置づけ、それをグループの運営に持ち込もうとするタテ型の秩序感覚とは相容れないことを意味しています。

　何を基礎にするのであれ、上下の関係による組織運営に慣れている人にとっては、ヨコに結び合うことを好むボランティアとそのグループは決して御しやすい人々ではないのです。志とそれに基づく具体的な行動なしに、ボランティアを利用あるいは管理することができると考える人がいるとすれば、その人は、いかにボランティア活動の意義を強調し、その促進を力説していても、おそらくボランティアからは最も遠い存在でしょう。

　わが国においては人と人との関係では「ヨコ」とつくことばがほとんど悪い意味の用法であること（例えば横暴、横車、横意地、横着者）を考えますと、ヨコに結び合うボランティア・グループの形成は、新しい社会慣習を生み出していく文化的活動であるとさえいえるでしょう。こうした意味

で、ボランティア活動の発展は、地域社会における福祉と文化に新しい可能性を拓く住民の「元気」の表れであるということができます。

1　「所貧乏」意識

　1930（昭和 5 ）年、民俗学者の柳田國男が著した『明治大正史　世相篇』の第 5 章「故郷異郷」に次のような一節があります。

　「日本では土地貧乏ともいって、住村に幸不幸の大なる差があることが、早くから知られていた。最初はもちろんその不幸を償う何物かがなければ、そこをわが居村として選定するはずはなかったのだが、時代の経過とともに損ばかり残るような例が現れてくる。さりとて立ち去って他に求めることもできぬゆえに、何とかして坐ながらこれを有利にしよと心がけたこと、これが近代の農事改良の基調であった」

　柳田は、これを「均霑努力」と名づけています。均霑とは「等しく潤う」という意味です。さらに、次のように指摘しています。

　「人心はすなわちすでに動いていたのである。一番気遣ったのは憲法の平等治下において、知らずに国恩の一部分を棄権したことになってはいないかという点で、それにはちょうど幼童の菓子を分つごとく、始終他の兄弟が何を得たかを、互いに見のがすまいとしたのであった。それを報告しまたは誇張し、稀にはある力によってこちらのみ得する方法もあるかのごとく、示唆する悪者もあったのである。それが地方人の政治意見を、目の先のものにしたことは争えぬが、

起こりはまた一種の愛郷の純情であった」（『明治大正史　世相篇（上）』講談社学術文庫、1976年、191〜192ページ、下線引用者）。

　この柳田の文章は、「土地貧乏」観、すなわち格差の意識と「均霑努力」とのつながりを鋭く見抜き、その特性と問題点を指摘しています。

　「土地貧乏」は「所貧乏」ともいいますが、「自分が現に住んでいる所は、立地条件が悪く、あるいは辺地であるため貧乏している、損をしている、遅れている」というイメージです。それをもう少し拡大していえば、自分の、自分たちの生活、享受している公共サービス、暮らしている環境、利用できる施設、住んでいる地域は、他と比べて、劣っている、遅れている、不足している、損をしている、不十分であると考える格差の意識であるといえます。

　ある人が自分と他人を比較して相違を発見したとしましょう。その相違は二通りに解釈できます。それは、自らも誇りと思い、また他人からも尊重されるべきその人の「個性」とみるか、それとも放置しておけない苦しいギャップ、「格差」とみるかです。後者の解釈をとれば、比較した他人をあこがれの対象として、その人に追いつこうと努力することは自然です。

2　「均霑」の平等主義

　均霑への願望は、いわば横並びの平等主義ともいえます。他の人、他の地域が、いい思いをしている、上等のくらしをしている、便利な生活をしている、立派な施設に恵まれている、自分も、自分たちの地域も、それと同じになってしかるべきではないか、格差が放置されているのはおかしいではないか、損をしている、我慢できない、頑張ろうということになります。「何とかして坐ながらこれを有利にしよと心がけ」ようということになります。どうすればよいのか。「知らずに国恩の一部分を棄権」していないかどうか「気遣い」、他の人、他の地域が何をえたかを見逃さず、応

分の「菓子」（＝利益、処遇、配慮等）を獲得することになります。この格差是正の運動が「均霑努力」です。

柳田國男は、この「均霑努力」には「いわゆる県出身の先輩も参与し、ことに代議士を心掛ける人々が、いくぶんか問題を作り出す傾きもあった」と述べ、均霑努力の担い手として政治家が重要な役割を果たしていることを示唆しています。

国―地方を通じる日本の政治家は、その大多数が、地元の「均霑」願望を、「地域間格差の是正」を大義名分として、「中央」に取り次ぎ、「中央」に集中している「国恩」を、ときには「ある力によってこちらのみ得する方法もあるかのごとく、示唆する悪者」ともなって、地元へぶんどってくる仲立ちとなってきました。

たとえていえば、「地元」にとって、この「御利益」（道路ができ、橋がかかり、補助金が来る）への見返りが、「地元」がまとめ差し出す「御供物」＝票になるわけです。

3　「均霑」の根拠づけ

「均霑努力」は「憲法の平等治下」、「国恩」は平等に配分されるべきとする一種の民主主義的な理念によって根拠づけられます。それは、同じ日本人であれば、誰であれ、どこに住んでいても、等しい生活水準を、あるいは等しい公共のサービスや配慮を受けてしかるべきであるとする考え方です。

戦後社会に限っても、いや、むしろ戦後社会においてこそ、「地元」の意識を強くとらえてきたのは、「所貧乏」観に基づく「均霑」への願望ではなかったでしょうか。そして、この均霑への願望を正当化するために用いられてきたのは、政治を含む生活原理としての民主主義であったのです。

戦後日本の社会で確固として人々から支持された民主主義は、政治や行政を、日常身辺の問題解決と結びつける、それ自体としては健全な態度を

育てました。しかし、その日常身辺から際限なく展開されたのは「均霑」
としての政策要求であったともいえます。この政策イメージが優越すれ
ば、住民は、「ゆりかごから墓場まで」日常生活上の利益の源泉を政治や
行政による行き届いた配慮や世話に見出すようになります。

そのような利益設定の仕方を、住民は、自己の１票に委託した当然の代
償と考え、配慮を受け、面倒をみてもらうことに何ら疑問を抱かなくなり
ます。その結果、せめて「人並み・世間並み」になるため少しでも多くの
利益や利便を地元へ引き寄せる、公式、非公式の陳情活動が盛んに行われ
るのです。これはしばしば「たかり・むしり」とも呼ばれています。

それは、柳田國男がいっているように、「立ち去って他に求めることも
できぬ」住民が現在の居所を改善し、住み続けようとする「愛郷の純情」
の表れともいえます。選挙制度改革をはじめとする政治改革や地方分権に
よって、かつて予算編成期の陳情合戦で霞ヶ関界隈が賑わう様相を風物詩
のように語る時代こそ過ぎたものの、施策・事業の実現に向けた国への陳
情体質そのものは変わっておらず、地域格差の是正を大義名分とした「均
霑」願望がいかに根強いかを物語っています。

このように「格差」の意識と「均霑」の願望に発する住民の「元気」
は、確かに、地域生活の水準と利便の向上を結果としてもたらし、「地元」
と「地域」の繁栄に貢献したことは否定できません。しかし、この「元
気」が発揮される条件と方法を考えてみるならば、それが無視することが
できない問題をはらんでいることも事実です。

（1）「均霑努力」と中央集権

第１に、この「元気」は、巨視的に考えますと、いつも「均霑」される
べき利益が「国恩」として「中央」に集中しており、その「中央」に利益
分配の担い手がいて、いわば「打ち出の小槌」を持っていることを前提と
しています。

「均霑努力」として表れる住民の「元気」は、実は、地方分権よりも中

央集権体制に適合的であり、配分すべき富を増産する経済の高度成長に見合っているのです。「均霑」の政策を有効に展開するためには、一度分配すべき富を「中央」に集中し、それらを「格差」に応じて「中央」が効率よく分配する方が不平や苦情が出にくいからであり、また分配しうる富が増産されれば、既に利益をえている人々を刺激することなく、次々と噴出してくる新規の「均霑」要望にそれなりに応えることができるからです。

　しかし、高度経済成長が終わり、事実として地域間格差がいくぶんでも縮減し、「中央」からの画一的な施策では適切に解決しえない課題（自然及び歴史的な環境の保全、在宅福祉サービスの充実、美しく潤いのある住環境の創造など）が多く出てくることによって、これまでの「中央」集権は改革されなければならなくなったのです。具体的にどのような地方分権改革が進められたかについては第3章で述べたとおりですが、一連の改革によって、これまで常に住民の「均霑」願望を刺激し、それに応えることによって社会をまとめようとしてきた、以前からの政治や行政の体質が本当に転換されたのかは問われ続けられなければならない問題だといえます。

（2）自立精神の減退

　第2の問題は、「均霑」を求める住民の「元気」においては、その見かけのしたたかさが、日常身辺の問題をまず自分たちの力で解決していこうとする「独立の気力」の衰弱をおおいかくしてしまうことです。例えば、住民に最も身近な自治体の行政に利益（補助金、施設、サービス等）の源泉を見出し、そこから利益を引き出すことに成功することは、「均霑」の願望は充たされるにしても、実は行政への依存を深めることを意味しています。その限りでは、行政による関与や管理を増大させることにもなるのです。しかも、行政は、公平原則の立場に立ち、機会均等の方針をとり、住民は、どちらかといえば個別的な実情に基づく今の私の利害の実現を求めますから、行政への住民の不満は絶えなくなります。不満を要求に変えて、行政のサービスを強要することはむしろたやすいのです。

　都市型生活様式においては、自給自足がほとんど成り立たず、日常のくらしを円滑に維持するためには行政の提供する各種サービスに依存しなければなりません。その行政の良し悪しに無関心でいられないにしても、なおかつ「均霑」を求めるあまり、私的領域を超え出る問題を次々と行政に持ち込み、いわば「おんぶにだっこ」の傾向を強めることは、住民自治のあり方からみて再考を要するといえます。

（3）画一化の促進

　第 3 に、「格差」是正のための「均霑」政策を求める住民の「元気」は、等しくなるべき「あこがれ」の対象の諸特性を取り入れることです。つまり、比較の対象並みになることをめざしますから、結果として、同じような生活様式、同じような施設、同じような便利さをもたらし、その意味で画一化を促進します。例えば、どこへ行っても、ナショナル・ブランドの衣食住の製品が流通し、同じような小学校や公民館が建ち、「銀座通り」ができ、津々浦々まで道路が舗装され自動車が往き交うことになります。その結果、生活はそれなりに豊かに、便利になる反面、地域的個性を活かす「まちづくり」の視点は軽視され忘れられがちとなります。「均霑」志向に偏し、画一化をもたらす住民の「元気」は、今や独自性や多様性を志向する「元気」へと転換を迫られているといえるのではないでしょうか（⇒第 4 章第 2 節）。

（4）「和」の地域秩序との関連

　第 4 の問題は、「均霑努力」の組織化と地域秩序とに関係しています。「所貧乏」の解消のためには、個々の住民というよりも、一定の地域なり、地元なりが全体として潤うことが必要ですから、その一定の地域ないし地元が、自治体や国に向かって、格差を是正し地域を振興させるための補助を訴えるには、その訴えを仲介する有力者ないし実力者をつかむとともに、地域なり地元なりがまとまっていなければなりません。なぜならば、

内における一糸乱れぬ団結ぶりこそ、こうした陳情の説得力を保証するからです。

そのためには、地元を割り、地元の一致団結の「和」に水をさす「非協力者」は存在してはならないと考えられがちです。こうした意味で、「均霑努力」の組織化の必要は、強く地域における「和」を求める秩序感覚と結びつきます。そして、それは、しばしば異議を申し立て既存の地域秩序に抵抗する住民の別の「元気」を抑制することになります。次に取り上げる住民の「元気」は、その「異議と抵抗の元気」です。

第 4 節 「和のイデオロギー」と抵抗の「元気」

1 「自ずから治まる」自治観

どの地域社会にも、利害の分化と対立が事実として存在しますから、そうした利害を集約して地域社会に秩序をもたらす意思決定の仕組みがあります。

（1）自治―二つの読み方

日本の地域社会は、戦後も長い間、少なくとも正式に事を決めるときには、全員一致を図ろうとする強い傾向を持ってきました。公開の場で議論して決を採るのはなるべく避けようとします。採決ともなればカドが立ち、シコリが残るからです。これは、ある意味で、狭い世間で顔を突き合わせて暮らすうえでの知恵でした。それは、秩序形成の原理としての「自治」を「和」に引きつけて「自ずから治まる」と読む考え方と運用の方式であるともいえます。

1937（昭和12）年、前田多門という人が『東京市町会時報』に寄せた

「町会自治雑感」という小文に次のような一節があります。

　「自治という言葉は『自<ruby>おの</ruby>ずから治まる』とも読めるし、『自<ruby>みずか</ruby>ら治める』とも読める。もし人生の理想から言うならば、特に多くの技巧工夫を加えず、自ずから治まっている社会を持つことが最も望ましいであろう。しかし、それは人口密集し、社会の各要因が各々異った利害関係を有する近代社会において到底実現し得べくもない」（引用者注：原文を新字体・現代仮名遣いに改めました）。

（2）自治と和

　「特に多くの技巧工夫を加えず、自ずから治まっている社会」は、事実として多様な利害や意見が複雑に絡み合っている現実の地域社会においては実現しうるべくもありません。それにもかかわらず、なお「自ずから治まる」という自治観が成立するには、地域社会では利害や意見は本来一致しているはずであると考えられているか、または、一致していなくても争うことは悪いことであり、争いを起こしてはいけない、と考えられているからです。

　地域社会の本来の姿は利害や意見の一致した「和」の状態であり地域社会では「みんな仲良く、みんな一緒にやっていけるはずである」という想定です。それは「和をもって貴しとなす」という古来からの秩序原理と結びついています。

（3）和の工作

　「和」は乱れていない状態、つまり特定の秩序に照らされてイメージされます。したがって、もし現実に、地域社会に分裂や争いが起ころうとしたり、現に起こっているならば、それは和が乱されたからであり、乱しているものがいるからであると考えられます。乱れた秩序を回復するためには、その乱れの要因を取り除けばよいことになります。

　もともと、人と人とは違うものであり、利害や意見に対立が生じ、全員

一致が望めないにもかかわらず、全員一致にしたいとすれば、一方では、そのための事前工作、根回しにエネルギーを費やすことになりますし、他方では、これに逆らう人間を効果的に制裁する必要もあります。根回しは、いうまでもなく、誰にでもできるわけでなく、信用と人望を集める人柄と力量の持ち主でなければなりません。そうした信望の形成は、一定の緊密な社会関係を前提としています。根回し活動は、利害関係者を特定して、そうした関係者から非公式に、ある決定について「同意」を確保することです。

　この場合の同意は、必ずしも、積極的な合意形成としての承認を意味しません。それは、むしろ、自分の意見も聴取され考量されたこと、ともかく自分にも「挨拶」があり、メンツが保ちえたことへの評価です。この同意調達は、いわば日本型民主的手続きの必須条件であって、これを欠く決定とその実行がいかに利害当事者から反発と批判を受けるかは、長期にわたって繰り広げられた成田の新東京国際空港建設をめぐるかつての紛争が示したとおりです。こうして根回しは、私欲と嫉妬に満ちた地域社会の利害を調整するそれなりに実効的な方式であったといってよいのです。

　こうした根回しにもかかわらず、事を荒立てる人間、理屈をこねる人間、腹を割った話し合いにも応じず、すんだ事を蒸し返して有力者の顔に泥を塗るような人間、地元が割れていることを外に吹聴する人間、「穏やかに出ていればつけ上がる」人間、いわば地域社会では少数者であるこうした人々は、何よりも和と全員一致を乱すものとみなされ、村八分的な制裁を受けるのです。少数者は、陰で悪態をついても、結局はあきらめ、泣き寝入りするほかなかったといえます。

　このように「自ずから治まる」という自治は、現実に、和の工作を必要とする限り、すなわち「技巧工夫」を用いる限り、「和のイデオロギー」として機能せざるをえないのです。それは地域社会における利害対立があらわになりそれが紛争に発展することを避け、既存の秩序（所与の利害関係や行動様式）を守るための根拠となりました。

（4）「よそ者」と政党を嫌う

　したがって「自ずから治まる」という自治観は、地域社会の既存秩序を乱したり崩したりするような要因の存在と流入を警戒することになります。例えば、既存の秩序を乱す内と外の「よそ者」は警戒されます。内の「よそ者」とは地元の有力者に公然と異議を申し立て自己主張する者のことであり、外の「よそ者」とは、その内の「よそ者」と通じて、これを支援する「外部勢力」のことです。

　また特定の主義主張をとなえ、集票と公職の獲得のために党利党略を展開する政党は強く警戒されます。政党は自党と他党をイデオロギーで分かち、集票を争うことで地域社会に分裂と紛争をもたらすと考えられるからです。

2　住民運動と「和のイデオロギー」への挑戦

　もしこのような「和のイデオロギー」が支配するなかで、大部分の住民が何らかの制裁を恐れて、あるいは面倒なことに関わり合うことを嫌って、役所や大きな組織団体の理不尽に目をつぶり、もしくは泣き寝入りしているとき、あえて、それを異見と異議を申し立て抵抗する住民がいれば、その住民のなかに「元気」を発見できます。大きな力と事を構えるには「元気」がなくてはならないからです。

（1）住民運動の多発

　こうした旧来の地域秩序のあり方に決定的ともいえる打撃を与えたのは、昭和40年代を通じて、全国でいわゆる地域開発事業を阻止しようとした住民運動の続発でした。住民運動の衝撃は、公私の開発事業を中止させ、延期させ、変更させたことのみにとどまりませんでした。それは、地域における生活価値の優先の原則を抵抗運動のかたちで主張し「和のイデオロギー」に真っ向から挑戦した運動でした。

　「和のイデオロギー」が地域社会における少数者の利益と権利を踏みに

じるのなら、紛争こそが問題解決の積極的な手段として使うほかないということになりました。抗議行動を相手方との交渉力に変え、自分たちの「生活」を防衛しようとした住民運動の多発は、「和のイデオロギー」を重視し、旧来の秩序を守ろうとする人々から強い反発を呼び起こしましたが、地域社会に新しい課題を提示しました。それは異議申し立てや抵抗の運動を地域社会の意思決定過程における生理として認め、住民参加を含む新しい利害調整の仕組みづくりのなかに位置づけるという課題でした。これは、対立や紛争を忌み嫌い病理と考える地域社会の文化を変容させる新しい力となったといえます。

（2）住民と市民

「住民運動」に関する記事が新聞の全国紙の第1面にまで登場するようになり、住民運動ということばが通用しはじめたのは、1965（昭和40）年前後でした。特定のことばが広く用いられるということは、それが表している事態や現象が多くの人々の注目を集め関心をひきはじめたことを意味しています。ジャーナリズムにおけることばの流通がときに特定事象の誇張されたイメージの伝達となることがあるにしても、広く人々の関心ないし共鳴を呼ぶものと考えられない限り、こうした流通化への動機は起こらないでしょう。

1965（昭和40）年前後までは「市民」運動ということばが広く用いられていましたが、これに代わり、あるいはこれと併用されて「住民」運動ということばが多用されるようになったことは、「市民」とは区別される「住民」という新しい運動主体の登場を示していました。

政治の良き担い手の証しとしての「市民」には、自分と他人の利害の合理的計算、利害関心における「私性」の克服、行動における教科書的な行儀の良さなど、総じてそんな人はどこにいるのかという疑問を起こさせるようなあやふやさが常につきまとっています。

これに対して、住民運動における「住民」は、運動の広がりと高まりと

ともに「住民エゴ」という批判が浴びせかけられたように、具体的な生活の要求に根ざす個別的で目にみえる利害を主張する泥臭さと、「抗議」行動を役所等と渡り合い交渉するための手段として活用する新奇さとを表していました。

　この運動主体としての住民のイメージは、いうまでもなく、戦前のように地方の末端行政への従順な「参助」を義務づけられた「住民」でもなく、あるいは、たまたまある場所に住所を有するだけの「登録型」住民といったタイプでもないのです。それは、自分たちのくらしに直接的に大きな影響を及ぼす事業が自分たちの関知しないところで決定され、それが押しつけられてくることに対して公然と抵抗し異議申し立てを行う自己主張型の住民でした。

（3）住民運動の衝撃

　住民運動と一口にいっても、それは、実際には多種多様です。さしあたり、地域と自治体にとって大きな衝撃であったのは、公害その他の地域生活環境の悪化を招くものと考えられる具体的な地域開発の事業計画ないし行為を拒否し、阻止しようとする特定地域住民の自発的な運動でした。

　そのような「元気」の発揮を促したのは、皮肉にも、和の秩序観に支えられて強力に進められた開発事業にともなう地域社会の激変でした。工業化と都市化の進展は、地域社会における安定した緊密な人間関係を崩し、それは、根回しの担い手に不可欠の信望の形成を不可能にしました。

　また高等教育の普及による学習能力や自己主張能力の向上は、鋭敏な私益意識とあいまって、「同意」をとりつけるための根回しとそれに基づく全員一致の決定のやり方を著しく困難にさせます。「地元の繁栄」のために我慢してほしいという言い方は、実は特定の人々の利益を守ることであるということが見抜かれ、開発にともなう利益の分配をめぐる争いはより醜くなり、「同意」はさらにかたちだけのものになります。誰が利害当事者であるかの確定はいっそう困難になり、従来のやり方による利害当事者

の確定自体が争われることになります。

　さらに、都市型生活様式の一般化は、地元の有力者や町内会など旧来の団体を経由しない不満や要求の多発を促し、それを抑制させることがほとんどできなくなりました。こうして、争うのがいけない、みんな仲良く、みんな一緒にという「和のイデオロギー」は人々の間に秩序を維持する力を著しく減少させることになったのです。

3　抵抗の「元気」の課題

　しかし、考えてみれば、抵抗をテコとした生活防衛の住民運動もまた、今日ではすっかり定着した「私的自由」主義なしにはありえなかったといえます。「私」の利害、「私」の都合、「私」の生活を公然と主張することが自由であり、権利になったときの問題は、自分と違う利害と対立を持つ他人の身になって考えることが弱まることです。住民運動は、抵抗というかたちを通じて地域社会における新しい合意形成の必要を痛感させました。それには「私」の生活や「私」の利益を大切にしつつも、それを超え出て、自分と違う他人への感受性を回復し、その違う相手と折り合っていく、そうしたおおらかな「付き合い」の能力が求められます。

第 5 節　自律的な秩序形成の「元気」

1　「自ら治める」自治観

　前田多門という人が二通りに読めるとしたもう一つの自治観は、「自ら治める」です。「自ら治める」ことがなぜ必要であるかといえば、地域社会には多様な意見や利害が存在し、それゆえときには対立や争いが起こることがむしろ生理であると考えられればこそ、いろいろと工夫をしてそれ

らを調整し解決しなければならないからです。

したがって、この自治の担い手は、"自分の個性的な利害を明確に主張しうる独立性を保ちながらも、利害の相互主張にともなう対立や紛争を調整するため、他人への理解と譲歩とによって折り合いをつけることが、結局、自分の利害にかなう"と判断しうる知性を備えているという意味で自己規律の能力を持つ「政治主体」としての住民なのです。そうした住民が、自らの手で共通問題も解決して秩序を形成していく力も住民の「元気」と呼ぶことができます。この「元気」が特に地域社会で注目される必要は、主としていわゆる都市化の進展によって「広い世間」が拡大したからであるといえます。

2 「広い世間」の拡大と対立の表面化

都市化の進展が地域社会に及ぼした影響の一つは、いわば「広い世間」の拡大であったということができます。

(1) 二通りの他人

日本人が持続的に持っている人間関係のなかで、「血」縁で結ばれる身内関係では、親子関係に端的に見出せるように、心（情）が通い、しかも遠慮がいらない間柄となっています。この身内関係のすぐ外に、いわば同心円ふうに広がっている世界を「狭い世間」ということができます。狭い世間は他人関係ですから、遠慮がいるのです。無遠慮であってはならない作法の世界です。この作法に反し迷惑をかける人間を「狭い世間」は嫌います。しかし、ここでの他人は、「遠くの親戚より近くの他人」ということわざが示していますように、少なくとも自分のことを知っていてくれる、理解してくれる、相談に乗ってくれる、さらには配慮してくれる、助けてくれるような心（情）通う「他人様（ひとさま）」なのです。狭い世間の温かさ、ぬくもりは、ここにあります。

この「狭い世間」の外側にさらに広がっているのが「広い世間」であ

り、そこは心（情）通じず、遠慮もいらない「赤の他人」の世界です。「赤の他人」は、まずは素姓もわからず、うさんくさい、信頼できない存在です。したがって、「赤の他人」同士が事実として関係を持たざるをえないような場合には、「旅の恥はかき捨て」のように傍若無人の振る舞いとなるか、「花見の喧嘩」のように、こわもてで不粋な暴力沙汰となる可能性を強くはらんでいるといえます。

（2）広い世間でのもめごと

　都市化が進み、「赤の他人」同士が軒を接して暮らすようになると、現に住んでいるところを「仮のすみか」と考えている人々でも、地域での「共住」のゆえに、日常生活上、具体的な利害関係を持つ各種の問題に直面します。騒音、通行、境界、日照、子どもの交遊、清掃等、いわば玄関を一歩外へ出た近隣の生活関係をめぐる対立や紛争は少なくありません。

　例えば、通学班で子どもたちが一緒になる、ごみ収集所を当番で清掃する、ドブ掃除を町内で行う、痴漢、放火、空き巣が出れば互いに注意を呼びかけ合うなど事実として何らかの関係を持つ必要が生じても、なかなか呼吸が合わない、協力がうまくいかない、ささいなきっかけでトラブルが起こり、事態が険悪になったりもするのです。

　「広い世間」が拡大すれば、争うのはいけない、みんな仲良く、みんな一緒という「和のイデオロギー」の力も衰退しますから、今まで「狭い世間」を形成してきた地付きの住民（「旧住民」）は「広い世間」の拡大（「新住民」の増加）を警戒し、疎んじ、その非協力さ、無責任さを批判するようになりもします。

　こうして「広い世間」の内で、あるいは「広い世間」と「狭い世間」の間でいろいろなもめごとが発生します。こうしたもめごとは地域社会における「広い世間」の相対的な拡大から起こった無視できない事象であるということができます。「赤の他人」同士が集まって暮らさざるをえない以上、どのような付き合いを形成できるか、そこに大切な地域社会の課題の

一つがあるといえます。

3　役所への依存と自治

（1）行政に持ち込まれる「私」の利害の調整

　「私的自由」主義の定着、依存型の都市的生活、「広い世間」の相対的拡大は、相互に関連し合って、いろいろな地域問題を発生させる背景や原因となってきました。地域での共住のゆえに、個人と家庭の「私」生活の領域を超える各種の問題や紛争も生まれやすくなりました。そうした問題や紛争を、関係住民が自分たちの手で解決できずに、警察を含む行政の関与や説示を要請しなければならないとしますと、行政が介入する頻度と分野は増大していきます。

（2）自らを治められるか

　もし関係住民が役所に依存しなくとも対立や紛争を解決できれば、住民は「自ら治める」という意味で秩序を形成する主体となり、異質な個人の間の共存関係を平和的に創り出すことになります。この場合に、秩序は外部から押しつけられるものではなく、内から自分たちの手で創造されるものとなります。

　「自ら治める」自治とは、地域での「共住」のゆえに、個人と家庭の「私」生活の領域を超える各種の問題の解決を次から次へと役所に持ち込むのではなく、住民自らが日常身辺で話し合いを通じて問題の解決を図っていくという意味だといえます。

　問題は、利害当事者としての住民が相互の立場と利害を理解し、交渉と互譲によって自分たちで対立を調整しうるかどうかです。

4　住民がつくる「公共」

　住民が自らの手で秩序を形成できるということは、「私」生活を超える問題の解決を次々と役所に委ねることなく、「私的領域」と「役所（行政）

の領域」との間に住民共同としての「公共的領域」を介在させることを意味します。それは、従来、「お上」としての役所が何が「公共」であるかの解釈を独占し、「共同」よりも「公」という面を優先させてきた地域政治の風土のなかに、「お上」とは異質の「公共」の領域を確立することにほかならないといえます。

　住民が共同すれば解決できる問題を役所の仕事（行政需要）に転換していくことは、住民要求に対する役所の適応性を高めるようにみえますが、その実、住民に不信感を持ちながら住民の面倒をみてあげているという役所の考え方を温存させ、結局、住民を管理する行政の肥大化を促すことになります。もし住民が日常身辺で自分たちの手で秩序をつくり出し、その分野と範囲を拡大していくことができれば、それは、「自ら治める」住民自治の根拠と可能性を示すことができます。

（1）公私の二分論の見直し

　これは、従来のように「公」でないものは「私」で、「私」を超えるものは「公」というように二分論で考える発想から抜け出て、私的領域―公共的領域―行政的領域という三分論を構想することを意味します。

　「公共」が、社会の秩序と安定を形成し維持するうえで不可欠な観念であり、その解釈を独占できることが、国―地方を通じる行政の強さであったといえます。

　しかし、「公共」というのは不可欠であっても、結局は一つの仮構（公共というものがあるとみなすこと）であり、「共同」の契機なしでは「公」が赤裸々な権力となってしまいます。住民による自律的秩序の形成が「公共的」といいうるのは、いうまでもなく「行政的」と同じではなく、「私」を主張しつつも「私」を自己抑制し異質な「私」と「私」との間に共存の関係を地域社会のなかにつくり出すからです。

　このような意味での住民自治の可能性は、そこで解決されるべき共通問題の性格、規模、費用等によって限定されます。それらは、地域の生活条

件と人々の気風や資力によって定まってきますし、役所の存在理由と役割
が減じるわけでもありません。しかし、大切なことは、行政の守備範囲と
か、住民の依存心が議論されている今日、まず住民が相互に地域生活上の
関係を見抜いて、必要に応じ共同で解決を図っていく活動を多様に試み、
住民自治の火種をたやさないことです。

（2）NPO の活躍

　行政による民間活用など公民間の協働を試みるうえで、NPO について
あらためて触れないわけにはいかないでしょう（⇒第 4 章第 4 節）。NPO
とは、Non-Profit Organization（非営利組織）の略称で、広義には、一般
社団法人・一般財団法人、公益社団法人・公益財団法人といった公益法人
や学校法人、医療法人、宗教法人などを含めることもありますが、通常は
市民活動団体のことを指します。

　NPO が社会現象として広く認知されるきっかけとなったのは、1995
（平成 7）年阪神・淡路大震災での目覚しい活動にあったといえるでしょ
う。この出来事をきっかけに、社会的に重要な役割を担う NPO に対する
法的整備が未着手であったことが課題となり、特定非営利活動促進法
（1998（平成10）年施行）が制定されたのです。この法律によって、新たに
特定非営利活動法人（NPO 法人）制度が創設されました。NPO 法人は
「不特定かつ多数のものの利益の増進に寄与することを目的とするもの」
（同法第 2 条 1 項）で、現在では、20の活動分野、すなわち、①保健、医療
又は福祉の増進を図る活動、②社会教育の推進を図る活動、③まちづくり
の推進を図る活動、④観光の振興を図る活動、⑤農山漁村又は中山間地域
の振興を図る活動、⑥学術、文化、芸術又はスポーツの振興を図る活動、
⑦環境の保全を図る活動、⑧災害救援活動、⑨地域安全活動、⑩人権の擁
護又は平和の推進を図る活動、⑪国際協力の活動、⑫男女共同参画社会の
形成の促進を図る活動、⑬子どもの健全育成を図る活動、⑭情報化社会の
発展を図る活動、⑮科学技術の振興を図る活動、⑯経済活動の活性化を図

る活動、⑰職業能力の開発又は雇用機会の拡充を支援する活動、⑱消費者の保護を図る活動、⑲前各号に掲げる活動を行う団体の運営又は活動に関する連絡、助言又は援助の活動、⑳前各号に掲げる活動に準ずる活動として都道府県又は指定都市の条例で定める活動、が掲げられています。

　住民協働を基本方針として掲げ、協働条例を制定する自治体も多くなりましたが、その際に協働のパートナーとしてのNPOの役割は大きな比重を占めます。

　一口にNPOといっても、組織形態や法人格の類型を指すものであって、上述のようにその活動目的は多様ですし、活動の理念や性格も多岐にわたります。ボランティア・グループがその活動を持続的なものとするためにNPO（法人）として組織化を図ることもあれば、ソーシャル・ビジネスやコミュニティ・ビジネスといった、事業・プロジェクトを通じて社会問題を解決しようとするタイプのもの、活動範囲もコミュニティ・レベルからグローバルに展開するものなどさまざまです。いずれにしても、NPOなど多様な活動が重層的に地域のなかで、あるいは地域を超えて展開されること、また、そうした活動を育む環境にあることが住民自治を支える基盤となっていることは確かでしょう。

（3）サラッとしホカホカな人間関係

　そして、住民自治の火種をたやさないために必要なのは、突き詰めれば、人々が地域生活で持ちたいと考えている人間関係（付き合い）ではないでしょうか。「地」縁で結ばれる近隣関係において現在の日本人が望んでいる付き合いは形式的でパサパサした、われ関せずといった冷淡なものでも、さりとて「何かにつけて相談したり、助け合えるような」全面的でベタベタ、ネチネチした付き合いでもなく、どちらかといえば、適当に距離をおいたうえで理解と共感が保たれる、「気軽に行き来できるような」部分的でサラッとした、しかし、どこか温かみのある付き合いではないでしょうか（NHK放送世論調査所『現代日本人の意識構造』1979（昭和54）年

313

参照）。第 1 章のコラムでは、柳川掘割再生の「奇跡」を導いたのが、「生命の源」である「川との煩わしいつきあい」の大切さへの気づきであることを指摘しましたが（⇒第 1 章第 4 節 1 コラム）、実は川をめぐる地域での「煩わしいつきあい」＝人間関係をともなうものでもあったはずです。

　以上のことは、本質的には21世紀の現在でも何ら変わりなく当てはまるでしょう。むしろ、超高齢・人口減少社会にあってはますます重要な考え方だといえるかもしれません。こうした発想を起点として、地域で暮らすことの意味を再発見し、そこに新しい共生の関係を形成していくための手がかりを見出すことがいっそう求められるでしょう。

column

「地域共生社会」の実現と住民自治

　「共生」をキーワードとした取組みは国の政府でも近年積極的に推進されています。例えば、厚生労働省は「地域共生社会の実現」を改革の基本コンセプトに掲げています。ここで「『地域共生社会』とは、制度・分野ごとの『縦割り』や『支え手』『受け手』という関係を超えて、地域住民や地域の多様な主体が『我が事』として参画し、人と人、人と資源が世代や分野を超えて『丸ごと』つながることで、住民一人ひとりの暮らしと生きがい、地域をともに創っていく社会を目指すもの」です。ではなぜ「地域共生社会」なのか。

　厚生労働省が公表した「『地域共生社会』の実現に向けて（当面の改革工程）」（平成29年 2 月 7 日）によると、戦後、高度成長期を経て今日まで、疾病、障害・介護、出産・子育て

など人生において支援が必要となる典型的な要因を想定して、高齢者、障害者、子どもなどの対象者ごとに公的な支援制度を整備し、その充実を図ってきたが、さまざまな分野の課題が絡み合って複雑化し、複合的な支援を必要とするなどの状況から、従来からの対象者ごとの「縦割り」の制度では対応に限界があるという認識を示しています。

そして、「社会的孤立」の問題や「制度の狭間」に陥っている人々の問題などが存在することから、「つながり」を再構築する必要性を強調します。「つながりのある地域をつくる取組は、自分の暮らす地域をより良くしたいという地域住民の主体性に基づいて、『他人事』ではなく『我が事』として行われてこそ、参加する人の暮らしの豊かさを高めることができ、持続していく。また、社会保障などの分野の枠を超えて地域全体が連帯し、地域の様々な資源を活かしながら取り組むことで、人々の暮らしにも地域社会にも豊かさを生み出す。これが、『我が事』・『丸ごと』の地域づくりを育む仕組みへと転換していく改革が必要な背景である」としています。

同様な考え方を踏まえた自治体の取組みとしては、「全国で一番若いまち」といわれる長久手市（愛知県）が、「まざって暮らす、わずらわしいまちづくり」を掲げて、「皆で作るまちづくり条例の制定、まちづくり協議会の設置、地域共生ステーションの整備」を進めている例などが挙げられます。長久手市ではあえて「わずらわしいまち」をめざすことが地域社会から孤立した人をなくす基本戦略だという考え方です。

　さて、「地域共生社会」を実現していくためには、それぞれの地域で誰がどのような役割を果たしていくのか、組織化やマネジメントが求められ、それを担う人財の育成も当然ながら必要になります。自治体、国の果たすべき役割もさることながら、これらはまさしく現代に生きる私たち住民による自治の問題だといえるのではないでしょうか。

〔参考文献〕
・厚生労働省「我が事・丸ごと」地域共生社会実現本部「『地域共生社会』の実現に向けて（当面の改革工程）」（2017（平成29）年2月7日）
・大森彌『老いを拓く社会システム』第一法規、2018年

学びのガイダンス

☑ 1．身近な地域活動について調べてみよう

　本章では、住民意識の変容を捉えるとともに、ボランティア活動、コミュニティ活動、NPO の活動など、地域を基盤として展開する活動について広く触れてきました。身近な地域でどのような活動が展開されているか、行政や企業などの事業者との役割の違いやそれらの間での連携はどのようになっているかについて調べてみてください。ボランティア・センターを訪問して情報収集すると広く地域活動に触れることができるでしょう。

　また、自治体によっては、こうした地域活動を支えるための条例や指針などを打ち出していることもありますので、ホームページや例規集などで確認してみましょう。例えば、多摩市（東京都）では、自治基本条例で協働についての規定を設けており、「市民団体等との協働事業推進マニュアル」を定め公表しています。

☑ 2．地域課題への対応について二つの自治観の観点から考えてみよう

　本章では「自ずから治まる」自治観と「自ら治める」自治観を対比するかたちで自治のあり方について検討してきました。具体的な身近な地域課題に対していずれの自治観から対応してきたのかを考えてみましょう。生活ごみの回収、駅周辺など繁華街でのタバコ等のポイ捨ての禁止、地域での住民生活に不可欠ですが自宅周辺にはあってほしくない施設（例えば、清掃工場、学校（子どもの声が騒音になるという理由で）などの迷惑施設（NIMBY＝Not In My Back Yard、わが家の裏手にはごめんだ、の意））の建設、などを例に考えてみましょう。

索 引

著者紹介

大森　彌（おおもり　わたる）

東京大学名誉教授

1940年、旧東京市生まれ。東京大学大学院法学政治学研究科博士課程修了。法学博士。東京大学教授、東京大学大学院総合文化研究科長・教養学部長、千葉大学教授、放送大学大学院客員教授を歴任。専門は行政学・地方自治論。

　地方分権推進委員会専門委員・くらしづくり部会長、自治体学会代表運営委員、日本行政学会理事長、特別区制度調査会会長、都道府県議会制度研究会座長、社会保障審議会会長・同介護給付費分科会会長、地域活性化センター「全国地域リーダー養成塾」塾長、「NPO法人地域ケア政策ネットワーク」代表理事等を歴任。現在、全国町村会「町村に関する研究会」座長、厚生労働省成年後見制度利用促進専門家会議委員長など。

　近著に、『老いを拓く社会システム』（第一法規、2018年）、『人口減少時代を生き抜く自治体』（第一法規、2017年）、『自治体の長とそれを支える人びと』（第一法規、2016年）、『自治体職員再論』（ぎょうせい、2015年）など。

大杉　覚（おおすぎ　さとる）

東京都立大学法学部教授

1964年、横浜市生まれ。東京大学大学院総合文化研究科博士課程修了、博士（学術）。成城大学法学部専任講師、東京都立大学法学部助教授を経て、現在に至る。

　専門は、行政学・地方自治論。

　自治大学校講師、世田谷区参与（せたがや自治政策研究所所長）、その他国、自治体の審議会・研究会の委員を歴任。

　『コミュニティ自治の未来図』（ぎょうせい、2021年）、『人口減少時代の地域づくり読本』（共著、公職研、2015年）ほか。

サービス・インフォメーション
─── 通話無料 ───
①商品に関するご照会・お申込みのご依頼
　　　　TEL 0120(203)694／FAX 0120(302)640
②ご住所・ご名義等各種変更のご連絡
　　　　TEL 0120(203)696／FAX 0120(202)974
③請求・お支払いに関するご照会・ご要望
　　　　TEL 0120(203)695／FAX 0120(202)973

●フリーダイヤル(TEL)の受付時間は、土・日・祝日を除く
　9:00〜17:30です。
●FAXは24時間受け付けておりますので、あわせてご利用ください。

これからの地方自治の教科書　改訂版

2019年10月30日　初版発行
2021年12月15日　改訂版発行

著　者　　大森　彌・大杉　覚
発行者　　田　中　英　弥
発行所　　第一法規株式会社
　　　　　〒107-8560　東京都港区南青山2-11-17
　　　　　ホームページ　https://www.daiichihoki.co.jp/

自治の教科書改　ISBN978-4-474-07699-0　C2031　(2)